SPANISH FOR READING

A Self-Instructional Course

Fabiola Franco
Associate Professor of Spanish and Latin American Studies
Macalester College
Saint Paul, Minnesota

and

Karl C. Sandberg
DeWitt Wallace Professor Emeritus of French and Linguistics
Macalester College
Saint Paul, Minnesota

All inquiries should be addressed to:
Barron's Educational Series, Inc.
250 Wireless Boulevard
Hauppauge, New York 11788
http://www.barronseduc.com

International Standard Book Number 0-7641-0333-4
Library of Congress Catalog Card Number 97-77917

Printed in the United States of America

9 8 7 6 5 4 3 2

Acknowledgments

The authors want to acknowledge the assistance of their editor, Dimitry Popow, who contributed with his experience, knowledge, and timely suggestions to the improvement of this book.

The authors also gratefully acknowledge the help of Francisco José González Franco, University of Wisconsin, Madison, and Ricardo González Franco, Macalester College, both of whom contributed to the revision of this work several times and made invaluable comments. We also owe Francisco the final copy of the manuscript, including the work on the format of the book.

Grateful acknowledgment is made to the following people for the use of their photographs.

María Elena Doleman, Carleton College. **Fortaleza inca, Perú,** p. 174. **Macchu-Picchu, Perú,** p. 188. **Cordillera of the Andes, Camino a Macchu-Picchu,** p. 199. **Cordillera de los Andes,** p. 208. **Andes peruanos. Una mujer cuida las llamas,** p. 253. **Campesinos,** p. 270. **Casa de apartamentos, Cuba,** p. 299.

Erika Figueroa, Macalester College. **Ruinas de Palenque, México,** p. 319.

Juanita Garciagodoy, Macalester College. **Yagul, México,** p. 87. **Peregrinos mexicanos,** p. 97. **Recuerdo de la Virgen de Guadalupe,** p. 120.

Olga Kuzniak, Macalester College. **Barrio La Candelaria. Bogotá,** p. 273.

Janet Mobley, St. Paul Academy. **Yo soy de Perú. Hablo español y quechua,** p. 6. **Fortaleza india de Sacsahuamán,** p. 179.

Yasmin A. Naqvi Berka, Macalester College. **Galápagos, Ecuador,** p. 73. **Indígenas bolivianos,** p. 191. **Yo soy de México. Hablo español e inglés,** p. 20. **Ingapirca, Ecuador,** p. 209.

Cristina Sánchez-Blanco, Macalester College. **Salinas de Añana, País vasco,** p. 251.

Table of Contents

Chapter 4

Chapter 5

Chapter 6

Chapter 7

Chapter 8

Chapter 13

Chapter 14

Chapter 15

TO THE STUDENT

We have made use of new developments in programmed learning to provide you with the most systematic and direct means for learning to read Spanish on your own. The programmed format of *Spanish for Reading* presupposes no previous acquaintance with Spanish and thus can be used either by individuals working on their own or as an adjunct to a classroom text.

What You May Expect from This Course

When you finish *Spanish for Reading*, you should be able to recognize the meanings signaled by all the basic grammatical patterns of Spanish, plus the meanings of about 2,000 content words. You will also have developed numerous techniques of reading in a foreign language that will enable you to learn new vocabulary and derive meanings from context without depending totally on a dictionary. With some additional work to build vocabulary in special fields, you will be able to start using Spanish as an academic or professional tool, or simply to read for your own pleasure. You should be able, for example, to read a Spanish newspaper or journal with good comprehension or to begin the serious study of Spanish literary texts.

What You Should Do

The above results are predictable on the basis of classroom testing and depend on your fulfilling the following conditions:

1. That you spend the 80 to 120 hours of study time that it has taken other students to complete the course.
2. That you study and review *consistently*.
3. That you familiarize yourself with the theoretical base of the book and follow the instructions.

Text Format

To read Spanish fluently, the first priority should be the *function words* (those that do not have a meaning in and of themselves, e.g., **donde,** *where,* or **cuando,** *when*) and grammatical signals (e.g., verb endings) as opposed to the *content words* (those that do have a meaning by themselves, e.g., **venir,** *to come,* or **casa,** *house*). It is the function words and grammar structures of the language which provide the framework of context. Accordingly, this text is so organized as to make a systematic presentation of function words and their patterns while helping you to develop reading skills and to build a basic recognition vocabulary of content words.

Each chapter is thus composed of several sets of grammar explanations with accompanying exercises and a short reading passage. As you do these exercises, you will find that they introduce the vocabulary and structures of the reading passage, and also review pertinent material from previous chapters. Each exercise calls for some kind of response from you and is programmed through the left-hand column to provide you with an immediate verification of the accuracy of your response.

The advantages of this format are numerous—you spend all of your time in active reading instead of in the mechanical process of thumbing to the end vocabulary; you are not dependent on a classroom or a professor to establish meaning; you can thus proceed as rapidly as you want or as slowly as you need; and at the same time you are learning to read eminent Spanish writers in their own words almost at the outset.

How to Use the Text

1. Begin each section by reading the explanations of the grammar.
2. Proceed then to do the exercises following each section. *Cover the left-hand verification column with a card until you have made the required response.*
3. After you have responded to the Spanish sentence, slide your card down on the left-hand column and verify your answer. When the instructions ask you to translate the Spanish to English, remember that there are often several ways of translating the same meaning. Your version does not need to coincide exactly with the version in the text so long as the general meaning is the same. The success or failure of your efforts depends to a large extent on how well you follow this procedure. If you do not make a real effort to read the Spanish before looking at the English, you will probably not be able to read the Spanish passage at the end of the section.
4. Each time you meet a word that you do not recognize immediately, underline it. After you learn its meaning, put a circle around it (but *do not* write the English equivalent between the lines). After you have finished the set of exercises, review the circled words, and associate them with their context. Learn each block of material thoroughly before going on.
5. Study in short blocks of time. If you were to allot two hours a day to the study of Spanish, it would be better to divide them into four periods of thirty minutes each than to spend the two hours consecutively.
6. *Review frequently!* Before each new chapter, spend five minutes or so reviewing the words you have circled in the previous chapter.

PRONUNCIATION

In Spanish, as in English, letters and sounds do not always correspond. Nevertheless, Spanish has far more consistent spelling patterns than English. In this guide to correct pronunciation, you will first find the letter as it is spelled. As the explanation starts, you will find phonetic symbols that appear within brackets. These symbols represent specific sounds. You will be instructed at this point on an easy and general way to the correct production of the sound. In some instances, you will also find a section called *To the ambitious,* which consists of a more comprehensive explanation of each sound.

Basic Vowel Sounds

There are five basic vowel sounds in Spanish. It is very important to move your lips and pronounce them as short, quick, *distinct* sounds. A clear, consistent, unchanged pronunciation of these five sounds, regardless of their position and their stressed or unstressed condition, is the first step to good Spanish. Keep in mind that Spanish vowels should never be pronounced as a *shwa* ("uh" sound), as this sound does not exist in Spanish, nor are they pronounced as a *glide,* as in the *i* in the word *pine.*

The Letters **a, e, i, o, u**

[a] As in the English *Ahh!* Open, clear, distinct (**cama, calamar, amaran**).

[e] As the English *e* in *Emma.* Spread lips, make a tense, clear, distinct sound (**Elena, elefante, esperarán**).

[i] Similar to the English vowel sound in *meat.* Spread lips, make it clear, distinct (**di, dividir, disco, isla**).

[o] As in the English *Oh!* Clear and distinct. Round your lips before you pronounce the preceding consonant. This may mean that the whole word is pronounced with rounded lips (**toro, moroso, tonto, oro, ocioso**).

[u] Like the English *oo* sound in *mooo!* Clear and distinct. Round your lips before you pronounce the preceding consonant. This may mean that the whole word is pronounced with rounded lips (**tú, tufo, uno, uso, único**).

Syllables, Diphthongs, and Stress

A Spanish syllable always contains a vowel (**a, e, i, o, u**) or a vowel combination. To avoid a strong foreign accent, practice separating syllables in the right places. The most important and general rule to remember is that, in contrast to English, a Spanish single consonant is always followed by a vowel. Single consonants include **ch, ll, rr.** To pronounce Spanish syllables correctly, allow each the same amount of time and pronounce every vowel clearly and distinctly. As the examples show, most Spanish syllables end in a vowel.

Spanish	**English**
vo-ca-bu-la-rio	vo-cab-u-lar-y
pro-fe-so-res	pro-fes-sors
to-ta-li-ta-rio	to-tal-i-tar-i-an

A diphthong is a complex sound consisting of two vowels within one syllable. Diphthongs in Spanish are formed when a so-called strong vowel (**a, e,** or **o**) combines with an unstressed weak vowel (**i, u**), or when two weak vowels combine with each other within one syllable. Again, allow time to pronounce every vowel in the diphthong.

es-tu-dian-te	**co-mer-cio**	**au-to-ri-dad**
cui-da-do	**pue-blo**	**res-tau-ra-ción**
lue-go	**cuer-po**	**pia-no**

When you find a two-vowel combination with a written accent on the weak vowel (**í, ú**), that serves as an indication that the two vowels do not form a diphthong; they belong to separate syllables.

pú-a	**pa-ís**	**bio-lo-gí-a**
dí-a	**mo-rí-an**	**rí-o**

Spanish words of more than one syllable have a spoken stress. Spanish words that end in a vowel, **-n,** or **-s** have this stress on the *next-to-the-last* syllable.

me-di-ci-na	**si-llas**	**so-la-men-te**
pe-ri-pe-cia	**es-tu-dian**	**con-ver-san**

Words ending with a consonant other than **-n** or **-s** are stressed on the *last* syllable.

doc-tor	**cul-tu-ral**	**ca-la-mi-dad**

The Spanish written accent shows that the word is pronounced contrary to the preceding statements.

des-pués **mé-di-co** **mú-si-ca** **sí-la-ba**
des-dén **in-glés** **á-la-mo** **án-gel**

Spanish stress and written accents are very important, as the meaning of the word or sentence may depend on them.

amo = I love | **este** = this | **el papá** = the father
amó = he loved | **esté** = present subjunctive of **estar** | **la papa** = the potato
| | **el Papa** = the Pope

Spanish Consonants

The Letters b *and* v

Pronounced **[ƀ]** in most instances, with the lips barely touching as air is forced out (fricative sound). There is **no** equivalent to this sound in English, although it may sound like a *v* to the English speaker.

divertirse **dibujo** **divino** **revista**
debajo **cobija** **abeja** **abominable**

To the ambitious:
There is a **[b]** sound in Spanish similar but softer to the *b* in *boy*. This **[b]** is a so-called "stop sound" that occurs only at the beginning of the breath group or after a pause, and after **m** or **n.** Note that **n** is pronounced **[m]** before **[b].**

cambiar **convenir** **combatir** **convencer**
invocar **inventar** **involucrar** **mambo**

For spelling purposes, it is necessary to memorize all occurrences of **b** and **v.**

The Letter ñ

The sound **[ñ]** resembles the *ny* sound in the English *canyon.* It is both a separate sound and a separate letter in the Spanish alphabet (appearing after **n**). The letters **[ñ]** and **[n]** form *minimal pairs* in Spanish, which means words whose different meaning is determined only by the presence of these different sounds.

[ñ]	[n]
caña = cane	**cana** = white hair
doña = Mrs.	**dona** = he, she donates
moño = bow of ribbon	**mono** = monkey
Toño = nickname (**Antonio**)	**tono** = tone
sueño = the dream	**sueno** = I sound

***The Letter* h**

The letter **h** is often referred to as *silent h,* because it is used in spelling *only* and does not represent any sound.

ahora	**hamaca**	**hombre**	**hora**
ahorrar	**hueco**	**huevo**	**humor**

***The Letters* rr *and* r**

The letter **rr** between vowels corresponds to the sound **[rr]** (**arrogante, arriendo**). This sound is pronounced through *vibration* of the tongue tip placed on the upper gum ridge. The sound **[rr]** also corresponds to one **r** at the beginning of a word (**rosa, robo**), and after the consonants **l** and **n** (**alrededor, enredo**).

enroscar	**arroba**	**ratón**	**rincón**
remolino	**Enrique**	**alrededor**	**remar**

For practical purposes, remember that **[rr]** has a longer duration than you would normally allow it. Exaggerate at first and always make sure that it is much longer than the single-vibration **[r]** corresponding to the spelling **r** found between vowels and after all consonants, except **l** and **n.** The contrast between **[r]** and **[rr]** is very important in Spanish, as these two sounds form minimal pairs.

[r]	[rr]
caro = expensive	**carro** = car
pero = but	**perro** = dog
moro = Moor	**morro** = hill
ara = she, he plows	**arra** = small gold coin used in weddings

To the ambitious:

Refrán (saying)
erre con erre cigarro,
erre con erre barril.

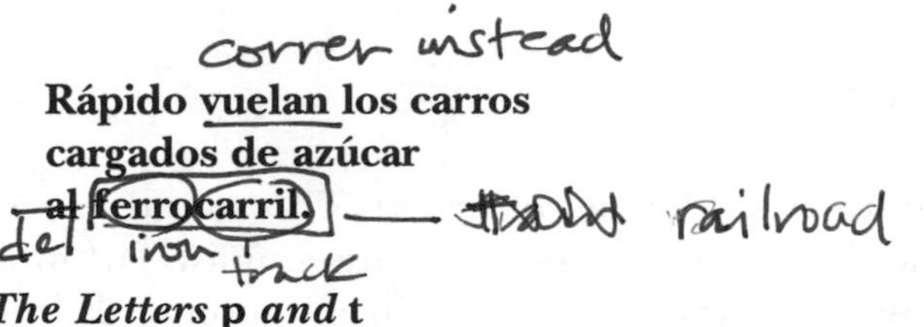

Rápido vuelan los carros
cargados de azúcar
al ferrocarril.

The Letters p *and* t

These letters correspond to the sounds **[p]** and **[t].** The main difference between the sounds [p] and [t] in English and the Spanish **[p]** and **[t]** is that these sounds are usually aspirated in English (that is, they are pronounced with a puff of air, as in the words *pot and top*). Spanish **[p]** and **[t]** are not aspirated (as in the English words *spear and stew*). Unlike English [t], Spanish **[t]** is made with the tip of the tongue touching the back of the upper front teeth (not the gum ridge).

panadería	**tardes**	**Tomasito**
Pepe	**partitura**	**perspectiva**

The Combinations ca, co, cu *and* que, qui

The letter **c** before **a, o,** and **u** should be pronounced **[k].** The spellings **que** and **qui** correspond to the sounds **[ke]** and **[ki].** The letter **u** in **que** or **qui** is orthographic (always silent). The sound **[k]** in Spanish is like the English *c* in the word *scam* (not aspirated).

queso	**cuestión**	**quimera**	**corto**
quiero	**cuatro**	**carate**	**queremos**

The Letter d

This letter generally corresponds to the sound **[đ],** pronounced much like the sound *th* in *mother,* and it is called fricative (**todo, poder, cada, perdido**). Failure to produce **[đ]** results in a heavy and confusing foreign accent.

To the ambitious :

There is one more variant to the pronunciation of **[đ].** It is the sound **[d]** that occurs after a pause and after **n** and **l.** This sound is called a *stop* (because there is a stop of air flow). Place the tip of your tongue behind your teeth to pronounce the Spanish **[d].**

[d]	**[đ]**
caldo	**tardes**
molde	**moridero**
condición	**desde**
dos	**todo**

The Letter j + *Vowel, and the Combinations* ge *and* gi

These are represented by the sound **[x].** This sound has no English equivalent and should not be confused with the English [h] in *hat.* The Spanish **[x]** is pronounced at the back of the throat, forcing the air through a narrow opening.

cogí	**José**	**Gerardo**	**Germán**
jefe	**jirafa**	**bajo**	**geografía**
girar	**hija**	**Jorge**	**Gibraltar**

To the ambitious:

The words **México** and **Ximena** have retained the old Spanish spelling with an **x,** but they are pronounced **Méjico** and **Jimena** (in many regions of the Spanish-speaking world they are even spelled with the letter **j.**)

For spelling purposes, it is necessary to memorize all occurrences of **ge, gi, je,** and **ji.**

The Letters s, z, *and* c *(Before* e *and* i*)*

These correspond to the sound **[s]** in Spanish, equivalent to the English *s* in *Sue.*

Cecilia	**cilindro**	**secuestro**	**zoológico**
maíz	**zorro**	**sonido**	**césped**

An important thing to remember is that one **s** between vowels in Spanish must be pronounced as the soft **[s]** just described.

presidente	**pasión**	**represión**	**masa**
cosa	**besando**	**pesado**	**resorte**

To the ambitious:

Unlike English, the sound **[z]** (**zebra**) does not form minimal pairs in Spanish as it does in English (*Sue, zoo*). This sound occurs in Spanish only when the letter **s** is followed by a voiced consonant sound such as **[b], [d], [g], [l],** or **[m].**

desbandar	**desganado**	**mismo**	**isla**
desde	**desmitificar**	**desligado**	**fantasma**

In Spain, the letter **c** (before **e** and **i**) and the letter **z** represent a sound similar to the *th* sound in the word *think.*

cero	**ciudad**	**cima**	**mozo**

The Combinations ga, go, gu, gue, *and* gui

These combinations are pronounced in Spanish as a soft **[ǥ],** similar to the English sound [g] in *egg* (without a complete closure at the velum). This soft sound **[ǥ]** occurs after a vowel and (depending on the region) after consonant sounds other than **[n].** Note that the **u** in **gue** and **gui** is silent.

cargo	**estrago**	**castigo**
maligno	**disgusto**	**Colgate**

Contrasting with the **[ǥ],** Spanish has a strong **[g],** as in the English word *get.* This sound **[g]** occurs in Spanish after a pause and after **[n].**

Strong [g]	**Soft [ǥ]**
Congo	**amigo**
guerra	**hago**
anglosajón	**aseguro**
mongol	**arreglo**
guitarra	**disgusto**

The Letter Combinations güe and güi

These combinations are pronounced like the English [gwe] and [gwi] (**lingüística, cigüeña, desagüe, bilingüe**).

Various Sounds for the Letters ll, y + *vowel, and* hie

Most Spanish speakers pronounce the spelling **ll** (never an **l**), **y** + vowel, and **hie** in exactly the same fashion (a sound similar to the English *y* in *yes*). Nevertheless, this sound may vary according to the region, from the *y* in *yes* to the strong sound in the English word *Sean.* A good policy will be to pronounce these combinations consistently, like the *y* in *yes.*

calle	**cayó**	**llano**	**callarse**
caballo	**yuca**	**lloraba**	**hayan**

To the ambitious:

Some speakers pronounce the letter **ll** in a similar fashion to the English *ly* in *halyard.*

Sound *ly*	**Sound** *y*
calló	**cayó**
llama	**hiena**
castellano	**reyes**
cabello	**hierro**

CHAPTER 1

1. Cognates—Definition
2. Nouns—Number, Gender, and Cognate Patterns
3. Possession with de
4. Adjectives—Cognate Patterns
5. Adjective Word Order and Agreement
6. Cognate Adverbs
7. Cognate Verbs and Past Participles
8. The Verb **ser.** Personal Pronouns
9. Assorted Cognates
10. Numbers (1–200)
11. Prepositions, Adverbs, and Conjunctions

Reading Passage: ***La lengua española***

Ruinas de Chichén-Itzá, México.

1. Cognates—Definition

1. The task of learning Spanish vocabulary is both simplified and hindered for the American student by a large number of *cognate* words (words with similar spellings) that exist in both languages.

2. It is simplified by true cognates, that is, words that look alike and that have similar or nearly similar meanings. These cognates give you an immediate working vocabulary of several thousand words.

geología	geology
abril	April
montaña	mountain
geografía	geography

3. The task is hindered by *partial cognates* (words that look alike but that have some similar and some divergent meanings) and *false cognates,* that is, words with similar spellings but no related meanings.

Partial Cognates

lengua	language	but also	tongue
idioma	idiom	but also	language
mayor	major	but also	older
único	unique	but also	only

False Cognates

actual	at this moment	not "actual"
realizar	to achieve	not "to become aware of"
lectura	reading	not "lecture"
librería	bookstore	not "library"

4. As a first step in learning to read Spanish, you should learn how to take advantage of true cognates and to be alert to the presence of partial or false cognates.

2. Nouns—Number, Gender, and Cognate Patterns

1. Spanish nouns are either masculine or feminine; there are no neuter nouns. They are almost always preceded by **el, la, los, las** (the) or **un, una, unos, unas** (a, some). **El** and **un** indicate singular masculine nouns, and **la** and **una** singular feminine nouns. **Los** and **unos** tell you that a noun is masculine and plural, and **las** and **unas** indicate that the noun is feminine and plural.

2. A number of Spanish and English nouns ending in **-al, -ion, -or, -sis** have identical or nearly identical spellings and meanings: **experimental, región, vapor, crisis.** Other groups of words have characterstic patterns that make them easily identifiable:

Spanish		English
-ancia	usually corresponds to	-ance -ancy
una distancia		a distance
una repugnancia		a repugnance
-ante	usually corresponds to	-ant
el instante		the instant
un inmigrante		an immigrant
-ción	usually corresponds to	-tion
la excepción		the exception
una nación		a nation
-encia	usually corresponds to	-ence -ency
la evidencia		the evidence
la decadencia		the decadence
-ente	usually corresponds to	-ent
los continentes		the continents
-io, -ía, -ia	usually correspond to	-y
un patrimonio		a patrimony, a heritage
el contrario		the contrary
-ura	usually corresponds to	-ure
la literatura		the literature
una caricatura		a caricature
-mento	usually corresponds to	-ment
unos apartamentos		some apartments
el compartimento		the compartment

Reading Preparation

Cover the left-hand column (the verification column) with a card or a sheet of paper. Examine the words in the right-hand column and predict their meanings. Move your card down as needed to verify your predictions.

	1. **el patrimonio**
1. the patrimony, i.e. heritage, inheritance	2. **la organización**
2. the organization	3. **unas naciones**
3. some nations	4. **los inmigrantes**
4. the immigrants	5. **un continente**
5. a continent	6. **la crisis**
6. the crisis	7. **la decadencia**
7. the decadence	8. **unos números**
8. some numbers	9. **los millones**
9. the millions	10. **la difusión**
10. the diffusion, i.e. the spread	11. **el latín**
11. Latin	12. **la distancia**
12. the distance	13. **unas excepciones**
13. some exceptions	14. **Brasil**
14. Brazil	15. **la región**
15. the region	16. **la minoría**
16. the minority	17. **el catalán**
17. Catalan, Catalonian	18. **la literatura**
18. the literature	

¡Excelente! Go on to the next section.

3. Possession with *de*

In Spanish, possession is shown by the use of **de,** not by the use of the apostrophe as in English.

El auto de María	Maria's car
El día del padre	Father's Day
La capital de Argentina	The capital of Argentina
Los días de la semana	The days of the week

4. Adjectives—Cognate Patterns

1. The following adjective endings often suggest reliable cognates in English:

Spanish		English
-al	usually remains the same	-al
oficial **universal**		official universal
-ano	usually corresponds to	-an
humano **americano** **valenciano**		human American Valencian
-ante	usually corresponds to	-ant
importante		important
predominante		predominant
-ar	usually remains the same	-ar
peninsular		peninsular
-ario	usually corresponds to	-ary
extraordinario **contrario**		extraordinary contrary
-ente	usually corresponds to	-ent
diferente **patente**		different patent, obvious

-ico	usually corresponds to	-ic, -ical
hispánico **político**		Hispanic political
-ivo	usually corresponds to	-ive
exclusivo **nativo**		exclusive native

Yo soy de Perú. Hablo español y quechua.

Reading Preparation

Cover the left-hand column (the verification column) with your card. Examine the words in the right-hand column and give their meanings. Move your card down as you read to verify your answer.

	1. **exclusivo**
1. exclusive	2. **universal**
2. universal	3. **oficial**
3. official	4. **hispánico**
4. Hispanic	5. **político**

5. political	6. **importante**
6. important	7. **humano**
7. human	8. **italiano**
8. Italian	9. **geográfico**
9. geographic	10. **extraordinario**
10. extraordinary	11. **nativo**
11. native	12. **central**
12. central	13. **occidental**
13. occidental	14. **americano**
14. American	15. **peninsular**
15. peninsular	16. **diferente**
16. different	17. **lingüístico**
17. linguistic	18. **fundamental**
18. fundamental	19. **indígena**
19. indigenous (native)	20. **patente**
20. patent (obvious)	21. **predominante**
21. predominant	22. **regional**
22. regional	23. **legal**
23. legal	24. **valenciano**
24. Valencian	

5. Adjective Word Order and Agreement

1. Spanish adjectives take the gender (masculine or feminine) and number (singular or plural) of the noun which they describe. The most common means of forming agreement is by adding **-o** for the masculine singular, **-a** for the feminine singular, **-s** for adjectives ending in a vowel, and **-es** for adjectives ending in a consonant.

el último número	the last number
la última página	the last page
el artículo importante	the important article
los artículos importantes	the important articles
una idea fundamental	a fundamental idea
unas ideas fundamentales	fundamental ideas

2. In English, the adjective occasionally follows but usually precedes the noun which is modified. In Spanish the adjective may precede the noun, but it usually follows it. In determining the meaning of a noun-adjective combination, you would, of course, have to be aware of the Spanish word order:

el patrimonio exclusivo	the exclusive heritage
una crisis política	a political crisis

Reading Preparation

With the above information, you can start to read phrases in Spanish. Read the following cognate phrases. Keep the English verification column covered until you have made a real attempt to read the Spanish. Circle the phrases that you find difficult.

	1. **la lengua española**
1. the Spanish language	2. **el patrimonio exclusivo**
2. the exclusive heritage	3. **la lengua oficial**
3. the official language	4. **la crisis espiritual**
4. the spiritual crisis	5. **una crisis espiritual y política**
5. a spiritual and political crisis	6. ***seres*** = *beings* **unos seres humanos**
6. some human beings	7. **las lenguas romances**
7. the Romance languages	8. **la difusión geográfica**
8. the geographical diffusion	9. ***hablantes*** = *speakers* **unos hablantes nativos**
9. some native speakers	10. **una minoría hispanohablante**

10. a Spanish-speaking minority	11. **Africa y Asia occidental**
11. Africa and Western Asia	12. **el español americano**
12. American Spanish	13. **una lengua diferente**
13. a different language	14. **el español peninsular**
14. peninsular Spanish	15. **el carácter lingüístico fundamental**
15. the fundamental linguistic character	16. **unas lenguas indígenas**
16. indigenous languages	17. **un sustrato lingüístico**
17. a linguistic substratum	18. **unas lenguas regionales**
18. (some) regional languages	19. **una literatura importante**
19. an important literature	

When you can recognize the phrases that you circled, go on to the next section.

6. Cognate Adverbs

1. The ending **-mente,** attached to an adjective, tells you that the word is an **adverb** and usually corresponds to an English word ending in **-ly:**

realmente	really
oficialmente	officially

Reading Preparation

Read the following Spanish phrases. What ideas do they express? Cover the verification column on the left with your card and consult the English only when necessary.

	1. **un patrimonio exclusivamente hispánico**
1. an exclusively Hispanic heritage	2. **una lengua realmente universal**
2. a really universal language	3. **una lengua substancialmente diferente**

3. a substantially different language	4. **una literatura inmensamente rica**
4. an immensely rich literature	5. ***léxico*** = *lexicon, vocabulary* **un léxico frecuentemente distinto**
5. a frequently different vocabulary	

7. Cognate Verbs and Past Participles

1. Spanish verbs in their infinitive form end in **-ar, -er,** or **-ir.** These endings are the sign of the infinitive. Spanish past participles end in **-ado** for **-ar** verbs, and **-ido** for **-er** and **-ir** verbs. They likewise suggest possible equivalents in English:

Spanish Infinitive	English Infinitive	Spanish Past Participle	Spanish Past Participle
habitar	to inhabit	**habitado**	inhabited
manifestar	to manifest	**manifestado**	manifested
cuadruplicar	to quadruple	**cuadruplicado**	quadrupled
derivar	to derive	**derivado**	derived
separar	to separate	**separado**	separated
usar	to use	**usado**	used
unir	to unite	**unido**	united
sufrir	to suffer	**sufrido**	suffered
existir	to exist	**existido**	existed
reconocer	to recognize	**reconocido**	recognized
extender	to extend	**extendido**	extended

2. **Ha** and **han** before a past participle tell you that the action is in the past (present perfect tense, Chapter 6.41.)

El español *ha* cuadruplicado su número de hablantes	Spanish *has* quadrupled its number of speakers.
Los españoles han usado varias lenguas regionales	Spaniards *have* used several regional languages.

3. One of the functions of the pronoun **se** in front of the verb is to express a passive sense, i.e., the action is emphasized, but not the "doer" of the action. (See Chapter 5.36.)

Se habla español.	Spanish is spoken.
El español se deriva del latín.	Spanish is derived from Latin.

Cataluña y Galicia no se han separado de España.	Catalonia and Galicia have not been separated from Spain.

Reading Preparation

Remember to use your card to cover the English word until you have made an effort to express the meaning of the Spanish. Continue to circle and review difficult words.

	1. ***hay*** = *there is, there are* **Hay varias lenguas oficiales en la Organización de las Naciones Unidas.**
1. There are various official languages in the United Nations Organization.	2. ***han*** = *have* ***todo*** = *all* **Los inmigrantes y colonizadores han extendido la lengua española a todos los continentes.**
2. The immigrants and colonizers have extended (spread) the Spanish language to all continents.	3. ***ha*** = *has* **América ha sufrido una crisis espiritual y política.**
3. America has suffered a spiritual and political crisis.	4. **La lengua española no ha manifestado síntomas de decadencia.**
4. The Spanish language has not manifested signs of decline (decadence).	5. ***su*** = *its* **La lengua española ha cuadruplicado su número de hablantes.**
5. The Spanish language has quadrupled its number of speakers.	6. ***derivarse*** = *to be derived from* **El español, el italiano, el portugués, el catalán y el francés se han derivado del latín.**
6. Spanish, Italian, Portuguese, Catalan, and French have been derived from Latin.	7. ***el suroeste*** = *the Southwest* **En el suroeste de los Estados Unidos ha existido una minoría hispánica.**
7. In the Southwest of the United States, a Hispanic minority has existed.	8. **Muchos hablantes de español han habitado el suroeste.**

8. Many Spanish speakers have inhabited the Southwest.	9. ***para*** = *for* ***un propósito*** = *a purpose* **España ha reconocido y usado varias lenguas para propósitos legales.**
9. Spain has recognized and used various languages for legal purposes.	10. **Unas regiones de España han usado diversas lenguas regionales.**
10. Several regions of Spain have used various (diverse) regional languages.	11. ***que*** = *that* **Las regiones que han usado lenguas regionales no se han separado de España.**
11. The regions that have used regional languages have not been separated from Spain.	

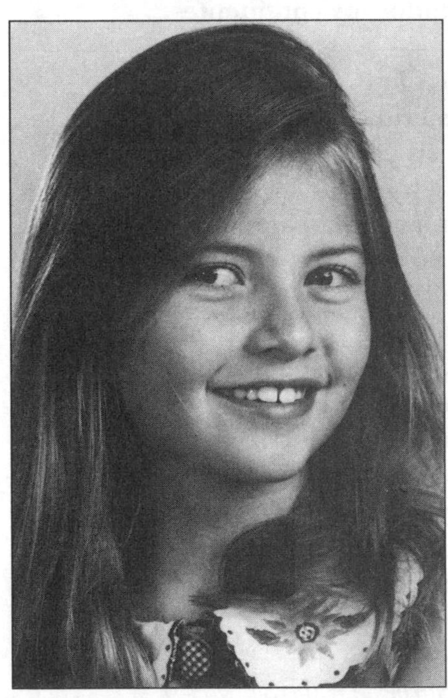

Yo soy de Colombia. Hablo español.

8. The Verb *ser.* Personal Pronouns

1. Two verbs in Spanish translate as *to be:* **ser** and **estar. Ser** does not follow a regular pattern of conjugation. The subject pronouns and the verb **ser** are as follows.

Ser	To Be
yo soy	I am
tú eres	you are
él (m.), ella (f.) es	he, she is
usted (Ud.) es	you are
nosotros somos	we are
vosotros sois	you are
ellos (m.), ellas (f.) son	they are
ustedes (Uds.) son	you are

2. **Tú, vosotros, usted** (also written **Ud.**), and **ustedes** (also written **Uds.**), are translated as **you. Tú** is always a singular form and indicates that the speaker is addressing someone with whom he or she is on close personal terms or to whom he or she feels superior. **Vosotros** is always a plural form of **tú,** used mostly in Spain, seldom in Latin America, where the plural of both **tú** and **usted** is **ustedes. Usted** is used in speaking to strangers or superiors.

Reading Preparation

Predict the meaning of the following sentences. Look at the left-handed column for verification.

	1. *no es = is not* **La lengua española no es patrimonio exclusivo de los españoles.**
1. The Spanish language is not an exclusive heritage of the Spanish people.	2. **El español es un idioma realmente universal.**
2. Spanish is a really universal language.	3. **La difusión geográfica del español es extraordinaria.**
3. The geographic spread of Spanish is extraordinary.	4. **El español es la lengua de muchos seres humanos.**
4. Spanish is the language of many people (human beings).	5. *segundo = second* **El español es la segunda lengua de los Estados Unidos.**
5. Spanish is the second language of the United States.	6. **El español americano no es una lengua distinta del español peninsular.**

6. American Spanish is not a language distinct from peninsular Spanish.	7. ***pero*** = *but* **Pero el léxico del español americano es, frecuentemente, distinto.**
7. But the lexicon (vocabulary) of American Spanish is frequently different.	8. ***algunas*** = *some, several* **El español es la lengua de algunas regiones de Africa y de Asia occidental.**
8. Spanish is the language of several regions of Africa and Western Asia.	9. **El catalán, el valenciano, el gallego y el vasco son lenguas regionales de España.**
9. Catalan, Valencian, Galician and Basque are regional languages of Spain.	10. **El valenciano es un dialecto del catalán.**
10. Valencian is a dialect of Catalan.	11. ***la ciudad*** = *the city* ***ha perdido*** = *has lost* **El catalán ha perdido terreno en las ciudades.**
11. Catalan has lost ground in the cities.	12. ***también*** = *also* **Yo soy americano; Uds. también son americanos.**
12. I am an American; you are also Americans.	13. **¿Sois vosotros gallegos? ¿Eres tú gallego?**
13. Are you Galicians? Are you a Galician?	14. **¿Es Ud. valenciano?**
14. Are you a Valencian?	15. **Ella y yo somos vascos; el vasco no es una lengua romance.**
15 She and I are Basques. Basque is not a romance language.	

9. Assorted Cognates

1. Initial letters may suggest cognates:

Spanish		Spanish
Initial **es-**	often becomes	**-s**

estado	state
España	Spain
español	Spanish, Spaniard
espiritual	spiritual

2. A large number of words have nearly the same form and meaning in Spanish and English because they are derived from Latin and Greek.

teléfono	telephone
física	physics
matemáticas	mathematics
ciencias	science

Reading Preparation

Give the English word or phrase that the Spanish cognate suggests. Remember to use your card.

	1. **El español americano no es una lengua diferente del español peninsular.**
1. American Spanish is not a different language from peninsular Spanish.	2. ***ningún*** = *no, none* **Ningún carácter lingüístico fundamental separa el idioma peninsular del americano.**
2. No fundamental linguistic character separates the peninsular language from American Spanish.	3. ***extender*** = *to spread, diffuse* **El tipo de lengua española extendido en América es el andaluz.**
3. The type (kind) of Spanish spread in America is Andalusian.	4. ***cada*** = *each* **El léxico del español es frecuentemente distinto en cada región.**
4. The vocabulary of Spanish is frequently different in each region.	5. ***sobre*** = *on, over* ***difundirse*** = *to be diffused, spread* **El español andaluz se ha difundido en América sobre un sustrato de muchas lenguas indígenas.**

5. Andalusian Spanish has been diffused in America over a substratum of many indigenous languages.	6. *más* = *more* **El sustrato indígena es más visible en el léxico.**
6. The indigenous substratum is more visible (evident) in the lexicon.	7. **Las lenguas oficiales de las Naciones Unidas son el inglés, el chino, el francés, el español y el ruso.**
7. The official languages of the United Nations are: English, Chinese, French, Spanish, and Russian.	8. *alcanzado* = *achieved* **El español es la lengua romance que ha alcanzado mayor difusión.**
8. Spanish is the Romance language that has achieved greater diffusion.	9. **El español es la lengua predominante en América Latina.**
9. Spanish is the predominant language in Latin America.	10. **El gallego, el vasco, el valenciano y el catalán son lenguas regionales de España.**
10. Galician, Basque, Valencian, and Catalan are regional languages of Spain.	11. **Las lenguas regionales de España son reconocidas oficialmente para propósitos legales.**
11. Regional languages are officially recognized in Spain for legal purposes.	12. *ha tenido* = *has had* **El catalán ha tenido una literatura importante.**
12. Catalonian has had an important literature.	13. **El español es la lengua de México, de América Central y de toda la América del Sur, excepto Brasil.**
13. Spanish is the language of Mexico, Central America, and all of South America, except Brazil.	14. **El español es también la lengua de las Grandes Antillas (Puerto Rico, Cuba y la República Dominicana).**
14. Spanish is the language of the Greater Antilles (Puerto Rico, Cuba, and the Dominican Republic).	15. **Existe también una minoría hispanohablante en las islas Filipinas.**
15. There is also a Spanish-speaking minority in the Philippine Islands.	

10. Numbers (1–200)

The cardinal numbers from one to two hundred are as follows:

1 **uno**
2 **dos**
3 **tres**
4 **cuatro**
5 **cinco**
6 **seis**
7 **siete**
8 **ocho**
9 **nueve**
10 **diez**
11 **once**
12 **doce**
13 **trece**
14 **catorce**
15 **quince**

(Note that Spanish also has one-word forms for the numbers 16–19 and 21–29.)

16 **diez y seis (dieciséis)**
17 **diez y siete (diecisiete)**
18 **diez y ocho (dieciocho)**
19 **diez y nueve (diecinueve)**
20 **veinte**
21 **veinte y un(o) (veintiuno)**
22 **veinte y dos (veintidós)**
23 **veinte y tres (veintitrés)**
24 **veinte y cuatro (veinticuatro)**
25 **veinte y cinco (veinticinco)**
26 **veinte y seis (veintiséis)**
27 **veinte y siete (veintisiete)**
28 **veinte y ocho (veintiocho)**
29 **veinte y nueve (veintinueve)**
30 **treinta**
31 **treinta y un(o)**
40 **cuarenta**
50 **cincuenta**
60 **sesenta**
70 **setenta**
80 **ochenta**
90 **noventa**
100 **cien**
200 **doscientos**

Cardinal numbers ending in one (21, 31, 41, etc.) change **uno** to **un** before a masculine noun, **uno** to **una** before a feminine noun.

31 languages	**treinta y *un* idiomas**
31 hours	**treinta y *una* horas**
61 dialects	**sesenta y *un* dialectos**
61 crises	**sesenta y *una* crisis**

After 29, **veintinueve,** there are no one-word forms.

34 **treinta y cuatro**
41 **cuarenta y uno**
77 **setenta y sietc**
93 **noventa y tres**

From 101–199 the word **cien** becomes **ciento.**

111 **ciento once**
172 **ciento setenta y dos**
104 **ciento cuatro**

Reading Preparation

Using your card, work through the following numbers.

	1. **setenta**
1. 70	2. **setenta y cuatro**
2. 74	3. **noventa y uno**
3. 91	4. **doce**
4. 12	5. **dos**
5. 2	6. **diecisiete**
6. 17	7. **diez y seis**
7. 16	8. **cincuenta**
8. 50	9. **sesenta**
9. 60	10. **ciento uno**

10. 101	11. **ciento catorce**
11. 114	12. **ciento veinte**
12. 120	13. **ciento veintidós**
13. 122	14. **ciento cuarenta**
14. 140	15. **ochenta y tres**
15. 83	16. **ciento veintinueve**
16. 129	17. **diecinueve**
17. 19	18. **quince**
18. 15	19. **ciento cincuenta y cinco**
19. 155	20. **doscientos**
20. 200	21. **veintiséis**
21. 26	22. **treinta y ocho**
22. 38	23. **ciento ochenta y dos**
23. 182	24. **ciento cinco**
24. 105	25. **ciento cincuenta**
25. 150	26. **ciento setenta y seis**
26. 176	27. **ciento sesenta y siete**
27. 167	28. **ciento trece**
28. 113	29. **once**
29. 11	30. **catorce**
30. 14	

Yo soy de México. Hablo español e inglés.

Using your card, work through the following sentences containing numbers.

	1. ***el mundo*** = *the world* ***tercero*** = *third* **El español es la lengua oficial de veinte países, tercera en difusión en el mundo.**
1. Spanish is the official language of twenty countries, the third most widely diffused (spread) in the world.	2. **El español es una de las cinco lenguas oficiales de la Organización de las Naciones Unidas (ONU).**
2. Spanish is one of the five official languages of the U.N.	3. **El español es la lengua de más de doscientos millones de seres humanos.**
3. Spanish is the language of more than two hundred million human beings.	4. ***el siglo*** = *the century* ***a partir de*** = *beginning with, since* **A partir del siglo dieciocho, el español ha cuadruplicado su número de hablantes.**
4. Since the eighteenth century, Spanish has quadrupled its number of speakers.	5. **Hay más de veinte millones de hablantes de español en los Estados Unidos.**
5. There are more than twenty million Spanish speakers in the United States.	6. **Hay más de cinco millones de hablantes de español en el suroeste de los Estados Unidos.**

6. There are more than five million Spanish speakers in the Southwest of the United States.	7. **El dos por ciento de los filipinos son hablantes de español**
7. Two percent of Philippines are speakers of Spanish.	8. ***menos*** = *less* **El español se ha extendido sobre un sustrato de más o menos ciento setenta lenguas indígenas.**
8. Spanish has been extended over a substratum of more or less one hundred and seventy indigenous languages.	9. **En España hay cinco lenguas importantes.**
9. There are five important languages in Spain.	10. ***último*** = *last* **El español ha cuadruplicado su número de hablantes en los últimos ciento cincuenta años.**
10. Spanish has quadrupled its number of speakers in the last one hundred and fifty years.	

11. Prepositions, Adverbs, and Conjunctions

1. You have already encountered the following prepositions:

a	to
con	with
de	of, from
en	in, on, at
por	by, through
sobre	on, over
para	for

2. **De** is combined with the article as follows: **del** (m. sing.), **de la** (f. sing.), **de los** (m. pl.), **de las** (f. pl.). All these combinations correspond to the English *of the* or *from the.* Sometimes **de** does not translate in English at all; for example, **Más de doscientos millones *de* seres humanos hablan español.** More than 200,000,000 human beings speak Spanish.

El idioma *del* país.	The language of the country.
Los idiomas *de los* países.	The languages of the countries.
El dialecto *de la* región.	The dialect of the region.
Los dialectos *de las* regiones.	The dialects of the regions.

3. **Al** is the contraction of **a + el. Al, a la, a los, a las** are usually translated as *to the, at the,* or *in the,* depending on the context.

España está situada *al* occidente de Europa.	Spain is located in the west of Europe.
Los grupos separatistas se oponen *a la* unión del país.	The separatist groups are opposed to the unity of the country.
En las escuelas de España no se da mucha importancia *a las* lenguas regionales.	In the schools of Spain, not much importance is given to the regional languages.
Los conquistadores, colonizadores e inmigrantes han extendido el español *a los* cinco continentes.	Conquerors, colonizers, and immigrants have extended Spanish to the five continents.

4. When you are translating, remember that relatively few words in any one language have exact equivalents in another language, that is, words that have all the meanings and only the meanings of the words in the first language. This is especially true of prepositions. Be guided by the normal English usage. In translating the phrase **un estudio sobre la revolución** a possible rendering might be, *a study on the revolution.* It would be a better translation, however, to say *a study of the revolution.* But, **un capítulo sobre el descubrimiento del oro** could very well be translated as *a chapter on the discovery of gold.*

5. You have also met the following common adverbs and conjunctions:

a partir de	beginning with, since
por el contrario	on the contrary
después de	after
fuera de	outside of, in addition to
pero	but
y (e before i)	and
más	more
también	also
hoy	today, nowadays

Give the meaning of the words in italics:

1. **La lengua española es *también* patrimonio *de* los americanos.**

2. **El español es la tercera lengua en difusión *en* el mundo *después del* chino y *del* inglés.**

3. *Pero* **el catalán es** *también* **importante** *en* **España.**

4. **El español es la lengua** *de* **veinte países.**

5. **El mundo hispánico ha sufrido una crisis** *a partir del* **siglo XVIII.**

6. **No muchos chinos hablan chino** *e* **inglés.**

7. **El español es la lengua** *de más de* **doscientos millones** *de* **seres humanos.**

8. ***ha perdido*** = *has lost, has missed*
El catalán es muy importante, *pero hoy* **ha perdido terreno** *frente al* **español.**

9. **El chino no se habla mucho** *fuera de* **China.**

10. **Estados Unidos es un país habitado** *por más de* **veinte millones** *de* **hablantes nativos** *de* **español.**

11. **Muchos colonizadores** *y* **conquistadores han extendido el idioma.**

12. *En* **América, el español se ha extendido** *sobre* **un sustrato indígena.**

13. **El español se deriva** *del* **latín.**

14. **El español es el idioma** *de las* **Grandes Antillas.**

15. **El gallego es reconocido** *para* **propósitos legales.**

Key: 1. also, of; 2. in, after, omitted in English; 3. but, also, in; 4. of; 5. beginning with; 6. and; 7. of more than, omitted in English; 8. but today, compared with; 9. outside of; 10. by more than, of, omitted in English; 11. and; 12. in, over; 13. from; 14. of the; 15. for

READING PASSAGE

Read through the following paragraphs:

La lengua española

La lengua española no es patrimonio exclusivo de los españoles. El español es un idioma realmente universal. Es la lengua oficial de veinte países y una de las cinco lenguas oficiales de la Organización

de las Naciones Unidas (O.N.U.). Los conquistadores, colonizadores e inmigrantes han extendido la lengua a todos los continentes. A partir del siglo dieciocho el mundo hispánico ha sufrido una crisis espiritual y política, pero el idioma español no ha manifestado síntomas de decadencia. Por el contrario, ha cuadruplicado su número de hablantes en los últimos ciento cincuenta años. Hoy es la lengua de más de trescientos millones de seres humanos, tercera en difusión en el mundo, después del chino y del inglés.

El español se deriva del latín. Es la lengua romance que ha alcanzado mayor difusión, seguida a enorme distancia por el portugués, el francés y el italiano.

La difusión geográfica del español es también extraordinaria. Fuera de España, se habla en zonas del suroeste de los Estados Unidos, país habitado por más de veinte millones de hablantes nativos de español. El español es el idioma de las Grandes Antillas: Puerto Rico, Cuba y Santo Domingo. Se habla español en México, América Central y toda la América del Sur con excepción del Brasil. Algunas regiones de Africa y Asia occidental hablan español. Existe también una minoría hispanohablante en las islas Filipinas.

El español americano no es una lengua diferente del español peninsular. El tipo de lengua española difundido en América es el andaluz. El léxico del español americano es, en ocasiones, distinto del léxico peninsular, pero ningún carácter lingüístico fundamental separa el idioma peninsular del americano. El español se ha extendido por América sobre un sustrato de muchas lenguas indígenas. El sustrato indígena es más visible en el léxico.

El español es la lengua oficial y predominante de España, pero se hablan también otras lenguas regionales reconocidas oficialmente para propósitos legales. Tales lenguas son el catalán, el gallego, el valenciano y el vasco. El catalán ha tenido una literatura muy importante, pero en las ciudades ha perdido terreno. Las cuatro lenguas regionales y las respectivas culturas distintas han provocado muchos movimientos revolucionarios separatistas en España. Cataluña, región industrial, ha preferido casi siempre ser independiente. En el país vasco ha existido un grupo terrorista muy agresivo. Hoy, España ha garantizado autonomía a las distintas regiones del territorio nacional.

Mark the following sentences true (**C = Cierto**) or false (**F = Falso**) and locate the part of the text that supports your answer.

1. **El español es la lengua romance de mayor difusión en el mundo.** ________
2. **Generalmente, una persona de Cataluña habla catalán únicamente.** ________
3. **Existen diferencias lingüísticas fundamentales entre el español peninsular y el español latinoamericano.** ________
4. **Las diversas regiones lingüísticas de España han tenido tendencias separatistas.** ________
5. **Las lenguas más comunes del Hemisferio Occidental son el inglés y el español.** ________
6. **El español se habla también en las Grandes Antillas y en algunas regiones de Africa y Asia occidental.** ________
7. **El vascuence (o vasco) es una lengua regional de España.** ________
8. **En muchos países de América Latina se habla portugués.** ________
9. **A partir del siglo dieciocho el mundo hispánico ha sufrido una crisis espiritual y política.** ________
10. **El número de hablantes de español ha disminuido en los últimos años.** ________

Key: 1C; 2F; 3F; 4C; 5C; 6C; 7C; 8C; 9C; 10F

CHAPTER

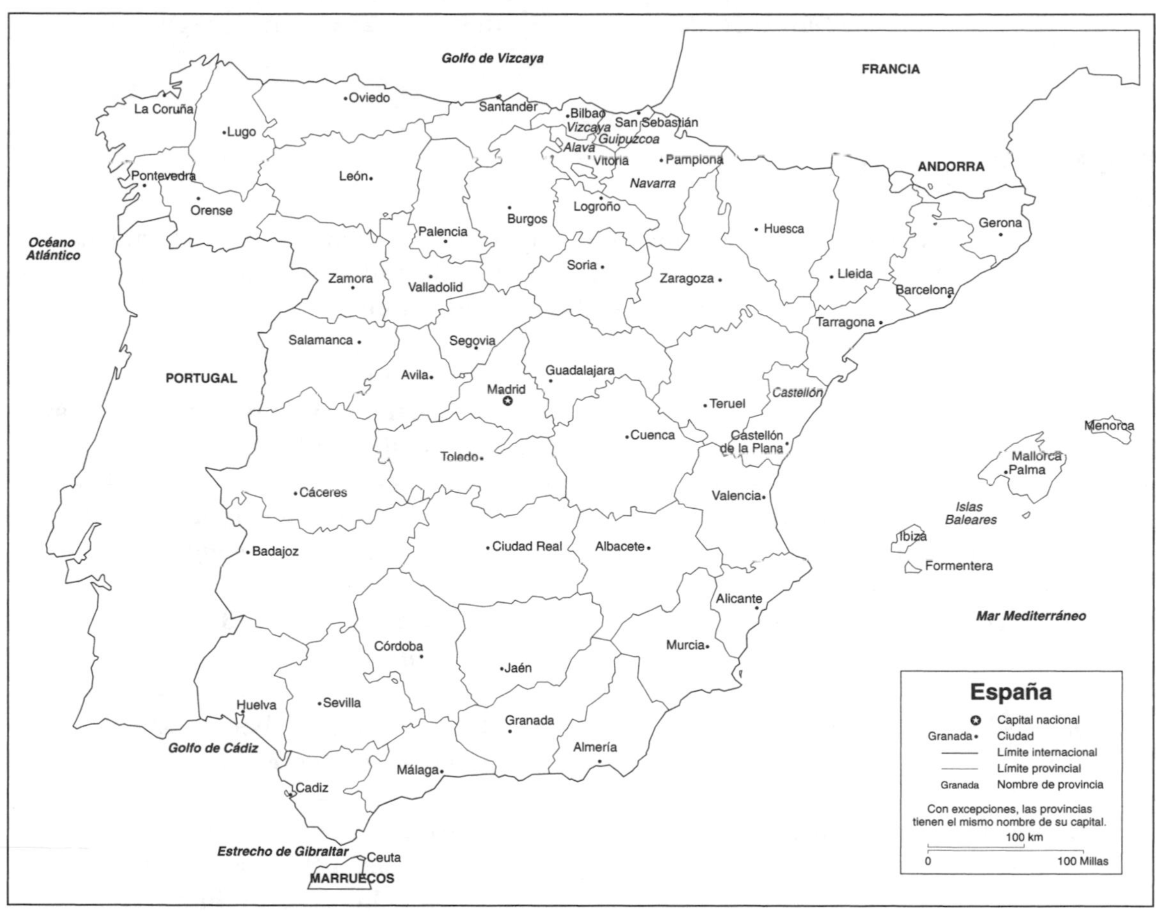

Provincias de España.

12. Verbs *estar* and *dar*

1. As mentioned in Chapter 1, the verbs **ser** and **estar** are both expressed in English by *to be*. **Estar** is conjugated as follows:

yo ***estoy***	I am
tú ***estás***	you are
él, ella ***está***	he, she, it, you (formal) is
nosotros ***estamos***	we are
vosotros ***estáis***	you (familiar) are
ellos, ellas, Uds. ***están***	they, you (formal) are

2. **Dar** (to give) follows the conjugation of **estar:**

yo ***doy***	I give, am giving, do give
tú ***das***	you give, are giving, do give
él, ella, Ud. ***da***	he, she, you (Ud.) gives, is giving, does give
nosotros ***damos***	we give, are giving, do give
vosotros ***dáis***	you give, are giving, do give
ellos, ellas, Uds. ***dan***	they give, are giving, do give

Reading Preparation

Practice recall of the meaning **hay,** of the verb **ser,** and the forms **ha** and **han** from **haber** in Chapter 1. This section will also contain forms of **estar** and **dar.** Verify by looking at the English column.

	1. ***más*** = *more* **España es uno de los países más grandes de Europa.**
1. Spain is one of the largest countries of Europe.	2. **El territorio español está en la zona mediterránea.**
2. The territory of Spain is in the Mediterrean zone.	3. **España está situada en la península Ibérica.**
3. Spain is located on the Iberian Peninsula.	4. **La península Ibérica está al occidente de Europa.**
4. The Iberian Peninsula is in the west of Europe.	5. **En el extremo sur de la península Ibérica está el estrecho de Gibraltar.**
5. In the extreme south of the Iberian Peninsula is the Strait of Gibraltar.	6. ***la meseta*** = *plateau* ***alta*** = *high* **En el centro de España hay una Meseta muy alta.**
6. In the center of Spain is a very high plateau.	7. **La Meseta Central es alta y de amplia superficie.**

7. The central plateau is high and very extensive.	8. **El valle del río Ebro está al noreste de la Meseta.**
8. The valley of the Ebro River is to the northeast of the plateau.	9. **Las temperaturas en las regiones interiores y periféricas son muy diversas.**
9. The temperatures in the interior and peripheral regions are very diverse.	10. ***el invierno*** = *winter* ***suave*** = *mild, soft* **En las regiones periféricas el invierno es suave.**
10. In the peripheral regions winter is mild.	11. ***el verano*** = *summer* ***caluroso*** = *hot* **En el sur, el verano es extremadamente caluroso en Córdoba y Sevilla.**
11. In the south, summer is extremely hot in Cordoba and Seville.	12. **Los accidentes geográficos y el clima dan a España una variedad extraordinaria.**
12. The accidents of geography and climate give Spain an extraordinary variety.	13. ***recordar*** = *to remember* ***que*** = *that* ***el gusto*** = *taste* **Es importante recordar que en España hay variedad para todos los gustos.**
13. It is important to remember that in Spain there is variety for all tastes.	14. ***los modos de vivir*** = *ways of life* **En España hay variedad para todos los gustos: diversas regiones con diversas costumbres y modos de vivir muy distintos.**
14. In Spain there is variety for all tastes: different regions with different customs and very distinctive ways of life.	15. ***grande*** = *big, large* ***el pueblo*** = *town* **En España hay grandes contrastes en el aspecto físico de pueblos y ciudades.**
15. In Spain there are great contrasts in the physical aspects of towns and cities.	

13. Present Tense of *-ar* Verbs

1. Most Spanish verbs end in **-ar.** In fact, every new verb formed in this century belongs to the **-ar** group, e.g.: **alunizar,** to land on the moon. The following endings of **-ar** verbs indicate present time:

Present*ar*	**To Present**
Yo present*o*	I present, am presenting
tú present*as*	you present, are presenting
él, ella, Ud. present*a*	he, she, you presents, is presenting
nosotros present*amos*	we present, are presenting
vosotros present*áis*	you present, are presenting
ellos, ellas, Uds. present*an*	they present, are presenting

2. In addition to the two possible meanings given above, the present tense also may be used to indicate future time or to narrate historical events **(presente histórico)**. In translating the present tense into English, choose the form of the English present indicated by the context. (Sometimes more than one meaning will be possible.)

Los españoles hablan español.	*The Spanish speak Spanish.*
Llegamos mañana.	*We arrive (are arriving, will arrive tomorrow.)*
Cristóbal Colón descubre a América en 1492.	*Christopher Columbus discovers (discovered) America in 1492.*
En el siglo XIX los países latinoamericanos se independizan de España.	*In the nineteenth century the Latin American countries become (became) independent from Spain.*

Reading Preparation

What is the meaning of the following sentences? Cover the English with your card until you have found the meaning and want to verify it. The following frames drill verbs ending in **-ar** and provide more detailed information about Spain. Give the meaning of the sentences and check your answers.

	1. **España y Portugal forman la península Ibérica.**

1. Spain and Portugal form the Iberian Peninsula.	2. **España ocupa la mayor parte de la península.**
2. Spain occupies the major part of the peninsula.	3. ***agregarse*** = *to be added* **La superficie de las islas Canarias y Baleares se agrega generalmente a la extensión de España.**
3. The area of the Canary Islands and Baleares is generally added to the area of Spain.	4. ***al agregar*** = *when adding* ***llegar*** = *to amount, to arrive* **Al agregar al territorio español la superficie de las islas Canarias y Baleares, la total extensión de España llega a ciento noventa y seis mil millas cuadradas.**
4. When adding the surface of the Canary and Baleares Islands to Spanish territory, the total area amounts to 196,000 square miles.	5. ***el mar*** = *sea* ***rodear*** = *to surround* **Varios mares rodean a España.**
5. Various seas surround Spain.	6. **Al norte, los montes Pirineos separan a España y Francia.**
6. To the north the Pyrenees separate Spain and France.	7. ***llamar*** = *to call* **Estudiamos la geografía de España a partir de una unidad central llamada meseta.**
7. We are studying the geography of Spain, starting from a central entity called a plateau.	8. **La Meseta Central es alta y de amplia superficie.**
8. The central plateau is high and spacious.	9. ***la cordillera*** = *mountain range* **Cordilleras elevadas encuadran la Meseta Central.**
9. High mountain ranges surround the central plateau.	10. ***cortar*** = *to cut, divide* ***mitad*** = *half* **Una montaña pasa de este a oeste y corta la Meseta en dos mitades.**
10. A mountain runs from east to west and cuts the plateau into two halves.	11. ***regar*** = *to irrigate, to water* ***llanura*** = *plain* **Al sur está la llanura andaluza regada por el río Guadalquivir.**

11. To the south is found the Andalusian plain watered by the Guadalquivir River.	12. *se levantar = arises* **En el extremo sur se levanta la cadena montañosa más elevada de España: la Sierra Nevada.**
12. In the extreme south arises the highest mountain chain in Spain: the Sierra Nevada.	13. **Las cimas de la Sierra Nevada alcanzan once mil quinientos pies de altura.**
13. The tops of the Sierra Nevada attain 11,500 feet of altitude.	14. *debido a = due to* **Debido a la disposición de las montañas, el territorio español presenta características peculiares.**
14. Owing to the arrangement of the mountains, the territory of Spain presents some peculiar characteristics.	15. **Las cordilleras forman regiones naturales de aspecto diverso y de climas muy distintos.**
15. The mountain ranges form natural regions of diverse aspects and of very distinct climates.	

Check on the map the information contained in the sentences.

1. **El territorio español está en la zona mediterránea.**
2. **España ocupa la mayor parte de la península Ibérica.**
3. **En el extremo sur de la península está el estrecho de Gibraltar.**
4. **La extensión total de España es de ciento noventa y seis mil millas cuadradas, aproximadamente.**
5. **Al norte de España están los montes Pirineos. Los Pirineos separan a España y Francia.**
6. **Cordilleras elevadas encuadran la Meseta Central.**
7. **Una montaña pasa de este a oeste y corta la Meseta en dos mitades.**
8. **Al norte de la Meseta Central se halla el río Ebro.**
9. **Al sur de la Meseta se halla la llanura andaluza.**

10. ***bañar** = to bathe, water*
El río Guadalquivir baña la llanura andaluza.

11. **En el extremo sur se levanta la cadena montañosa más elevada de España: la Sierra Nevada.**

12. **En la zona periférica el verano es muy caluroso.**

13. **La capital de España, Madrid, está situada en el centro de la Meseta.**

14. **Córdoba y Sevilla están al sur.**

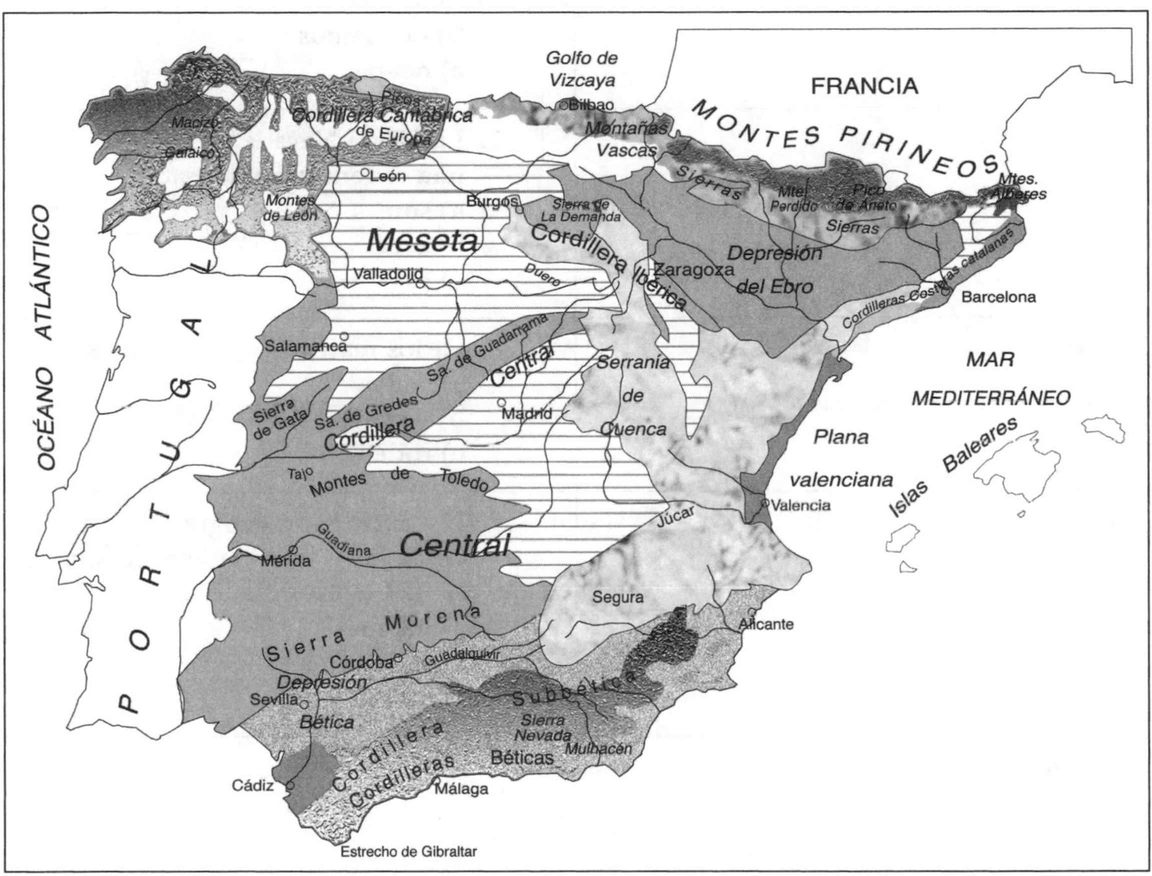

Geografía de España.

Choose the correct form of the verb and give the meaning of the whole sentence.

1. **El estrecho de Gibraltar ________ al sur.**
   a) están
   b) está
   c) estoy

1. **b) está**	2. **Altas montañas __________ la Meseta Central.** **a) encuadran** **b) encuadra** **c) encuadras**
2. **a) encuadran**	3. **Al norte de la Meseta __________ el valle del Ebro.** **a) está** **b) están**
3. **a) está**	4. **España __________ gran parte de la península Ibérica.** **a) ocupo** **b) ocupamos** **c) ocupa**
4. **c) ocupa**	5. **La Sierra Nevada __________ una cadena montañosa.** **a) son** **b) eres** **c) es**
5. **c) es**	6. **Varios mares __________ a España.** **a) rodea** **b) rodean** **c) rodeo**
6. **b) rodean**	7. **Los accidentes geográficos y el clima __________ a España una variedad extraordinaria.** **a) damos** **b) da** **c) dan**
7. **c) dan**	

14. Comparisons of Equality

1. To formulate comparisons of equality in terms of a noun, the words **tanto, -a, -os, -as...como** are used in Spanish with the noun, and **tan...como** with the adjective. These words are expressed as *as...as* in English.

En España no se hablan *tantos* idiomas *como* en México.	Not as many languages are spoken in Spain as in Mexico.

Las cimas de la Sierra Nevada alcanzan once mil quinientos pies de altura, es decir, casi *tanta* elevación *como* los montes principales de los Alpes.

The tops of the Sierra Nevada reach 11,500 feet of altitude, that is, almost as high as the principal mountains of the Alps.

En España hay *tantas* montañas *como* llanuras.

In Spain there are as many mountains as plains.

En el interior de España, el invierno es casi *tan* frío *como* en regiones situadas mucho más al norte de Europa.

In the interior of Spain, the winter is almost as cold as in regions situated more to the north of Europe.

2. Comparisons of equality based on a verb are formed with **tanto como** in Spanish. The correct English equivalent is *as much as.*

Estudiamos *tanto como* Uds.

We study *as much as* you (people) do.

Reading Preparation

The following sentences drill the use of comparatives of equality in Spanish and give broader information about Spain. Do not verify your answer until you have made a genuine effort to give the correct meaning of the sentence.

	1. *dos veces = twice* **España es *tan* extenso *como* dos veces el estado de Wyoming.**
1. Spain is twice as large as the State of Wyoming	2. **Madrid, capital de España, es *tan* grande *como* Detroit.**
2. Madrid, the capital of Spain, is as large as Detroit.	3. **En España no hay *tantas* ciudades grandes *como* en Estados Unidos.**
3. In Spain there are not as many large cities as in the United States.	4. *algunos, -as = some* **Algunas zonas de España son *tan* interesantes *como* el suroeste de los Estados Unidos.**

4. Some regions of Spain are as interesting as the southwest of the United States.	5. ***bello, -a** = beautiful* ***la primavera** = spring* **En España, la primavera no es *tan* bella *como* en Washington, D.C.**
5. In Spain spring is not as beautiful as in Washington, D.C.	6. **La población total de España es *tan* numerosa *como* dos veces la población del estado de California.**
6. The population of Spain is twice as large as the population of the State of California.	7. ***el vino** = wine* **Hay *tanto* vino en España *como* en Portugal.**
7. There is as much wine in Spain as in Portugal.	8. **En España hay *tantos* grupos humanos, lingüísticos e ideológicos *como* zonas geográficas.**
8. In Spain there are as many human, linguistic, and ideological groups as there are geographic zones.	9. **En Cataluña no se habla *tanto* catalán *como* español.**
9. In Catalonia, Catalán is not spoken as much as Spanish.	10. **En Galicia no hay *tanta* tendencia separatista *como* en el país vasco.**
10. In Galicia there is not as great a separatist tendency as in the Basque country.	

15. Superlatives

1. The following patterns indicate superlative qualities:

La península Ibérica es *la más* occidental de las tres penínsulas meridionales de Europa.	The Iberian Peninsula is the western*most* of the three southern peninsulas in Europe.
Rusia, Francia y España son *los* países *más* extensos de Europa.	Russia, France, and Spain are the *largest* countries in Europe.
En el *extremo* sur se levanta *la* cadena montañosa *más* elevada de España.	In the *extreme* south arises the *highest* chain of mountains in Spain.

2. As it can be seen in the examples, the article is the only part in the structure of the superlative that is subject to change. **La península más...; las penínsulas más...; el país más...; los países más....**

3. The word **más** could, of course, be replaced by **menos** (least). **Andalucía, región del sur, es *la parte* de España *menos* semejante al resto de Europa.**

4. Notice that after a superlative, **de** is translated by *in*. **Galicia es *la* región *más* verde y lluviosa de España.** Galicia is the greenest and rainiest region in Spain.

5. One way in which Spanish forms the absolute superlative of adjectives is by dropping the final vowel of the adjective (if any) and adding **-ísima, -ísimo, -ísimas, -ísimos** as in these examples.

España es un país hermos*ísimo*.	Spain is a *very* beautiful country.
La Sierra Nevada es una cadena montañosa alt*ísima*.	The Sierra Nevada is a *very* high mountain chain.

Reading Preparation

Read these sentences and identify the superlatives.

	1. **El territorio español es extenso.**
1. The Spanish territory is extensive.	2. **El territorio español es el más extenso de la península Ibérica.**
2. The Spanish territory is the most spacious in the Iberian Peninsula.	3. **La península Ibérica se halla en la parte occidental de Europa.**
3. The Iberian Peninsula is located in the western part of Europe.	4. ***hallarse*** *= to be located* **La península Ibérica se halla en la parte más occidental de Europa.**
4. The Iberian Peninsula is located in the westernmost part of Europe.	5. **Rusia, Francia y España son países grandes.**
5. Russia, France, and Spain are large countries.	6. **Rusia, Francia y España son los países más grandes de Europa.**
6. Russia, France, and Spain are the largest countries in Europe.	7. **La Sierra Nevada es una cadena montañosa elevada.**
7. The Sierra Nevada is a high chain of mountains.	8. **La Sierra Nevada es la cadena montañosa más elevada de España.**

8. The Sierra Nevada is the highest chain of mountains in Spain.	9. **En la periferie, el invierno es suave.**
9. On the periphery (fringes) winter is mild.	10. **En la periferie, el invierno es el más suave del país.**
10. On the periphery, the winter is the mildest in the country.	11. **En el sur, el verano es muy caluroso.**
11. In the south, the summer is very hot.	12. **En el sur, el verano es el más caluroso del país.**
12. In the south, the summer is the hottest in the country.	13. ***donde*** = *where* **Sevilla y Córdoba son ciudades donde el termómetro alcanza altas temperaturas.**
13. Seville and Cordoba are cities where the thermometer reaches high temperatures.	14. **Sevilla y Córdoba son las ciudades donde el termómetro alcanza las más altas temperaturas.**
14. Seville and Cordoba are the cities where the thermometer reaches the highest temperatures.	15. **El norte es la zona más industrial del país.**
15. The north is the most industrialized part of the country.	16. ***verde*** = *green* **La zona más verde del país es también el norte.**
16. The greenest part of the country is also the north.	17. ***seco*** = *dry* **La región más seca es la Meseta Central.**
17. The driest region is the central plateau.	18. **El sur de España, Andalucía, es la región más distinta del resto de Europa.**
18. The south of Spain, Andalusia, is the region most distinct from the rest of Europe.	19. ***agradar*** = *to please* **Andalucía es también la región que más agrada al turista.**
19. Andalusia is also the most pleasant region for the tourist.	

Reading Preparation

The following sentences should facilitate recognition of the absolute superlative. Underline the form of the absolute superlative and give the meaning of the whole sentence.

	1. **Rusia, Francia y España son países grandísimos.**
1. **grandísimos** Russia, France, and Spain are very large countries.	2. **La Meseta Central es altísima.**
2. **altísima** The central plateau is very high.	3. **Las cordilleras han formado regiones variadísimas.**
3. **variadísimas** The mountain ranges have formed extremely varied regions.	4. **En las zonas periféricas, el invierno es suavísimo.**
4. **suavísimo** In the peripheral zones winter is very mild.	5. **El verano es calurosísimo en Córdoba y Sevilla.**
5. **calurosísimo** Summer is extremely hot in Cordoba and Seville.	6. ***antigua*** = *ancient* **Los vascos hablan vasquence (o vasco), una lengua antiquísima.**
6. **antiquísima** The Basques speak Basque, a very ancient language.	7. **El este y el sureste de España forman una región natural fertilísima.**
7. **fertilísima** The east and southeast of Spain form a highly fertile natural region.	

The following exercise will test both your understanding of the content and the grammar introduced in the previous sections. Choose the correct statement. (There may be more than one.)

1. **El norte de España**
   a) Es la región de España que contrasta más con el resto de Europa.
   b) Es una meseta alta y seca.
   c) Es una región verde e industrial.

2. **El centro de España**
   a) **El invierno es más frío que en la periferie.**
   b) **Es la región que más agrada al turista.**
   c) **El verano es más caluroso que en la periferie.**

3. **Las lenguas de España**
   a) **El español es la lengua oficial de España.**
   b) **En el norte, se habla español, vasco o vascuence, gallego y catalán.**
   c) **Las lenguas regionales de España se hablan en zonas geográficas muy diversas.**

4. **El sur de España**
   a) **Sevilla y Córdoba están en el sur de España.**
   b) **El verano es muy caluroso en Andalucía.**
   c) **En el extremo sur está la cadena montañosa más alta de España.**

5. **El este (oriente) de España**
   a) **El este y el sureste de España son fertilísimos.**
   b) **El invierno es moderado en el este de España.**
   c) **El país vasco está en el este del país.**

Key: 1(c); 2(a); 3(a, b, c); 4(a, b, c); 5(a, b)

Murallas de Avila, España.

16. Adjectives Used as Nouns

1. Adjectives may be used as nouns in Spanish. The presence of the word **lo** before an adjective is indicative of this change in function (from adjective to noun). The adjective may also be preceded by the definite article **el, la, los,** or **las,** or by the demonstrative pronouns **este, ese,** or **aquel** (Chapter 4.27).

Algunas regiones de España evocan lo bello del suroeste de los Estados Unidos.	Some regions of Spain recall the beauty of the southwest of the United States.

2. The English equivalent of an adjective used as a noun in Spanish may be the word *one* or *ones.*

La inteligente es española.	The smart one is from Spain.

Read each pair of sentences. After contrasting them, provide the meaning of the one in which the adjective is used as a noun. Verify your answer on the left column.

	1. **El territorio español presenta características peculiares.**
1. The Spanish territory presents peculiar characteristics.	2. **Lo peculiar del territorio español es una variedad inmensa.**
2. The peculiar characteristic of the Spanish territory is an immense variety.	3. **Lo más fascinante de España es la geografía del país.**
3. The most fascinating thing about Spain is the geography of the country.	4. **La geografía de España es muy fascinante.**
4. The geography of Spain is very fascinating.	5. ***el otoño*** = *fall* **El otoño es bellísimo en el norte de España.**
5. The fall is very beautiful in the north of Spain.	6. **Lo bellísimo del norte de España es el otoño.**
6. The most beautiful thing about the north of Spain is the fall.	

17. Numbers (200–1,000,000)

1. The plural of **ciento, cientos** is used from 200 to 900. Only 500, 700, and 900 are irregular, as follows:

500 ***quini*****entos**
700 ***sete*****cientos**
900 ***nove*****cientos**

Numbers (300, 400, 600, 800) are easy to recognize. One word is made out of the two numbers forming it.

300 **trescientos**
400 **cuatrocientos**
600 **seiscientos**
800 **ochocientos**

2. Other numbers are:

1.000	**mil**
100.000	**cien mil**
1.000.000	**un millón**

España tiene una extensión de ciento noventa y seis mil millas cuadradas, aproximadamente.	Spain has an area of approximately 196,000 square miles.

3. The word **de** is always inserted in Spanish between **millón, millones** and the following noun, but it is not translated in English.

No hay un millón de pesos aquí.	There is not a million pesos here.

4. Notice that in Spanish numerals, periods are used where English uses commas:

Spanish	English
196.000	196,000

Reading Preparation

Practice recognition of the following numbers. Cover the numbers with your card until you want to verify the meaning.

	1. **ciento nueve**
1. 109	2. **mil trescientos cuarenta y uno**
2. 1,341	3. **doce mil quinientos**
3. 12,500	4. **sesenta y seis**
4. 66	5. **setecientos treinta y tres**
5. 733	6. **cuatro mil cuatrocientos**
6. 4,400	7. **cien mil**
7. 100,000	8. **ciento cuatro mil dos**
8. 104,002	9. **ciento noventa y seis mil**
9. 196,000	10. **un millón de pesos**
10. $1,000,000	11. **quinientos cincuenta mil**
11. 550,000	12. **ciento tres mil doscientos veinte**
12. 103,220	13. **cuatro millones de habitantes**
13. 4,000,000 inhabitants	14. **ciento diez y seis**
14. 116	15. **tres mil setecientos cincuenta y cinco**
15. 3,755	

Can you do some arithmetic in Spanish now? Choose the correct answer.

	1. ***más*** = *plus* (+) **treinta más cinco son:** **a) treinta y cinco** **b) cuarenta y cinco**
1. **a) treinta y cinco (35)**	2. ***menos*** = *minus* (-) **cincuenta menos diez** **a) treinta** **b) cuarenta**
2. **b) cuarenta (40)**	3. **cien mil más veinte mil** **a) ochenta mil** **b) ciento veinte mil**

3. **b) ciento veinte mil (120.000)**	4. **un millón menos quinientos mil** **a) quinientos mil** **b) quinientos millones**
4. **a) quinientos mil (500.000)**	5. **quinientos menos quince** **a) quinientos quince** **b) cuatrocientos ochenta y cinco**
5. **b) cuatrocientos ochenta y cinco (485)**	6. ***por*** = *times* (x) **dos mil por seis** **a) catorce mil** **b) doce mil**
6. **b) doce mil (12.000)**	7. **novecientos menos cuarenta** **a) novecientos setenta** **b) ochocientos sesenta**
7. **b) ochocientos sesenta (860)**	8. **dos millones menos ochocientos mil** **a) un millón setecientos mil** **b) un millón doscientos mil**
8. **b) un millón doscientos mil (1.200.000)**	9. **treinta por cuatro** **a) ciento veinte** **b) ciento diez**
9. **a) ciento veinte (120)**	10. **ochenta menos sesenta y dos** **a) dieciocho** **b) ocho**
10. **a) dieciocho (18)**	

18. Adverbs (*casi, muy, sólo, mucho, además*)

The new adverbs in this lesson are:

además =	*besides*
casi =	*almost*
muy =	*very*
sólo =	*only*
mucho =	*much*

Circle the correct meaning of the word(s) in italics. In this exercise you are reviewing new adverbs found in this lesson as well as adverbs, prepositions, and conjunctions that you have already learned.

1. **La península Ibérica es una *de las* tres penínsulas de Europa meridional.**
   a) of the (masc. pl.)
   b) from the
   c) of the (fem. pl.)

2. **La parte *más* importante es la Meseta Central.**
   a) but
   b) most
   c) more

3. **España está *al* suroeste de Europa.**
   a) at the
   b) all the
   c) by the

4. **Las regiones naturales son de aspecto *muy* diverso y de clima *muy* distinto.**
   a) but
   b) only
   c) very

5. **España es más grande que Grecia *e* Italia.**
   a) or
   b) and
   c) plus

6. **duro** = *harsh, hard*
   En la zona periférica, el invierno es suave, pero es *mucho* más duro en el interior del país.
   a) more
   b) much
   c) very

7. **España ocupa *casi* toda la península.**
   a) almost
   b) probably
   c) about

Key: 1(c); 2(b); 3(c); 4(c); 5(b); 6(b); 7(a)

READING PASSAGE

Rasgos geográficos de España

El territorio español está en la zona mediterránea. España ocupa casi toda la península Ibérica. La península Ibérica es la más occidental de las tres penínsulas del sur de Europa. Al agregar al territorio español la superficie de las islas Canarias y Baleares, la extensión total de España llega a 555.000 kilómetros cuadrados (196.000 millas cuadradas, aproximadamente.)

Rusia, Francia y España son los países más grandes de Europa. Varios mares rodean a España. En el extremo sur de la península está el estrecho de Gibraltar. Al norte, los montes Pirineos separan a España y Francia.

El relieve español se estudia a partir de una unidad central llamada meseta. La Meseta Central es alta y de amplia superficie. Cordilleras elevadas encuadran la Meseta Central. De este a oeste pasa una montaña que corta la Meseta en dos mitades. El valle del río Ebro está al noreste de la Meseta. Al sur se halla la llanura andaluza regada por el río Guadalquivir. En el extremo sur se levanta la cadena montañosa más elevada de España: la Sierra Nevada. Las cimas de la Sierra Nevada alcanzan once mil quinientos pies de altura, es decir, casi tanta elevación como los montes principales de los Alpes.

Debido a la disposición de las montañas, el territorio español presenta características peculiares. Las cordilleras han formado regiones naturales de aspecto diverso y de climas muy distintos. Las temperaturas en las regiones interiores y periféricas son muy diversas. En el interior, el invierno es tan frío como en regiones situadas mucho más al norte de Europa. En contraste, hay un invierno muy suave en las zonas periféricas del país. En el sur, el verano es extremadamente caluroso en Córdoba y Sevilla, ciudades donde el termómetro ha alcanzado a veces temperaturas de cuarenta y cuatro a cuarenta y siete grados centígrados (112–117 grados F).

Los accidentes geográficos y el clima dan a España una variedad extraordinaria sólo propia de países mucho más extensos. Reflejo de la variedad del territorio español es la existencia de zonas geográficas muy distintas. Los grupos humanos que habitan cada zona son diferentes. Además del español, se hablan lenguas regionales y, por muchos años, los habitantes de estas regiones han

mostrado tendencias separatistas. Cataluña, el país vasco y Galicia, situados al norte del país, ejemplifican la variedad regional, humana, lingüística e ideológica de España. Algunas regiones de España, especialmente la Meseta Central, evocan lo bello del suroeste de los Estados Unidos. Es básico recordar que España es un país hermosísimo, con variedad para todos los gustos: regiones muy distintas con diversas costumbres, modos de vivir muy diferentes y grandes contrastes en el aspecto físico de pueblos y ciudades.

Mark the following sentences **cierto (C)** or **falso (F)** and locate the part of the text that supports your answer.

1. **España y Portugal forman la península más occidental del sur de Europa.** ________
2. **España es uno de los países más grandes de Europa.** ________
3. **La Sierra Nevada es la montaña más alta de España y de Europa.** ________
4. **En el centro de España hay una meseta alta encuadrada por cordilleras.** ________
5. **En el norte de España, el invierno es muy frío y el verano es excesivamente caluroso.** ________
6. **En España hay regiones naturales con grupos humanos lingüísticos e ideológicos diferentes.** ________
7. **En Cataluña, al norte del país, se habla catalán y español.** ________
8. **En el extremo sur de la península Ibérica está Gibraltar.** ________
9. **El suroeste de los Estados Unidos evoca lo bello del sur de España.** ________
10. **Un elemento básico de la geografía española es la variedad.** ________

Key: 1(C); 2(C); 3(F); 4(C); 5(F); 6(C); 7(C); 8(C); 9(C); 10(C)

CHAPTER

19. Present Tense of **-er, -ir** Verbs
20. Ordinal Numbers (1–10)
21. Verbs **tener** and **influir**
22. Possessive Adjectives
23. Comparisons of Inequality
24. Adverbs and Prepositions

Reading Passage: ***La formación de la cultura hispánica***

España conquistada por los romanos.

19. Present Tense of *-er, -ir* Verbs

1. The following verb endings tell you that the verb is in present tense. They are used with regular verbs ending in **-er** and **-ir.**

Pronoun	***Comer***	***Vivir***
yo	**com*o***	**viv*o***
tú	**com*es***	**viv*es***
él-ella-Ud.	**com*e***	**viv*e***
nosotros	**come*mos***	**vivim*os***
vosotros	**com*éis***	**viv*ís***
ellos-ellas-Uds.	**com*en***	**viv*en***

Notice that **-e** is a common vowel of both groups (except: **vivimos, vivís**).

2. You have learned that the present tense in Spanish has three usual meanings:

como: I eat, am eating, do eat **vivo:** I live, am living, do live

Remember that in addition, the present tense is sometimes used as an "historical present" to recount past events as if occurring now:

Los romanos conquistan la península.	*The Romans conquer (conquered) the Peninsula.*

Reading Preparation

Choose the correct pronoun for the verb given, and try to express its meaning. Refer to the English only to verify your first attempt.

	1. **existimos** **(1) nosotros** **(2) Ud.** **(3) Uds.**
1. **(1) nosotros existimos**	2. **resides** **(1) tú** **(2) Ud.** **(3) vosotros**
2. **(1) tú resides**	3. **poseen** **(1) ella** **(2) nosotros** **(3) ellas**
3. **(3) ellas poseen**	4. **coexiste** **(1) yo** **(2) Ud.** **(3) tú**

4. **(2) Ud. coexiste**	5. **influimos** **(1) vosotros** **(2) nosotros** **(3) ellos**
5. **(2) nosotros influimos**	6. ***vivir*** = *to live* **vivís** **(1) tú** **(2) nosotros** **(3) vosotros**
6. **(3) vosotros vivís**	7. ***aprender*** = *to learn* **aprendo** **(1) yo** **(2) Ud.** **(3) vosotros**
7. **(1) yo aprendo**	8. **invaden** **(1) vosotros** **(2) ellos** **(3) tú**
8. **(2) ellos**	9. **recibe** **(1) ella** **(2) Uds.** **(3) vosotros**
9. **(1) ella**	10. **descubrís** **(1) tú** **(2) Uds.** **(3) vosotros**
10. **(3) vosotros**	11. ***tejer*** = *to weave* **tejemos** **(1) tú** **(2) Ud.** **(3) nosotros**
11. **(3) nosotros**	12. **viven** **(1) Uds.** **(2) tú** **(3) él**
12. **(1) Uds.**	13. **tejo** **(1) él** **(2) tú** **(3) yo**

13. **(3) yo**	14. ***imponer*** = *to impose* **imponéis** **(1) Uds.** **(2) vosotros** **(3) nosotros**
14. **(2) vosotros**	15. **vivimos** **(1) nosotros** **(2) Uds.** **(3) vosotros**
15. **(1) nosotros**	

You are ready now to read some phrases drawn from the reading passage at the end of this chapter. Continue to circle unfamiliar words for review.

	1. **Los romanos conquistan la península.**
1. The Romans conquer the Peninsula.	2. **Imponen la lengua latina.**
2. They impose the Latin language.	3. **Tribus germánicas del norte invaden el imperio.**
3. Northern Germanic tribes invade the empire.	4. **Los germanos aprenden la lengua latina.**
4. The Germanic peoples learn the Latin language.	5. ***mismo*** = *same, very* **Viven en los mismos centros.**
5. They live in the same places.	6. ***donde*** = *where* **Los germanos viven donde residen los romanos.**
6. The Germanic peoples live where the Romans live.	7. **Los germanos viven en los mismos centros donde residen los romanos.**
7. The Germanic peoples live in the same places where the Romans live.	8. **Los moros invaden a España en el año setecientos once.**
8. The Moors invade Spain in the year seven hundred eleven.	9. **La cultura hispana y la (cultura) mora coexisten.**
9. The Hispanic and the Moorish cultures coexist.	10. ***conquistador*** = *Spanish conqueror* **Los conquistadores descubren civilizaciones indígenas.**
10. The conquistadors discover indigenous civilizations.	11. ***el algodón*** = *cotton* **Los aztecas tejen el algodón.**

11. The Aztecs weave cotton.	12. **Poseen talento artístico.**
12. They possess artistic talent.	13. ***bajo*** = *under* **Los aztecas viven bajo un régimen comunal.**
13. The Aztecs live under a communal regime.	14. ***la mezcla*** = *mixture* **Una mezcla de culturas existe hoy en América.**
14. There is a mixture of cultures in America today.	15. **Diversas culturas coexisten en América Hispana.**
15. Different cultures coexist in Hispanic America.	

20. Ordinal Numbers (1–10)

1. The ordinal numbers in Spanish are:

First	**primero, -a**	Sixth	**sexto, -a**
Second	**segundo, -a**	Seventh	**séptimo, -a**
Third	**tercero, -a**	Eighth	**octavo, -a**
Fourth	**cuarto, -a**	Ninth	**noveno, -a**
Fifth	**quinto, -a**	Tenth	**décimo, -a**

2. Unlike English, and starting from 11, Spanish uses cardinal numbers to indicate the century. Nevertheless, the English translation must use the ordinal number.

el siglo tercero	the third century
el siglo quinto	the fifth century
el siglo quince	the fifteenth century
el siglo veintiuno	the twenty-first century

Reading Preparation

Pay particular attention to the numbers in the following phrases. Notice also the use of the historical present.

	1. ***los moradores*** = *inhabitants* **Los primeros moradores de la península son las tribus celtíberas.**

1. The first inhabitants of the Peninsula are (were) the Celtic and Iberian tribes.	2. **En el siglo tercero antes de Cristo, los romanos conquistan la península.**
2. In the third century before Christ, the Romans conquer the Peninsula.	3. **En el siglo tercero antes de Cristo, los romanos conquistan y transforman la península en colonia romana.**
3. In the third century before Christ, the Romans conquer and transform the Peninsula into a Roman colony.	4. **En el siglo quinto de la época cristiana, tribus germánicas invaden el imperio romano.**
4. In the fifth century A.D., Germanic tribes invade the Roman empire.	5. ***procedente*** = *proceeding, coming (from)* **En el siglo quinto de la época cristiana, tribus germánicas procedentes del norte de Europa invaden el imperio romano.**
5. In the fifth century A.D., Germanic tribes coming from the north of Europe invade the Roman Empire.	6. **Los moros invaden a España en el año setecientos once.**
6. The Moors invade Spain in the year 711.	7. ***principiar*** = *to start, to begin* **La reconquista de España principia en el momento mismo de la conquista mora, en setecientos once.**
7. The reconquest of Spain starts at the very moment of the Moorish conquest in 711.	8. ***el rey*** = *king* **La reconquista termina en mil cuatrocientos noventa y dos con la expulsión de Granada del último rey moro.**
8. The reconquest ends in 1492 with the expulsion of the last Moorish king from Granada.	9. **En mil cuatrocientos noventa y dos ocurre otro choque cultural.**
9. In 1492 another cultural shock occurs.	10. **En el nuevo mundo la cultura maya alcanza su apogeo en el siglo doce.**
10. In the new world, the Mayan culture attains its highest point in the twelfth century.	11. ***llegar*** = *to arrive* **Los españoles llegan al sureste de México, Guatemala, El Salvador y Honduras en el siglo quince.**

11. The Spanish arrive in the southeast of Mexico, Guatemala, El Salvador, and Honduras in the fifteenth century.

12. *a la llegada* = *at the arrival*
ya = *already*
A la llegada de los españoles en el siglo quince los mayas han abandonado ya los centros religiosos.

12. At the arrival of the Spanish in the fifteenth century, the Mayans have already abandoned their religious centers.

España conquistada por los moros.

21. Verbs *tener* and *influir*

1. In English, the verb *to have* indicates possession and is also used as the auxiliary (helping) verb. In Spanish, **tener** is used only to indicate possession while **haber** is used as the auxiliary.

El mundo hispánico ha sufrido una crisis política. — The Hispanic world has suffered a politcal crisis.

La lengua española tiene muchos modismos.	The Spanish language has many idioms.

Tener is an irregular verb in most tenses in Spanish. The present tense of **tener** follows:

Pronoun	*Tener*
yo	**tengo** ***(I have)***
tú	**tienes** ***(you have)***
él-ella-Ud.	**tiene** ***(he has)***
nosotros	**tenemos** ***(we have)***
vosotros	**tenéis** ***(you have)***
ellos-ellas-Uds.	**tienen** ***(they, you have)***

2. **Tener** is also used in forming many idiomatic expressions, which we will study later (Lessons 7 and 16).

3. Verbs ending in ***-uir*** **(influir)** have the following orthographic change in Spanish:

i ⟶ (becomes) **y** before a vowel.

Influir	To Influence
yo influyo	I influence, am influencing
tú influyes	you influence, are influencing
él, ella, Ud. influye	he influences, is influencing
nosotros influimos	we influence, are influencing
vosotros influís	you influence, are influencing
ellos, ellas, Uds. influyen	they influence, are influencing

Reading Preparation

Choose the form of the verb to match the pronoun. Read, give the meaning and verify your answer.

	1. **tú** **(1) tenéis** **(2) tienes** **(3) tiene**
1. **(2) tú tienes**	2. **nosotros** **(1) influyen** **(2) influimos** **(3) influís**

2. **(2) nosotros influimos**	3. **ellas** **(1) tiene** **(2) tienes** **(3) tienen**
3. **(3) ellas tienen**	4. **yo** **(1) influye** **(2) influís** **(3) influyo**
4. **(3) yo influyo**	5. **Uds.** **(1) influís** **(2) influye** **(3) influyen**
5. **(3) ustedes influyen**	6. **los moros** **(1) influyen** **(2) influyes** **(3) influye**
6. **(1) los moros influyen**	7. **los indígenas** **(1) tenemos** **(2) tenéis** **(3) tienen**
7. **(3) los indígenas tienen**	8. **tú y ella** **(1) tiene** **(2) tenéis** **(3) tenemos**
8. **(2) tú y ella tenéis**	9. **la colonia romana** **(1) tiene** **(2) tenéis** **(3) tienes**
9. **(1) la colonia romana tiene**	10. **América** **(1) influyen** **(2) influís** **(3) influye**
10. **(3) América influye**	

22. Possessive Adjectives

Before the noun the possessive adjectives in Spanish are as follows:

Masculine and feminine singular		Masculine and feminine plural
mi	my	*mis*
tu	your (familiar)	*tus*
su	his, hers, yours (polite), its, theirs	*sus*

Masculine singular		Masculine plural
nuestro	our	*nuestros*
vuestros	your	*vuestros*

Feminine singular		Feminine plural
nuestra	our	*nuestras*
vuestra	your	*vuestras*

As shown above, all possessive adjectives in Spanish agree in number with the noun they describe. First and second person plural possessive adjectives agree both in gender and number with the noun described.

Reading Preparation

Give the meaning of the following sentences. When you find a possessive pronoun, underline it and say to whom it refers.

	1. **Los romanos imponen en España su propio sistema de gobierno.**
1. The Romans impose their own system of government on Spain.	2. ***aportar*** = *to contribute, to bring* ***nuevo*** = *new* **Los germanos no aportan nuevos principios a la cultura española.**
2. The Germans bring no new principles to the Spanish culture (bring nothing new).	3. **Su contribución más original es la implantación del feudalismo en toda Europa.**
3. Their most original contribution is the establishing of feudalism in all of Europe.	4. **Los aztecas son uno de los pueblos más antiguos de México.**

4. The Aztecs are one of the most ancient peoples in Mexico.

5. *ya* = *already*
el desarrollo = *development*
Cuando llegan los españoles su civilización ha alcanzado ya un desarrollo considerable.

---

5. When the Spaniards arrive, their civilization has already reached a considerable development.

6. **La lengua de los aztecas es el nahua.**

---

6. The language of the Aztecs is Nahuathl.

7. **Su idioma es el nahua.**

---

7. Their language is Nahuathl.

8. *la escritura* = *writing system*
la muestra = *sample*
Numerosos códices son muestra de la escritura jeroglífica de los aztecas.

---

8. Numerous manuscripts (codices) show the hieroglyphic writing system of the Aztecs.

9. *conservarse* = *to be preserved*
Se conservan numerosos códices, muestra de su escritura jeroglífica.

---

9. Many manuscripts have been preserved (which are) samples of their hieroglyphic writing system.

10. *cada* = *each, every*
Cada año los aztecas sacrifican a los dioses infinidad de víctimas humanas.

---

10. Every year the Aztecs sacrificed numberless human victims to the gods.

11. **Cada año los aztecas sacrifican infinidad de víctimas humanas a sus dioses.**

---

11. Every year the Aztecs sacrificed numberless human victims to their gods.

12. **En el siglo quince, a la llegada de los españoles, los mayas han abandonado ya sus centros religiosos.**

---

12. In the fifteenth century, upon the arrival of the Spanish, the Mayas had already abandoned their religious centers.

Reading Preparation

Give the meaning of the following sentences:

	1. **Los romanos conquistan la península Ibérica.**
1. The Romans conquer the Iberian Peninsula.	2. **Los romanos transforman la península en colonia romana.**
2. The Romans transform the Peninsula into a Roman colony.	3. **Imponen la lengua latina y la organización social y económica romanas.**
3. They impose the Latin language and the Roman social and economical organizations.	4. ***acatar*** = *to respect, to accept, to observe* ***luego*** = *then* **Los romanos acatan luego la religión católica.**
4. The Romans then accept the Catholic religion.	5. **Los romanos transforman la península Ibérica en la colonia más romanizada.**
5. The Romans transform the Iberian Peninsula into the most Romanized colony.	6. **Tribus germánicas invaden el imperio romano.**
6. Germanic tribes invade the Roman Empire.	7. **Los germanos aceptan la cultura romana.**
7. The Germanic peoples accept the Roman culture.	8. **Los germanos adoptan la religión católica.**
8 The Germanic peoples adopt the Catholic religion.	9. **Las tribus germanas aprenden la lengua latina.**
9. The Germanic tribes learn Latin.	10. **Las tribus germanas viven en los centros habitados por los romanos.**
10. The Germanic tribes live in centers inhabited by Romans.	11. ***más bien*** = *rather* ***vigorizar*** = *to invigorate, to encourage* **Los germanos no modifican la cultura española; más bien perfeccionan y vigorizan los elementos existentes.**

11. The German tribes do not modify the Spanish culture, but rather they perfect and encourage existing elements.	12. **Los moros influyen en la formación de la cultura hispánica.**
12. The Moors influence the development of Hispanic culture.	13. **Los moros influyen en la formación y el desarrollo de la cultura hispánica.**
13. The Moors influence the formation and development of the Spanish culture.	14. ***las luchas fronterizas*** *= border fights* **Hay una larga época de luchas fronterizas entre moros y cristianos.**
14. There is a long period of border fights between Moors and Christians.	15. ***durante*** *= during* **Durante esta larga época de luchas fronterizas, las culturas hispana y mora coexisten.**
15. During this long period of border fights, the Hispanic and Moorish cultures coexist.	

Let's check your understanding of the formation of the Spanish culture using what you have learned so far. Choose the correct answer (or answers).

1. **La cultura hispánica es el resultado de:**
   a) siglos de desarrollo de la cultura romana
   b) ocho siglos de convivencia entre moros e hispanos
   c) siglos de contacto entre diversas culturas

2. **Los primeros moradores de la península son:**
   a) los romanos
   b) tribus celtíberas
   c) tribus germánicas

3. **Los romanos transforman la península:**
   a) en la colonia más romanizada
   b) en una colonia feudal
   c) en una colonia muy heterogénea

4. **Tribus germánicas:**
   a) invaden el imperio romano en el siglo décimo
   b) adoptan la religión católica
   c) viven en los mismos centros habitados por los romanos

5. **Los moros:**
   a) invaden a España en el año setecientos once
   b) viven una larga época de luchas fronterizas
   c) viven en España del año setecientos once al año mil cuatrocientos noventa y dos

Key: 1(c); 2(b); 3(a); 4(b,c); 5(a,b,c)

Circle the correct synonym of the word in italics.

1. **Los primeros *moradores* de la península son las tribus celtíberas.**
   a) conquistadores **b) habitantes** **c) elementos**

2. **Los celtíberos *acatan* la religión católica.**
   a) imponen **b) vigorizan** **c) aceptan**

3. **En realidad, los germanos, *se adaptan* fácilmente a la cultura española.**
   a) perfeccionan **b) asimilan** **c) contribuyen**

4. **La reconquista *principia* en el momento mismo de la conquista mora.**
   a) termina **b) empieza** **c) adopta**

5. **La reconquista *termina* con la expulsión del último rey moro de Granada.**
   a) acata **b) finaliza** **c) principia**

Key: 1(b); 2(c); 3(b); 4(b); 5(b)

Reading Preparation

The following sentences will explain the formation of the Hispanic culture since the discovery of America to our days. Notice again that the historical present in Spanish may be translated by the past in English.

	1. **Los conquistadores descubren en América civilizaciones indígenas.**
1. The conquistadors discovered native civilizations in America.	2. **Las tres civilizaciones principales son las culturas incaica (o inca), azteca y maya.**
2. The three main civilizations are the Inca, the Aztec, and the Mayan cultures.	3. **Las tres tienen siglos de existencia y de progreso.**

3. The three have existed and progressed for centuries.	4. ***poderoso** = powerful* **El imperio de los incas es poderoso y perfectamente organizado.**
4. The empire of the Incas is powerful and perfectly organized.	5. **El imperio inca ocupa las actuales repúblicas de Perú, Ecuador, Bolivia y partes de Colombia, Chile y Argentina.**
5. The Inca Empire occupied the present-day republics of Peru, Ecuador, Bolivia, and parts of Colombia, Chile, and Argentina.	6. ***el hijo** = son* ***el sol** = sun* **Manco Cápac, hijo del sol, es el fundador del Cuzco y del imperio inca.**
6. Manco Cápac, son of the sun, was the founder of Cuzco [an important Peruvian city] and of the Inca Empire.	7. ***el maestro** = master, teacher* ***el tejido** = weaving textile, fabric* **Los incas son maestros en la técnica de los tejidos.**
7. The Incas were masters of the technique of weaving.	8. ***la cerámica** = pottery* **Son maestros en la cerámica y el uso de los metales.**
8. They were masters of pottery and the use of metals.	9. ***el pueblo** = people* **Los aztecas son uno de los pueblos más antiguos de México.**
9. The Aztecs were one of the oldest peoples of Mexico.	10. **Cuando llegan los españoles, su civilización ha alcanzado un desarrollo considerable.**
10. When the Spanish arrived, their civilization had attained a considerable development.	11. ***el agricultor** = farmer* **Los aztecas son matemáticos, astrónomos y agricultores.**
11. The Aztecs were mathematicians, astronomers, and farmers.	12. **Tejen el algodón y son buenos ceramistas.**
12. They wove cotton and were good potters.	13. ***amar** = to love* **Aman la música y la danza.**
13. They loved music and dance.	14. ***bajo** = under* **Viven bajo un régimen comunal.**
14. They lived under a communal regime.	15. ***lo que** = what* ***hoy** = today, nowadays* **La cultura maya ocupa lo que es hoy el sureste de México, Salvador y Honduras.**

15. The Mayan culture occupied what today is the southeast of Mexico, Guatemala, El Salvador and Honduras.	16. **Es la cultura más brillante del continente.**
16. It was the most brilliant culture of the continent.	17. **Los mayas tienen escritura fonética.**
17. The Mayas had a phonetic system of writing.	18. **Tienen un sistema numérico.**
18. They had a numerical system.	19. **Tienen una arquitectura notable.**
19. They had a notable architecture.	20. ***el conocimiento*** = *knowledge* **Tienen avanzados conocimientos astronómicos.**
20. They had an advanced knowledge of astronomy.	21. ***agregarse*** = *to be added* **Después de la conquista española se agrega otra cultura a las ya existentes.**
21. After the Spanish conquest, another culture was added to the already existing ones.	22. **Después de la conquista española, se agrega la cultura africana negra a las culturas ya existentes.**
22. After the Spanish conquest, the black African culture was added to the ones already existing.	23. ***para*** = *in order to* **Los esclavos negros llegan para aliviar la labor de los indios.**
23. Black slaves arrived in order to alleviate the labor of the Indians.	24. ***estos*** = *these* ***la mezcla*** = *the mixture* **La mezcla de todos estos pueblos y culturas existe hoy en América Latina.**
24. The mixture of all of these peoples and cultures exists today in Latin America.	25. **Pero en grado y proporción muy distintos en cada país.**
25. But to very different degrees and in very different proportions in each country.	

In the following exercise we are concentrating on verb endings. Underline the verb endings and give the meaning of the phrase corresponding to the personal pronoun.

Regiones indígenas antes de la conquista española.

	1. **ellos invaden**
1. **-en,** they invade	2. **ella principia**
2. **-a,** she starts, begins	3. **ella termina**
3. **-a,** she ends, concludes	4. **él ocupa**
4. **-a,** he occupies	5. **ellos son**
5. **-n,** they are	6. **Uds. llegan**
6. **-an,** you arrive	7. **vosotros tejéis**
7. **-éis,** you (pl) weave	8. **nosotros tejemos**
8. **-emos,** we weave	9. **yo poseo**
9. **-o,** I possess, have	10. **ellos poseen**
10. **-en,** they possess	11. **ellos viven**

11. **-en,** they live	12. **tú sacrificas**
12. **-as,** you sacrifice	13. **Ud. influye**
13. **-e,** you influence	14. **ellos tienen**
14. **-n,** they have	15. **yo agrego**
15. **-o,** I add	

Are the following statements **cierto (C)** or **falso (F)**? Circle one:

1. **La cultura inca es la más brillante del continente.** C F
2. **Se conservan muestras de la escritura jeroglífica azteca.** C F
3. **Manco Cápac es el fundador del Cuzco y del imperio maya.** C F
4. **Los incas son maestros en la técnica de los tejidos.** C F
5. **Los españoles descubren en América tres civilizaciones indígenas muy importantes.** C F
6. **Las civilizaciones tienen siglos de existencia y de progreso.** C F
7. **Los mayas aman la música y la danza.** C F
8. **Los esclavos negros llegan a América para aliviar la labor de los indios.** C F
9. **En América Latina existe una mezcla de culturas y pueblos.** C F
10. **Pero cada país es muy diferente.** C F

Key: 1(F); 2(C); 3(F); 4(C); 5(C); 6(C); 7(F); 8(C); 9(C); 10(C)

23. Comparisons of Inequality

1. The following sentences illustrate the use of the comparative in Spanish. (Notice that these are unequal comparisons.)

Los germanos aportan menos elementos a la cultura española que otros pueblos.	The Germanic peoples bring fewer new elements to Spanish culture than other peoples do.

La reconquista de España dura más de siete siglos.	The reconquest of Spain lasts more than seven centuries.
El imperio de los incas es más poderoso que los demás imperios del sur.	The empire of the Incas is more powerful than the other empires of the south.

2. Unequal comparisons are formed in Spanish by placing **más** (more) or **menos** (less) before the noun, adjective, or adverb.

3. **Que** and **de** are normally translated by *than.* (**De** precedes a number or a numerical expression.)

Reading Preparation

The following sentences will give you practice in recognizing unequal comparisons. Underline the elements of the comparison (**más, menos que, de**) and give the meaning of the sentence. Notice the use of the historical present.

	1. *cualquier = any* **Los romanos influyen más en la formación de la cultura hispánica que cualquier otro pueblo.**
1. The Romans influenced the formation of the Hispanic culture more than any other people.	2. **Los romanos y los moros influyen más en España que las tribus germánicas.**
2. The Romans and Moors had more influence in Spain than the Germanic tribes did.	3. *el mes = month* **En el año setecientos once, los moros conquistan a España en menos de un mes.**
3. In the year 711, the Moors conquered Spain in less than a month.	4. *demás = other* **Las culturas azteca y maya son más avanzadas que las demás culturas indígenas de Centroamérica.**
4. The Aztec and Mayan cultures were more advanced than the other indigenous cultures of Central America.	5. *algunos = some* **En algunos países latinoamericanos, la cultura africana negra es menos importante que la indígena.**
5. In some Latin American countries the black African culture is less important than the indigenous culture.	

24. Adverbs and Prepositions

The meaning of some often-used adverbs and prepositions are as follows:

Spanish	English
antes de	before
bajo	under
entre	between
según	according to
cuando	when
decisivamente	decisively (very)
en realidad	truly, really
luego	then
más bien	rather
más o menos	more or less
ya	already, still

Choose the correct synonym or antonym of the word in italics.

	1. **siglo tercero *antes* de Cristo** (1) under (2) before (3) very
1. (2) before	2. ***decisivamente* importante** (1) much (2) very (3) rather
2. (3) very	3. ***según* la tradición** (1) according to (2) under (3) in
3. (1) according to	4. ***bajo* el dominio** (1) according to (2) on (3) under
4. (3) under	5. **no son, *en realidad,* muy importantes** (1) truly (2) very (3) more or less

5. (1) truly	6. **llegan los romanos, *luego* los germanos** (1) before (2) finally (3) then
6. (3) then	7. ***ya* han avanzado mucho** (1) when (2) well (3) already
7. (3) already	8. ***más bien* vigorizan los elementos existentes** (1) already (2) truly (3) rather
8. (3) rather	9. **su origen es *más o menos* incierto** (1) more or less (2) too (3) decisively
9. (1) more or less	10. **viven *entre* dos culturas** (1) between (2) under (3) according to
10. (1) between	

READING PASSAGE

Read the following paragraphs.

La formación de la cultura hispánica

La cultura hispánica es el resultado de siglos de contacto entre diversas culturas. Los primeros moradores de la península son las tribus celtíberas, de origen más o menos incierto. En el siglo tercero antes de Cristo, los romanos conquistan y transforman la península en colonia romana. Imponen la lengua latina, su propio sistema de gobierno y la organización social y económica romanas. Acatan luego la religión católica y transforman la península Ibérica en la colonia más romanizada.

En el siglo quinto de la época cristiana, tribus germánicas procedentes del norte de Europa invaden el imperio romano; aceptan la

cultura romana y adoptan la religión católica. Aprenden la lengua latina y viven en los mismos centros habitados por los romanos. En realidad, aportan menos principios nuevos a la cultura española que otros pueblos. Pero perfeccionan y vigorizan los elementos existentes. Su contribución más original es la implantación del feudalismo en toda Europa.

Los moros invaden a España en el año 711 (setecientos once), e influyen decisivamente en la formación y el desarrollo de la cultura hispánica. Según la historia popular de España, la reconquista principia en el momento mismo de la conquista mora en 711, y termina en 1.492 (mil cuatrocientos noventa y dos) con la expulsión de Granada del último rey moro. Durante esta larga época de luchas fronterizas, las culturas hispana y mora coexisten. Una cultura muy heterogénea es el producto de ocho siglos de convivencia.

En 1.492 se vislumbra otro choque cultural. Los conquistadores españoles descubren en América civilizaciones indígenas. Las tres principales son las culturas incaica, azteca y maya. Las tres tienen siglos de existencia y de progreso. El imperio de los incas es más poderoso que los demás imperios del sur. Es perfectamente organizado y ocupa las actuales repúblicas de Perú, Ecuador, Bolivia y partes de Colombia, Chile y Argentina. Según la tradición, Manco Cápac, hijo del sol, es el fundador del Cuzco y del imperio inca. Los incas son maestros en la técnica de los tejidos, la cerámica y el uso de los metales.

Los aztecas son uno de los pueblos más antiguos de México. Cuando llegan los españoles su civilización ha alcanzado un desarrollo considerable. Son matemáticos, astrónomos y agricultores. Tejen el algodón y son buenos ceramistas. Poseen talento artístico. Aman la música y la danza. Su idioma es el nahua. Se conservan numerosos códices, muestra de su escritura jeroglífica. Viven bajo un régimen comunal y cada año sacrifican infinidad de víctimas humanas a sus dioses.

La cultura maya ocupa lo que es hoy el sureste de México, Guatemala, Salvador y Honduras. Es la cultura más brillante del continente. Los mayas tienen escritura fonética, sistema numérico, arquitectura notable y avanzados conocimientos astronómicos. Alcanzan su apogeo en el siglo doce. A la llegada de los españoles en el siglo quince, han abandonado ya sus centros religiosos.

Después de la conquista española en América, se agrega la cultura africana negra a las culturas ya existentes. Los esclavos negros llegan para aliviar la labor de los indios. La mezcla de todos estos pueblos y culturas existe hoy en América, pero en grado y proporción muy distintos en cada país.

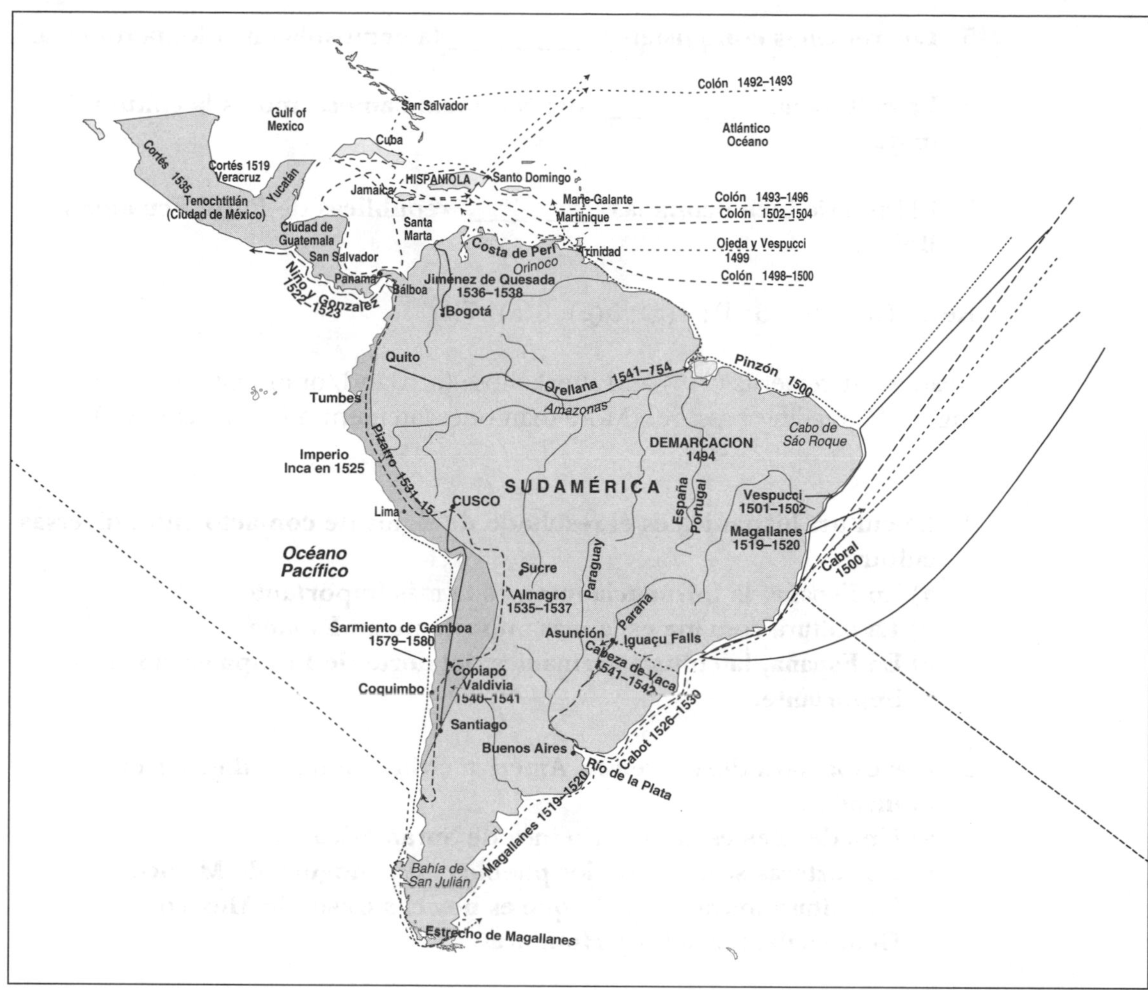

La conquista española de América.

Complete the meaning of the following sentences by inserting the appropriate word.

a. **avanzada**
b. **convivencia**
c. **luchas**
d. **aprenden**
e. **transforman**
f. **actuales**
g. **hijo**

1. **Ocho siglos de __________ con los moros producen en España una cultura muy heterogénea.**

2. **Las culturas hispana y mora coexisten durante ocho siglos de __________ fronterizas.**

3. **Los germanos __________ la lengua latina y aceptan la religión católica.**

4. **Manco Cápac, __________ del sol, es el fundador del imperio inca.**

5. **Los romanos conquistan y __________ la península en colonia romana.**

6. **La cultura más __________ del continente americano es la cultura maya.**

7. **El imperio inca ocupa las __________ repúblicas de Perú, Ecuador y Bolivia.**

Key: 1(b); 2(c); 3(d); 4(g); 5(e); 6(a); 7(f)

Read the statements (1–5) and check those (a, b, and/or c) that are true according to the reading passage. (More than one statement might be correct.)

1. **La cultura hispánica es el resultado de siglos de contacto entre diversas culturas.**
   a) En España, la influencia mora es la más importante.
   b) La cultura romana es la más importante en España.
   c) En España, la cultura germánica del norte de Europa es la más importante.

2. **Los españoles descubren en América civilizaciones indígenas muy avanzadas.**
   a) Una de ellas es el imperio inca de Suramérica.
   b) Los aztecas son uno de los pueblos más antiguos de México.
   c) La cultura maya ocupa lo que es hoy el sureste de México, Guatemala, Salvador y Honduras.

3. **La mezcla de muchos pueblos y culturas existe hoy en América Hispana.**
   a) Todos los países tienen una mezcla de pueblos y culturas semejante a la de México.
   b) En México y Argentina, por ejemplo, la mezcla de pueblos y culturas es muy distinta.
   c) La mezcla de pueblos y culturas varía en grado y proporción en cada país.

4. **Cuando hablamos de la reconquista nos referimos:**
   a) Al proceso de implantación del feudalismo en España.
   b) Al proceso de expulsión de los moros del territorio español.
   c) Al proceso de conquista y transformación de España en colonia romana.

5. **En mil cuatrocientos noventa y dos:**
   a) El último rey moro es expulsado de Granada.
   b) Los esclavos negros llegan a América para aliviar el trabajo de los indios.
   c) Colón descubre a América.

Key: 1(a); 2(a,b,c); 3(b,c); 4(b); 5(a,c)

CHAPTER

Galápagos, Ecuador.

25. The Adjective *grande (gran, grandes)* and Other Adjectives with Shortened Forms

1. The following examples illustrate the uses of the adjective **grande.**

Las Grandes Antillas son: Puerto Rico, Cuba y la República Dominicana.	The Greater Antilles are: Puerto Rico, Cuba, and the Dominican Republic.

Hay una gran variedad racial en América Latina. (Se escribe también: *Latinoamérica.*)	There is great racial variety in Latin America.
Brasil es un país muy grande.	Brazil is a very large country.

2. As you can see, **grande** is translated as: *great, large, big;* but when used to express size it regularly follows the noun to which it belongs.

Brasil es el país más grande de Suramérica. (Se escribe también: Sudamérica.)	Brazil is the largest country in South America.
En América Latina, la capital de cada país es también la ciudad más grande.	In Latin America, the capital of each country is also the largest city.

3. When placed immediately before a singular noun (masculine or feminine), **grande** drops the final **-de**.

Bolívar es el gran libertador de cinco naciones.	Bolivar is the great liberator of five nations.
Buenos Aires es una gran ciudad.	Buenos Aires is a great city.

4. In some reading passages you will find that the adjectives **bueno** (*good*), **malo** (*bad*), **santo** (*saint*), **primero** (*first*), and **tercero** (*third*) also assume a shortened form.

¿Es Colón el primer europeo que llega a América?	Is Columbus the first European to arrive in America?
San Francisco es una ciudad hermosísima.	San Francisco is a most beautiful city.
El apartamento está en el tercer piso.	The apartment is on the third floor.
Tengo un buen trabajo.	I have a good job.
Este es un mal momento para hablar.	This is a bad moment to talk.

Reading Preparation

Read these Spanish sentences and verify your meaning. Continue to circle the unfamiliar words for review.

	1. **Los países de América del Sur son grandes.**
1. The countries in South America are large.	2. ***hacia*** = *toward* **Hacia el océano Atlántico están las llanuras de los grandes ríos.**
2. The plains of the great rivers are located toward the Atlantic Ocean.	3. **Los grandes ríos son el Amazonas y el Orinoco (al norte de América del Sur), el Paraná y el Río de la Plata (al sur del continente).**
3. The great rivers are the Amazon and the Orinoco (in the north of South America), the Parana and the Rio de la Plata (to the south of the continent).	4. ***estación*** = *season* **En Centroamérica y gran parte de América del Sur no hay estaciones.**
4. There are no seasons in Central America and a large portion of South America.	5. **Hispanoamérica es un territorio de grandes contrastes.**
5. Hispanic America is a territory of great contrasts.	6. ***selva*** = *rain forest* **Al norte y sur del río Amazonas hay grandes selvas vírgenes.**
6. There are large virgin rain forests to the north and south of the Amazon river.	7. **El río Paraguay divide el país en dos secciones distintas: la oriental y la occidental.**
7. The Paraguay River divides the country into two different sections, the eastern and the western.	8. **En Bolivia, Perú, Guatemala y México hay un gran número de población indígena.**
8. In Bolivia, Peru, Guatemala, and Mexico there is a large Indian population.	9. **En Argentina y Uruguay, la gran mayoría de la población es de origen europeo.**
9. The great majority of the population of Argentina and Uruguay is of European origin.	10. ***se ve*** = *it is seen, one sees* **En algunos países de América Latina se ve una gran variedad racial.**
10. In several Latin American countries one sees a great racial variety.	

What is the meaning of the following sentences? Most of the verbs used here have been introduced before. Pay attention to the use of **hay** *(there is, there are)*. Do not look at the English meaning until you have made an effort to understand the sentence in Spanish.

	1. **Latinoamérica ocupa parte de Norteamérica, Centroamérica, las Grandes Antillas y Suramérica. (También se escribe: Norteamérica.)**
1. Latin America occupies part of North America, Central America, the Greater Antilles and South America.	2. **México está en Norteamérica.**
2. Mexico is located in North America.	3. **México limita, al sur, con Guatemala.**
3. Mexico is bordered, on the south, by Guatemala.	4. ***pequeño*** *= small* **Guatemala es uno de los seis países pequeños que forman la América Central.**
4. Guatemala is one of the six small countries which make up Central America.	5. ***largo*** *= long (false cognate)* ***angosto*** *= narrow* **Centroamérica es un territorio largo y angosto.**
5. Central America is a long and narrow territory.	6. ***él*** *= it (pronoun replacing territory)* **De él, dependen geográficamente las Antillas.**
6. Geographically, the Antilles depend upon it (this territory.)	7. ***habla española*** *= Spanish speaking* **En las Antillas hay tres islas importantes de habla española: Puerto Rico, Cuba y la República Dominicana.**
7. There are three important Spanish-speaking islands in the Antilles: Puerto Rico, Cuba, and the Dominican Republic.	8. **Suramérica tiene forma de triángulo.**
8. South America has the shape (form) of a triangle.	9. **Suramérica tiene once países; Brasil, nueve países hispánicos y las Guayanas.**

9. South America has eleven countries; Brazil, nine Hispanic countries, and the Guyanas.	10. **En Brasil y las Guayanas no se habla español.**
10. Spanish is not spoken in Brazil and the Guyanas.	11. ***solo*** = *alone* *(Notice:* ***sólo*** *= only)* ***casi*** = *almost* **Brasil solo, tiene casi la extensión de los Estados Unidos.**
11. Brazil alone is almost the size of the United States.	12. **Pero tiene únicamente la mitad de la población de los Estados Unidos.**
12. But Brazil has only half of the population of the United States.	13. **En el centro de América del Sur hay una meseta.**
13. There is a plateau in the middle of South America.	14. **Al sur, las tierras son secas y casi desiertas.**
14. The lands to the south are dry and almost deserted.	15. **Latinoamérica tiene países en la zona tórrida y en la zona templada.**
15. Latin America has countries in the torrid and in the temperate zones.	16. **En el sur del continente (Argentina, Uruguay, Chile y el sur del Brasil) hay cuatro estaciones.**
16. There are four seasons in the south of the continent (Argenina, Uruguay, Chile, and southern Brazil).	17. **En Paraguay, por ejemplo, el clima es moderado todo el año, con excepción del verano.**
17. In Paraguay, for example, the climate is moderate all year round with the exception of summer.	18. ***cercano*** = *close to, near* **Es importante anotar que en algunos lugares cercanos al ecuador el clima es frío todo el año.**
18. It is important to notice that in some areas close to the equator, the weather is cold all year round.	19. ***los temblores de tierra*** = *earthquakes* **En la zona andina hay volcanes en actividad y frecuentes temblores de tierra.**
19. In the Andean zone there are active volcanoes and frequent earthquakes.	20. **Latinamérica es un territorio rico, pero muy extenso y difícil de explotar.**
20. Latin America is a rich territory but very vast and hard (difficult) to exploit.	

Circle the correct answer:

1. **Hay...**
   a. nueve países pequeños en Centroamérica.
   b. tres países en Centroamérica.
   c. seis países pequeños en Centroamérica.

2. **Las capitales de los países de Suramérica...**
   a. por regla general, son muy grandes.
   b. por regla general, son muy frías.
   c. por regla general, son pequeñas.

3. **En Argentina y Uruguay...**
   a. la gran mayoría de la población es una mezcla.
   b. la gran mayoría de la población es india.
   c. la gran mayoría de la población es blanca.

4. **Suramérica tiene...**
   a. nueve países hispanos.
   b. once países de habla española.
   c. seis países pequeños.

5. **¿Hay estaciones en Hispanoamérica?**
   a. No hay estaciones en Latinoamérica.
   b. Hay estaciones en casi todos los países.
   c. Hay estaciones en Argentina, Uruguay, Chile y el sur del Brasil.

6. **Las llanuras de los grandes ríos están...**
   a. hacia el oeste de América del Sur.
   b. en la meseta de Bolivia.
   c. hacia el Océano Atlántico.

7. **El clima en la zona tórrida...**
   a. depende enteramente de la altitud.
   b. es terriblemente caliente.
   c. depende enteramente de las estaciones.

Key: 1(c); 2(a); 3(c); 4(a); 5(c); 6(c); 7(a)

Pick out the word that does not relate to the other two.

1.	**a) llanuras**	**b) pampas**	**c) cimas**
2.	**a) estación**	**b) meseta**	**c) templada**
3.	**a) se cree**	**b) se ve**	**c) se observa**
4.	**a) angosto**	**b) largo**	**c) selva**
5.	**a) cada**	**b) hacia**	**c) todo**
6.	**a) volcán**	**b) temblor**	**c) país**
7.	**a) Uruguay**	**b) meseta**	**c) Bolivia**

Key: 1(c); 2(b); 3(a); 4(c); 5(b); 6(c); 7(b)

26. *Estar* + Past Participle

1. The past participle is used as an adjective or as a part of a verb to show some aspect of past action. You encountered past participles in Chapter 1, in connection with cognate verbs.

Infinitive	Participle	Infinitive	Participle
constituir	**constituido**	to build, to construct, to consist	built, constructed, consisted
templar	**templado**	to temper, to warm	tempered, warmed
cortar	**cortada**	to cut	cut
elevar	**elevada**	to elevate	elevated
poblar	**poblada**	to populate	populated
superpoblar	**superpoblada**	to overpopulate	overpopulated
cuadrar	**cuadrada**	to square	squared
tener	**tenido**	to have	had
depender	**dependido**	to depend	depended
ser	**sido**	to be	been
cubrir (irregular)	**cubierto**	to cover	covered

2. **Estar** is often combined with the past participle of a verb to express a state attained.

Paraguay está situado en Suramérica.	Paraguay is located in South America.
Este capítulo está casi terminado.	This chapter is almost finished.

Reading Preparation

Give the meaning of the following sentences and concentrate on the use of **estar** + past participle.

	1. **Suramérica está constituida por nueve países hispánicos, Brasil y las Guayanas.**
1. South America consists of nine Hispanic countries, Brazil and the Guyanas.	2. **La costa occidental de América del Sur está dominada por una cadena de montañas: los Andes.**

2. The western coast of South America is dominated by a chain of mountains, the Andes.	3. ***ya que*** = *since* **En algunos puntos el clima es frío todo el año, ya que está determinado por la altitud.**
3. In some areas the weather is cold all year round, since it is determined by the altitude.	4. **Centroamérica es una región montañosa y cortada.**
4. Central America is a mountainous and rugged region.	5. ***la hierba*** = *grass* ***las llanuras*** = *plains* **En Argentina están las pampas, vastas llanuras cubiertas de hierba.**
5. In Argentina there are pampas, vast plains covered with grass.	6. **Bolivia tiene una meseta muy elevada.**
6. Bolivia has a very high plateau.	7. ***la nieve*** = *snow* **Chile tiene muchas cimas cubiertas de nieve perpetua.**
7. Chile has many perpetually snow-covered mountaintops.	8. **El Salvador es un país superpoblado.**
8. El Salvador is an overpopulated country.	9. **El Salvador tiene quinientos treinta y nueve habitantes por milla cuadrada.**
9. El Salvador has 539 inhabitants per square mile.	10. ***la materia prima*** = *raw material* ***sobre todo*** = *mainly* **Latinoamérica provee, sobre todo, materia prima para los países industrializados.**
10. Latin America mainly supplies industrialized countries with raw material.	

Test your knowledge of Latin America. On the following page, write the countries and their capitals from memory, add the information in the sentences below, and then check the maps on pages 93 and 94.

1. **La capital de Paraguay es Asunción.**
2. **Los Andes están en la parte occidental de América del Sur.**
3. **Chile es un país muy largo y estrecho.**
4. **El Río de la Plata pasa por Buenos Aires.**
5. **Uruguay es el país más pequeño de Suramérica.**
6. **Cuba está en las Antillas.**
7. **Santo Domingo también está en las Antillas.**

8. **Nicaragua está al sur de México.**

9. **Ecuador está entre Perú y Colombia.**

10. **Honduras y El Salvador están al sur de Guatemala.**

11. **La capital de Nicaragua es Managua.**

12. **Costa Rica está cerca de Panamá.**

13. **La meseta central de Bolivia es alta.**

14. **El río Amazonas es muy largo. Al sur y al norte del Amazonas hay selvas vírgenes.**

15. ***el estaño*** = *tin*
    En Bolivia hay mucho estaño.

16. ***el ganado*** = *cattle*
    En las Pampas hay mucho ganado.

17. **En Brasil hay diamantes y en Colombia hay esmeraldas.**

18. ***la plata*** = *silver*
    Hay muchos objetos de plata en México y en Perú.

19. ***la caña de azúcar*** = *sugar cane*
    Un producto importante de Cuba es la caña de azúcar.

20. **En Panamá hay un canal interoceánico.**

21. **Tegucigalpa es la capital de Honduras.**

27. Determiners and Demonstrative Pronouns

1. You have already encountered these words in your readings. They take the place of the article and serve to point out or specify. They are translated by *this* or *that, these* or *those,* according to the context.

Singular

***Este* capítulo** (masc.)	This chapter (next to you)
***Esta* lección** (fem.)	This lesson (next to you)
***Ese* capítulo** (masc.)	This chapter (near you)
***Esa* lección** (fem.)	This lesson (near you)

***Aquel* capítulo** (masc.)	This chapter (over there)
***Aquella* lección** (fem.)	This lesson (over there)

Plural

***Estos* capítulos** (masc.)	These chapters (next to you)
***Estas* lecciones** (fem.)	These lessons (next to you)
***Esos* capítulos** (masc.)	These chapters (near you)
***Esas* lecciones** (fem.)	These lessons (near you)
***Aquellos* capítulos** (masc.)	Those chapters (over there)
***Aquellas* lecciones** (fem.)	Those lessons (over there)

2. As shown above, these words indicate varying degrees of distance from the speaker:

Este, -a, -os, -as, right next to the speaker.
Ese, -a, -os, -as, near the speaker.
Aquel, aquella, aquellos, aquellas, over there, far from the speaker.

3. Determiners become pronouns in Spanish by adding an accent as follows:

éste, ésta = this
ése, ésa; aquél, aquélla = that

éstos, éstas = these
ésos, ésas; aquéllos, aquéllas = those

Reading Preparation

Give the meaning of the sentences and underline all the determiners you find.

	1. ***solo** = alone, by itself* **Brasil solo, tiene casi la extensión de los Estados Unidos.**
1. Brazil alone has almost the same area as the United States.	2. ***la mitad** = half* **Pero tiene únicamente la mitad de la población de este país.**
2. **este** But it has only half of the population of this country.	3. **En Chile, Colombia y Perú, hay montañas cubiertas de nieves perpetuas.**

3. In Chile, Colombia and Peru, there are mountains covered by perpetual snow.	4. **En estos países hay frecuentes temblores de tierra.**
4. **estos** In these countries there are frequent earthquakes.	5. **Bolivia tiene una meseta muy elevada.**
5. Bolivia has a very high plateau.	6. **Esta meseta es un área poblada.**
6. **esta** This plateau is a populated area.	7. **Por regla general, cada país latinoamericano tiene una capital muy grande.**
7. In general, each Latin American country has a very large capital.	8. **Esta ciudad atrae un número elevado de población.**
8. **esta** This city attracts a large number of people.	

28. Comparative and Superlative—Irregular Forms

1. The Spanish adjectives **bueno** and **malo** have irregular comparative and superlative forms and generally precede the noun they modify.

Adjective	Comparative	Superlative
bueno (good)	**mejor** (better)	**el mejor** (the best)
malo (bad)	**peor** (worse)	**el peor** (the worst)

Cuba produce el mejor tabaco.	Cuba produces the best tobacco.
La situación económica de El Salvador es peor que la de Costa Rica.	The economic situation of El Salvador is worse than that of Costa Rica.
¿Cuál es el peor terremoto de la historia?	What is the worst earthquake in history?

2. **Pequeño** (small) and **grande** (big) also have irregular comparative and superlative forms when referring to age, size, and importance.

Adjective	Comparative	Superlative
pequeño (young)	**menor** (younger)	**el menor** (youngest)
grande (old)	**mayor** (older)	**el mayor** (oldest)

La superpoblación es uno de los *mayores* problemas de El Salvador.	Overpopulation is one of the greatest problems of El Salvador.
El problema racial es de *menor* importancia en Argentina.	The racial problem is of lesser importance in Argentina.

3. **Pequeño** and **grande** also have regular forms for the comparative and superlative when they refer to physical size and mean *smaller* and *bigger,* respectively.

Panamá es más pequeño que Ecuador.	Panama is smaller than Ecuador.
Uruguay es el país más pequeño de Suramérica.	Uruguay is the smallest country in South America.
Canadá es el país más grande de las Américas.	Canada is the largest country in the Americas.

29. Unequal Comparisons

1. Unequal comparisons are formed in Spanish by placing **más** (more) or **menos** (less) before the noun, adjective, or adverb.

Chile tiene más población que Uruguay.	Chile has a greater population than Uruguay.
El lago Titicaca, situado en Bolivia y Perú, es menos grande que el lago Superior.	Lake Titicaca, located in Bolivia and Peru, is smaller than Lake Superior.

2. **Que** and **de** are normally translated by *than.* (**De** precedes a number or a numerical expression like **mitad**.)

La Patagonia tiene menos *de* cinco habitantes por kilómetro cuadrado.	Patagonia has fewer than five inhabitants per square mile.

En las pampas argentinas, más *de* la mitad de la gente trabaja en la agricultura y la ganadería.	In the Argentinian pampas, more than half of the people work in agriculture and cattle raising.

Reading Preparation

The following sentences will give you practice in recognizing unequal comparisons and will also give you some more information about Latin America.

	1. **Suramérica es mucho más largo que Norteamérica.**
1. South America is much longer than North America.	2. ***ancho*** = *wide* **Suramérica es menos ancho que Norteamérica.**
2. South America is less wide than North America.	3. **En Argentina y Uruguay más del noventa por ciento de la población es de descendencia europea.**
3. In Argentina and Uruguay more than 90% of the population is of European descent.	4. **Más de la mitad de la población de la República Dominicana es mulata.**
4. More than half of the population of the Dominican Republic is mulatto.	5. **La mitad, o más de la mitad de la población es mestiza en México, todo Centroamérica, Venezuela, Colombia y Chile.**
5. Half or more than half of the population of Mexico, all of Central America, Venezula, Colombia, and Chile is mestizo. (A mixture of Indian and European.)	6. ***el ganado*** = *cattle* **En Argentina hay más ganado que personas.**
6. There are more cattle than people in Argentina.	7. **En Paraguay, más del noventa por ciento de la población es mestiza.**
7. More than 90% of the Paraguayan population is mestizo.	8. ***en cambio*** = *on the other hand* **En las Antillas, en cambio, hay mucha más población mulata y negra que mestiza.**
8. In the Antilles, on the other hand, there is much more mulatto and black population than mestizo (population).	

paisaje

Yagul, México.

30. Unequal Comparisons—Superlative and Unequal Comparative Forms

Give the meaning of the following sentences. Underline the superlative and the comparative forms before verifying the English.

	1. ***poco** = little, few* **Suramérica es un poco menos ancho que Norteamérica.**
1. **menos...que** South America is narrower (a little less wide) than North America.	2. **Estados Unidos es un poco más grande que Brasil.**
2. **más...que** The United States is a little larger than Brazil.	3. **El país más pequeño de América Latina es El Salvador.**
3. **el...más** The smallest country in Latin America is El Salvador.	4. ***a la vez** = at the same time* **El Salvador es, a la vez, el país más poblado de Latinoamérica.**
4. **el...más** El Salvador is, at the same time, the most populated country in Latin America.	5. **El país más pequeño de Suramérica es Uruguay.**

5. **el...más** The smallest country in South America is Uruguay.	6. **El país menos poblado de Latinoamérica es Bolivia.**
6. **el...menos** Bolivia is the least populated country in Latin America.	7. **La población de El Salvador, el país más poblado, es quinientos treinta y nueve habitantes por milla cuadrada.**
7. **el...más** The population of El Salvador, the most populated country, is 539 inhabitants per square mile.	

31. Ellipses and Pronouns

A pronoun stands in place of a noun and shortens the sentence. Notice how the articles **el, la, los, las** function as pronouns in the following sentences:

Las cimas más elevadas de los Andes están en Suramérica y las menos elevadas en Centroamérica.	The highest peaks of the Andes are in South America, and the lowest are in Central America.
El país más poblado de América Latina es El Salvador y el menos poblado es Bolivia.	The most populated country in Latin America is El Salvador and the least populated is Bolivia.
La estación de verano y la de invierno.	The summer and winter seasons.

2. In the above examples the nouns, **cimas, país,** and **estación** have been omitted in the second part of the sentence. The articles **las, el, la,** respectively, are taking their place and agreeing with them in gender and number.

Reading Preparation

Give the meaning of the sentences. Concentrate on the sentence (or sentences) in which the noun has been elliptically omitted.

	1a. **Latinoamérica tiene países en la zona tórrida y en la zona templada.**
1a. Latin America has countries located in the torrid zone and in the temperate zone.	1b. **Latinoamérica tiene países en la zona tórrida y en la templada.**
1b. Latin America has countries located in the torrid and the temperate zone.	2a. **En la zona tórrida la precipitación marca dos épocas: la época lluviosa y la época seca.**
2a. Precipitation in the torrid zone marks two seasons, the rainy season and the dry season.	2b. **En la zona tórrida la precipitación marca dos épocas: la lluviosa y la seca.**
2b. Precipitation in the torrid zone marks two seasons, the rainy and the dry.	3a. **El país más poblado de Latinoamérica es El Salvador y el país menos poblado es Bolivia.**
3a. The most populated country in Latin America is El Salvador, and the least populated country is Bolivia.	3b. **El país más poblado de Latinoamérica es El Salvador y el menos poblado es Bolivia.**
3b. The most populated country in Latin America is El Salvador and the least populated is Bolivia.	3c. **El menos poblado, Bolivia, tiene doce habitantes por milla cuadrada.**
3c. The least populated, Bolivia, has 12 inhabitants per square mile.	4a. ***enero*** = *January* **En Suramérica los meses de verano son diciembre, enero y febrero, y los meses de invierno son junio, julio y agosto.**
4a. The months of summer in South America are December, January, and February, and of winter are June, July, and August.	4b. **En Suramérica los meses de verano son diciembre, enero y febrero, y los de invierno son junio, julio y agosto.**
4b. The months of summer in South America are December, January, and February, and of winter are June, July, and August.	5a. **En Bolivia y Perú, el sesenta y cinco por ciento de la población es indígena; en Ecuador, el cuarenta por ciento de la población es indígena.**

5a. In Bolivia and Peru 65% of the population is Indian; and 40% of the population of Ecuador is Indian.	5b. **En Bolivia y Perú el sesenta y cinco por ciento de la - población es indígena; y el cuarenta por ciento en Ecuador.**
5b. In Bolivia and Peru 65% of the population is Indian and 40% in Ecuador.	

In this exercise you will be tested on vocabulary. Choose the word that corresponds to the Spanish word in italics. Use your card and read the whole sentence before verifying your answer.

	1. **Chile es un país muy *angosto.*** (a) high (b) narrow (c) wide
1. (b) *narrow* Chile is a very narrow country.	2. **Centroamérica no es *ancho.*** (a) long (b) great (c) wide
2. (c) *wide* Central America is not wide.	3. **Hay regiones *templadas* en Suramérica.** (a) hot (b) cold (c) temperate
3. (c) *temperate* There are warm (temperate) regions in South America.	4. **En Ecuador hay setenta y seis habitantes por milla *cuadrada*.** (a) square (b) four (c) each
4. (a) *square* There are 76 inhabitants per square mile in Ecuador.	5. **Argentina es un país muy *largo.*** (a) great (b) large (c) long

5. (c) *long* Argentina is a very long country.	6. **Brasil es el país más *grande* de América del Sur.** (a) large (b) wide (c) high
6. (a) *large* Brazil is the largest country in South America.	7. **Las cimas de los Andes son *elevadas*.** (a) narrow (b) great (c) high
7. (c) *high* The peaks of the Andes are high.	

Reading Preparation

	1. **Vamos a hablar un poco sobre la economía de América Latina.**
1. We are going to talk a little bit about the economy of Latin America.	2. ***el comercio*** = *business* **La mayoría de los productos necesarios al comercio y a la industria se producen en América Latina.**
2. The majority of the products necessary for business and industry are produced in Latin America.	3. **La minería es muy importante.**
3. Mining is very important.	4. ***el cobre*** = *copper* **Algunos productos importantes son: petróleo, plata, diamantes, cobre, esmeraldas y estaño.**
4. Some important products are petroleum, silver, diamonds, copper, emeralds, and tin.	5. ***el cereal*** = *grain, cereal* **Abundan los cereales.**

5. Grains are abundant.	6. ***el algodón*** = *cotton* **Abundan los cereales y todos los productos de la agricultura tropical: algodón, caña de azúcar, café, tabaco, frutas.**
6. Grains and all products of tropical agriculture are abundant: cotton, sugar cane, coffee, tobacco, fruit.	7. ***la cría de ganado*** = *cattle raising* **La cría de ganado es más importante cada día.**
7. Cattle raising is more important every day.	8. ***las cabezas de ganado*** = *heads of cattle* **Argentina tiene dos cabezas de ganado por habitante.**
8. Argentina has two heads of cattle for every inhabitant.	9. **Latinoamérica es un territorio rico.**
9. Latin America is a rich territory.	10. **Pero es muy extenso y difícil de explotar.**
10. But it is very extensive and difficult to exploit.	11. ***ha sido*** = *it has been* **Hasta el presente ha sido, sobre todo, una tierra proveedora de materia prima para los países industrializados.**
11. Until now, it has mainly been a land providing raw materials for the industrialized countries.	

See if you recognize the meaning of the word in italics.

1. **Bolivia produce mucho *estaño.***
   a) silver b) tin c) oil

2. **En casi toda la América Latina se produce *algodón.***
   a) wool b) silk c) cotton

3. ***La cría de ganado* es importante en Argentina.**
   a) cattle export b) cattle raising c) cattle slaughter

4. ***Hasta* el presente, América Latina provee materia prima.**
   a) up to b) during c) at

5. **Chile produce grandes cantidades de *cobre.***
   a) tin b) copper c) silver

6. **Argentina tiene dos *cabezas de ganado* por habitante.**
   a) heads of cattle b) pens of cattle c) two thousand cattle

7. **La palabra *plata* en español es:**
   a) gold b) tin c) silver

Key: 1(b); 2(c); 3(b); 4(a); 5(b); 6(a); 7(c)

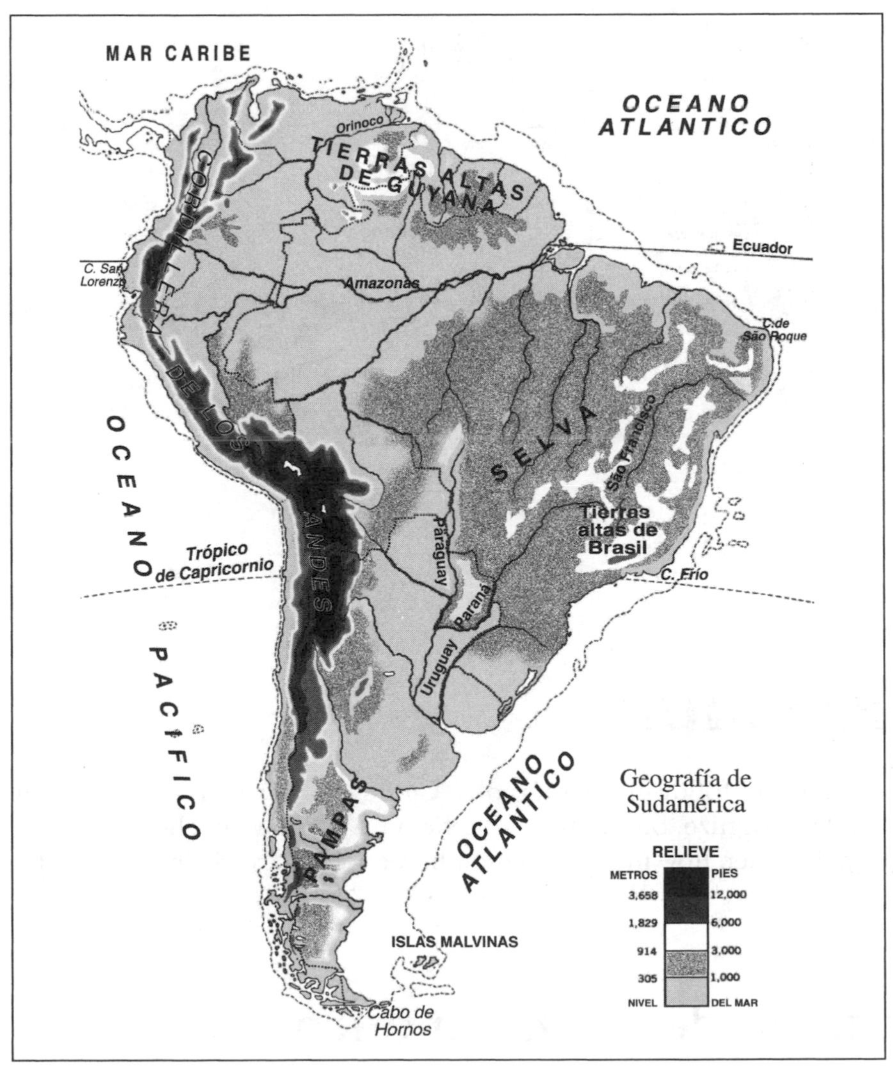

Mapa geográfico.

Mapa político.

READING PASSAGE

Read through the following paragraphs. Circle the words that you do not immediately recognize, but do not look them up right away. Then, read the passage again to see how many unremembered words are cleared up by the context.

Geografía de Latinoamérica

Latinoamérica ocupa parte de Norteamérica, Centroamérica, las Grandes Antillas y Suramérica.

México está en Norteamérica y limita al sur con Guatemala, uno de los seis países pequeños que forman la América Central. En las Antillas hay tres islas importantes de habla española: Puerto Rico, Cuba y la República Dominicana. Hay también islas menores. Suramérica está constituido por Brasil, nueve países hispánicos y las Guayanas.

Suramérica tiene forma de triángulo. Es mucho más largo que Norteamérica, y un poco menos ancho. Brasil solo, tiene casi la extensión de los Estados Unidos, pero tiene únicamente la mitad de la población de este país. América Central es un territorio largo y angosto. De él dependen geográficamente las Antillas.

La costa occidental de América del Sur está dominada por una inmensa cadena de montañas: los Andes. En el centro del continente hay una meseta. Hacia el océano Atlántico, están las llanuras de los grandes ríos: Amazonas, Orinoco, Paraná y el Río de la Plata. Al sur, las tierras son secas y casi desiertas.

Latinoamérica tiene países en la zona tórrida y en la templada. En Centroamérica y gran parte de América del Sur no hay estaciones. La precipitación marca allí dos épocas distintas: la lluviosa y la seca. En el sur del continente (Argentina, Chile, Uruguay y el sur del Brasil), hay cuatro estaciones. Los meses de verano son diciembre, enero y febrero, los de invierno son junio, julio y agosto. Es importante anotar que en algunos puntos cercanos al ecuador el clima es frío todo el año, ya que el clima está determinado por la altitud.

Hispanoamérica es un territorio de grandes contrastes geográficos. Centroamérica es una región montañosa y cortada. El Aconcagua, en Argentina, es el pico más alto de los Andes. Hay también cimas elevadas de los Andes cubiertas de nieves perpetuas en Chile, Perú y Colombia. En toda la zona andina hay volcanes en actividad y frecuentes temblores de tierra. En Argentina están las Pampas, vastas llanuras cubiertas de hierba. Al norte y sur del río Amazonas hay grandes selvas vírgenes. Bolivia tiene una meseta muy elevada. Esta meseta constituye una de las regiones pobladas más altas del mundo.

Latinoamérica no es un territorio superpoblado; pero por regla general, cada país tiene una capital muy grande. Esta ciudad absorbe un número elevado de población. El país más pequeño de América Latina y, a la vez, el de mayor densidad de población es El Salvador (539 habitantes por milla cuadrada). El menos poblado, Bolivia, tiene doce habitantes por milla cuadrada. En América Latina se ve una gran variedad racial. En Argentina y Uruguay más del noventa por ciento de la población es de descendencia europea. En Paraguay, el noventa y cinco por ciento de la población es mestiza. La mitad, o más de la mitad de la población, es mestiza en México, todo Centroamérica, Venezuela, Colombia y Chile. En Bolivia y Perú, el sesenta y cinco por ciento de la población es indígena y el cuarenta por ciento en Ecuador. En las Antillas, en cambio, hay mucha más población mulata y negra.

La mayoría de los productos necesarios al comercio y a la industria se producen en América Latina. La minería es muy importante: petróleo, plata, cobre, estaño, diamantes y esmeraldas. Abundan los cereales y todos los productos de la agricultura tropical: algodón, caña de azúcar, café, tabaco, frutas. La cría de ganado es más importante cada día; Argentina tiene dos cabezas de ganado por habitante. Latinoamérica es un territorio rico, pero muy extenso y difícil de explotar. Hasta el presente ha sido, sobre todo, una tierra proveedora de materia prima para los países industrializados.

CHAPTER 5

Peregrinos mexicanos.

Reading Preparation

The following frames will introduce you to the reading passage at the end of the chapter. Give the meaning of the Spanish sentences and verify your answers.

	1. ***su** = its, his, her* **La gente de España y de Hispanoamérica es, en su gran mayoría, católica.**

1. The great majority of the people of Spain and Latin America are Catholic.	2. ***En efecto*** = *indeed* **En efecto, los libros dicen que más del noventa por ciento de la población de España e Hispanoamérica es católica.**
2. Indeed, books say that more than 90% of the population of Spain and Latin America is Catholic.	3. **Pero un gran número de esos católicos no practica la religión.**
3. However, a great number of these Catholics do not practice their religion.	4. **El pueblo mexicano es, por lo general, muy católico.**
4. The Mexican people are, in general, very Catholic.	5. **En la ciudad de México hay una bellísima basílica.**
5. In Mexico City there is a very beautiful basilica.	6. ***edificar*** = *to build* **Hay una basílica edificada en honor de la Virgen de Guadalupe.**
6. There is a basilica built in honor of the Virgin of Guadalupe.	7. **La Virgen de Guadalupe es la patrona de México.**
7. The Virgin of Guadalupe is the patron saint of Mexico.	8. ***cada*** = *each* ***propia*** = *own* **Por lo general, cada país hispanohablante tiene su propio patrón o patrona.**
8. Each Spanish-speaking country generally has its own patron saint.	9. **Por ejemplo, la patrona de Colombia es la Virgen del Carmen.**
9. For example, the patron saint of Colombia is the Virgin of Carmen.	10. **La fiesta de la Virgen del Carmen es el dieciséis de julio.**
10. The feast of the Virgin of Carmen is July 16.	11. **La patrona de Costa Rica es Nuestra Señora de los Angeles.**
11. The patron saint of Costa Rica is Our Lady of the Angels.	12. **La fiesta de Nuestra Señora de los Angeles es el quince de agosto.**
12. The feast of Our Lady of the Angels is August 15.	13. **Hay también actividades que tienen patrona.**
13. There are also activities which have a patron saint.	14. ***torero*** = *matador* **La Virgen de la Macarena es la patrona de los toreros.**

14. The Virgin of Macarena is the patron saint of the toreadors.	15. ***antes de*** = *before* ***pedir*** = *to ask for* **Antes de comenzar la corrida, el torero pide la protección de la Virgen de la Macarena.**
15. Before beginning the bullfight the toreador asks for the protection of the Virgin of Macarena.	16. ***la costumbre*** = *the custom* **La basílica de Guadalupe es un ejemplo de esta costumbre muy popular en los países hispano-hablantes.**
16. The Basilica of Guadalupe is an example of this very popular custom in Spanish- speaking countries.	17. ***por petición*** = *at the request of* **El pueblo mexicano ha edificado la basílica por petición expresa de la Virgen.**
17. The Mexican people built the basilica at the express request of the Virgin.	18. ***creer*** = *to believe* ***escrita*** = *written* **Esto dice la leyenda. Y el pueblo mexicano cree en esta leyenda trasmitida por la tradición oral y escrita.**
18. This is what the legend says. And the Mexican people believe in this legend transmitted by oral and written traditions.	19. ***vamos a*** = *we are going to* **En esta lección vamos a leer los detalles de la leyenda.**
19. In this lesson we are going to read the details of the legend.	20. ***saber*** = *to know* ***el cuadro*** = *a framed picture* **Por el momento, es necesario saber que en la basílica de Guadalupe hay un cuadro de la Virgen de Guadalupe.**
20. For the moment, it is necessary to know that in the Basilica of Guadalupe there is a framed picture of the Virgin of Guadalupe.	21. ***el lienzo*** = *canvas* **una joven** = *a young woman* **En el lienzo del cuadro está la imagen de una joven de unos quince años.**
21. On the canvas of the picture is the image of a young woman of about fifteen years.	22. ***llamado*** = *by the name of* **Ese lienzo es realmente el poncho de un joven indio, llamado Juan Diego.**

22. However, this canvas is the poncho of a young Indian by the name of Juan Diego.	23. ***ahora*** = *now* ***desde*** = *since* **Este poncho (ahora lienzo del cuadro) se conserva desde mil quinientos treinta y uno.**
23. This poncho (now the canvas of the picture) has been preserved since 1531. (Notice that **desde** + present is translated by *has* + past participle).	

32. Present Tense of Irregular Verbs

1. You will often meet verbs that show a vowel change in the stem in the present tense. These changes of course do not affect the meaning, since it is the verb ending that indicates the tense. Look at the conjugations that follow—they will help you identify the infinitive in future readings. Some of the groups of verbs showing these changes are:

o → ue

encontrar (to meet or to find)	***yo*** **encuentro** ***tú*** **encuentras** ***él/ella/Ud.*** **encuentra** ***ellos/ellas/Uds.*** **encuentran** ***nosotros*** **encontramos** ***vosotros*** **encontráis**

Some verbs that conjugate like **encontrar** are:

probar	to prove, to taste, or to test, **comprobar** = to verify
morir	to die
volver	to return, to go back
volver a + infinitive + again	(Ex: **vuelvo *a* estudiar** = I study again)
devolver	to give back
contar	to tell, to count

e → i

pedir (to ask for)	***yo*** **pido** ***tú*** **pides** ***él/ella/Ud.*** **pide**

ellos/ellas/Uds. **piden**
nosotros **pedimos**
vosotros **pedís**

Seguir = to follow, to continue. It conjugates like **pedir. Decir** = to say. Also conjugates like **pedir** and **seguir**, but the first person singular is irregular: **yo digo**.

2. You may have noticed that some verbs are irregular in the first person (**yo**). (Remember: **soy, doy, estoy, tengo.**) One of them is the verb **caer** = to fall down, which conjugates as follows:

yo	***caigo***
tú	***caes***
él (ella, Ud.)	***cae***
nosotros	***caemos***
vosotros	***caéis***
ellos (ellas, Uds.)	***caen***

Other frequently used verbs that are irregular in the first person present are:

hacer =	***hago***	(I do, make)
traer =	***traigo***	(I bring)
poner =	***pongo***	(I put)
decir =	***digo***	(I say)
aparecer =	***aparezco***	(I appear)
ver =	***veo***	(I see)
oír =	***oigo***	(I hear, listen to)

The following frames will help you understand the reading passage at the end of this chapter. They will also help you recognize the irregular verbs that have just been introduced. Give the meaning of the sentence and review the verb using the information preceding the English translation.

	1. **En un suburbio llamado Villa de Guadalupe, al noreste de la Ciudad de México, está la basílica de Guadalupe.**
1. **yo estoy** In a suburb called Villa de Guadalupe to the northeast of Mexico City is the Basilica of Guadalupe.	2. **Guadalupe es también el nombre de un cuadro que *se encuentra* en la basílica.**
2. **encontrar: o → ue** Guadalupe is also the name of a framed image that is found in the Basilica.	3. **La tradición oral y escrita *cuenta* una invariable leyenda.**

3. **contar: o → ue** The oral and written traditions tell an unchanging legend.	4. ***el camino*** = *the road* ***para*** = *in order to* **En diciembre de mil quinientos treinta y uno, Juan Diego *sigue* el camino del monte Tepeyac para ir a la ciudad.**
4. **seguir: e → i** In December 1531, Juan Diego is following the road of Mount Tepeyac in order to go to the city. (Notice the use of the historic present.)	5. **En el monte ve Juan Diego a la Virgen.**
5. **ver** is irregular (***yo veo)*** On the mountain Juan sees the Virgin.	6. ***deber*** = *must* **La Virgen dice a Juan Diego que debe pedir al obispo la construcción de un templo en ese lugar.**
6. **decir:** irregular **e → i** (***yo digo***) The Virgin says to Juan that he must ask the bishop to build a temple in this place.	7. **El obispo le *pide* al indio probar la autenticidad de la aparición.**
7. **pedir: e → i** The bishop asks the Indian to prove the authenticity of the apparition.	8. ***el día*** = *the day* ***después*** = *after* **Tres días después Juan Diego *vuelve a* ver a la Virgen.**
8. **volver: o → ue** Three days later Juan Diego sees the Virgin again.	9. ***vecino*** = *neighboring* **Juan Diego *encuentra* a la Virgen al ir al vecino convento de Santiago.**
9. **encontrar: o → ue** Juan Diego meets the Virgin while going to the neighboring convent of Santiago.	10. ***esquivar*** = *to evade* ***el camino*** = *the road* **Este día, para esquivar el lugar de la aparición, no sigue el camino del monte Tepeyac.**
10. **seguir: e → i** This day, in order to avoid the place of the apparition, he does not follow the road of Mount Tepeyac.	11. ***el sacerdote*** = *priest* ***en busca de*** = *in search of* **Juan Diego va al convento en busca de un sacerdote.**
11. Juan Diego is going to the convent in search of a priest.	12. ***el tío*** = *uncle* **Su tío se muere y desea confesarse.**

12. His uncle is dying and desires to make confession.	13. ***ya*** *= already* ***sanar*** *= to cure, to be cured* **La Virgen *cuenta* a Juan Diego que ya ha sanado a su tío.**
13. **contar: o → ue** The Virgin tells Juan Diego that she has already cured his uncle.	14. ***llevar*** *= to take* **La Virgen le pide a Juan Diego llevar unas rosas al obispo como prueba de la aparición.**
14. **pedir: e → i** The Virgin asks Juan Diego to take some roses to the bishop as proof of the apparition.	15. ***el hallazgo*** *= the finding* **La prueba de la aparición es el hallazgo de unas rosas en ese lugar desierto.**
15. The proof of the apparition will be the finding of the roses in this desert place.	16. ***aunque*** *= although* ***recoger*** *= to pick* **Aunque no es época de florescencia, Juan Diego ve y recoge unas rosas en ese terreno casi desierto.**
16. **ver:** irregular **(yo *veo*)** Although it is not the season of flowers, Juan Diego sees and picks some roses in this almost desert place.	17. **Le da a la Virgen las flores**
17. **dar:** irregular **(yo *doy*)** He gives the roses to the Virgin.	18. **Ella le devuelve las flores.**
18. **devolver: o → ue** She returns the roses to him.	19. **Juan Diego *pone* las rosas en su manta (o poncho) y va a ver al obispo.**
19. **poner:** irregular **(yo *pongo*)** Juan Diego puts the roses in his poncho and goes to see the bishop.	20. ***desdoblar*** *= to unfold* ***el suelo*** *= floor, ground* **Al llegar a su presencia, desdobla la manta y las rosas caen al suelo.**
20. **caer:** irregular **(yo *caigo*)** Upon coming into his presence, he unfolds his poncho and the roses fall to the floor.	21. ***dibujar*** *= to draw* **En la pobre manta aparece dibujada la imagen de una joven de unos quince años.**
21. **aparecer:** irregular **(yo *aparezco*)** In the poor poncho appears (already) drawn the image of a young woman of some fifteen years.	22. ***el rostro*** *= face* ***dada*** *= given* **Su rostro coincide exactamente con la descripción dada por Juan Diego en la primera visita al obispo.**

22. **coincidir:** regular Her face coincides exactly with the description given by Juan Diego during the first visit to the bishop.	23. **El pueblo hace un cuadro con la manta de Juan Diego y ese cuadro se venera en la basílica.**
23. The people make a framed picture with the poncho of Juan Diego, and this picture is venerated in the Basilica.	24. ***delgada y vasta*** = *thin and loosely woven* **La tela o material de la manta es delgada y de maguey.**
24. The material of the poncho is thin and loosely woven, made from the maguey plant.	25. ***la tira*** = *stripe* ***la costura*** = *the seam* **Dos tiras unidas por una costura forman la manta.**
25. Two stripes joined by a seam form the poncho.	26. ***la figura*** = *face, figure* **Los técnicos encuentran admirables los tonos del cuadro y las proporciones de la figura.**
26. **encontrar: o → ue** Experts find the tones of the picture and the proportions of the face admirable.	

33. The verb *ir*

You have encountered the verb **ir** (to go) in the third person singular: **él va en busca de**. This verb does not follow the regular pattern of conjugation. Its present tense forms are as follows:

yo *voy*	I go, am going
tú *vas*	you go, are going
él, ella, Ud. *va*	he, she goes, you go, is going, are going
nosotros *vamos*	we go, are going
vosotros *váis*	you go, are going
ellos, ellas, Uds. *van*	they go, are going

Ir a + infinitive expresses a future action.

Vamos a aprender el futuro en la Lección Diez.	We are going to learn the future in Lesson 10.

As you have seen, **ir** is usually followed by the preposition **a**.

Give the meaning of the following sentences.

	1. **El va a ver al obispo.**
1. He goes to see the bishop.	2. **El indio va a un convento.**
2. The Indian goes to a convent.	3. **Nosotros vamos a la ciudad.**
3. We go to the city.	4. **Ellos van a saber la verdad.**
4. They are going to know the truth.	5. **La Virgen va a curar a su tío.**
5. The Virgin is going to cure his uncle.	

In the following exercise you will drill both meaning and recognition of verb forms. Fill the first blank with the personal pronoun corresponding to the verb, and the second blank with the translation of the whole form. For example, for **vas** write **tú** on the first blank and *you go* on the second. Use your card, as usual.

	1. **sigues** **(a)** __________ **(b)** __________
1. **(a) tú** (b) you follow	2. **encuentran** **(a)** __________ **(b)** __________
2. **(a) ellos (ellas, Uds.)** (b) they find, you find	3. **veo** **(a)** __________ **(b)** __________
3. **(a) yo** (b) I see	4. **caemos** **(a)** __________ **(b)** __________
4. **(a) nosotros** (b) we fall down	5. **cuenta** **(a)** __________ **(b)** __________
5. **(a) él (ella, Ud.)** (b) he, she tells, you tell	6. **volvemos a oír** **(a)** __________ **(b)** __________
6. **(a) nosotros** (b) we hear again	7. **volvéis** **(a)** __________ **(b)** __________
7. **(a) vosotros** (b) you come back (return)	8. **muere** **(a)** __________ **(b)** __________

8. **(a) él (ella, Ud.)** (b) he, she, it dies, you die	9. **pide** **(a)** __________ **(b)** __________
9. **(a) él (ella, Ud.)** (b) he, she, asks for, you ask for	10. **vuelve a pedir** **(a)** __________ **(b)** __________
10. **(a) él (ella, Ud.)** (b) he, she asks for (it) again, you ask for (it) again	11. **traen** **(a)** __________ **(b)** __________
11. **(a) ellos (ellas, Uds.)** (b) they bring, you bring	12. **pongo** **(a)** __________ **(b)** __________
12. **(a) yo** (b) I put	13. **ven** **(a)** __________ **(b)** __________
13. **(a) ellos (ellas, Uds.)** (b) they see, you see	14. **aparecen** **(a)** __________ **(b)** __________
14. **(a) ellos (ellas, Uds.)** (b) they appear, you appear	15. **morimos** **(a)** __________ **(b)** __________
15. **(a) nosotros** (b) we die	16. **pruebas** **(a)** __________ **(b)** __________
16. **(a) tú** (b) you prove	17. **devuelvo** **(a)** __________ **(b)** __________
17. **(a) yo** (b) I give back	18. **dicen** **(a)** __________ **(b)** __________
18. **(a) ellos (ellas, Uds.)** (b) they say, you say	19. **pones** **(a)** __________ **(b)** __________
19. **(a) tú** (b) you put	20. **damos** **(a)** __________ **(b)** __________
20. **(a) nosotros** (b) we give	

34. *Que* as a Conjunction

1. One of the uses of **que** is to join two independent clauses. As such, it is translated as **that**.

El obispo le pide al indio probar *que* la joven es la Madre de Dios.	The bishop asks the Indian to prove that the young lady is the Mother of God.

35. The Personal *a*

1. **A** is used before direct and indirect objects referring to people. In English, there is seldom an exact counterpart to this structure. Note that when **a** precedes the article **el** (*the*), the contraction **al** is formed.

El obispo le pide *al* indio probar la aparición.	The bishop asks the Indian to prove the vision.
Juan Diego va a ver *al* obispo.	Juan Diego goes to see the bishop.

2. As you may have noticed in previous chapters, a personal **a** is also used before names of countries and cities, as well as names or nouns referring to an animal.

Los moros invaden *a* España.	Moors invade Spain.
Quiere mucho *a* los elefantes.	She (he) loves elephants.

Reading Preparation

Translate the following sentences. Underline the personal **a** and **que** used as a conjunction.

	1. ***misa*** = *mass* **Juan Diego va a misa a la ciudad y en el camino ve a la Virgen.**
1. **a (la Virgen)** Juan Diego goes to the city to attend mass and on the way sees the Virgin.	2. **La Virgen le cuenta a Juan Diego que su tío ha sanado.**
2. **a, que** The Virgin tells Juan Diego that his uncle has been cured.	3. **La Virgen le cuenta a Juan Diego que su tío ya ha sanado.**

3. **a, que**
   The Virgin tells Juan Diego that his uncle has already been cured.
4. **a**
   The young woman asks Juan Diego to go back and see the bishop again.
5. **a**
   The Virgin has cured his uncle.
6. **a**
   Legions of pilgrims visit the Virgin of Guadalupe.
7. **que**
   Experts say that the color tones of the picture of the Virgin are marvelous.
8. **que**
   They say that they have not succeeded in understanding the composition of the colors.

4. **La joven le pide a Juan Diego volver a ver al obispo.**
5. **La Virgen ha sanado a su tío.**
6. **Legiones de peregrinos visitan a la Virgen de Guadalupe.**
7. **Los técnicos dicen que los tonos del cuadro de la Virgen son maravillosos.**
8. ***entender*** = *to understand*
   Dicen que no han logrado entender la composición de los colores.

36. Pronouns—Direct and Indirect Object

Pronouns stand in place of nouns in order to avoid repetitiousness and to lighten up the sentence.

José ve al toro.	Joe sees the bull.
José mata al toro.	Joe kills the bull.
José ve al toro y lo mata.	Joe sees the bull and kills it.

A direct object is the person or thing receiving the action of the verb. To identify direct objects, ask the question *whom?* or *what?* using the verb of the sentence.

Joe sees the bull. Sees what? The bull, which is the direct object.
Whom or what does Joe kill? He kills the bull.

Indirect objects usually answer the questions *for whom?* or *to whom?*

Juan Diego da la manta al obispo.	Juan Diego gives the poncho to the bishop.

He gives what? **La manta,** *the direct object.*

He gives it to whom? To the bishop, the indirect object.

When an indirect object apears in a sentence, the corresponding indirect object pronoun is usually expressed.

Juan Diego *le* da la manta al obispo.	Juan Diego gives it to the bishop (**le = al obispo**).

2. The direct and indirect object pronouns refer to previously mentioned persons and things. They are as follows:

Subject	Indirect Object	Direct Object
yo	**me**	**me**
tú	**te**	**te**
nosotros	**nos**	**nos**
vosotros	**os**	**os**
él, ella, Ud.	**lo, la**	**le**
ellos, ellas, Uds.	**los, las**	**les**

Notice that **me, te, nos,** and **os** are both direct and indirect objects. **Le** and **les** may refer either to masculine or feminine antecedents.

The indirect object pronouns are often translated by *to me, to him,* etc., but in order to make an acceptable English translation, you must first choose an adequate English verb and then use the preposition that goes with it.

3. In affirmative and negative statements the direct and indirect objects come immediately before the verb. This positioning helps you to distinguish the pronouns **lo, la, los, las** from the articles **lo, la, los, las** which precede a noun or an adjective + noun.

Article	Pronoun	
Veo a *los* hombres.	**Los veo.**	*I see them.*
Dice *la* verdad.	**La dice.**	*He tells it.*
Esta leyenda parece extraña a *los* técnicos.	**Ella les parece extraña.**	*It appears strange to them.*

4. Direct and indirect object pronouns are placed immediately *before* the conjugated *verb,* but after an infinitive, an affirmative command, and a present participle.

Before a Verb

Le pido una prueba.	I ask him for a proof.

After a Verb

Es necesario pedir*le* una prueba.	It is necessary to ask him for a proof.

Mercado en la Ciudad de México.

Reading Preparation

Replace the direct and indirect objects by the corresponding pronouns and determine what the pronoun is replacing.

	1. **Juan Diego va a la ciudad a oír misa. Juan Diego va a la ciudad a oirla.** (***la*** replaces: ___________)
1. **la misa** Juan Diego goes to the city to attend mass. Juan Diego goes to the city to attend it.	2. **La Virgen pide al indio visitar al obispo. La Virgen le pide visitar al obispo.** (***le*** replaces: __________)
2. **al indio** The Virgin asks the Indian to visit the bishop. The Virgin asks him to visit the bishop.	3. **La Virgen le pide visitar al obispo. La Virgen le pide visitarlo.** (***lo*** replaces:__________)

3. **al obispo** The Virgin asks him to visit the bishop. The Virgin asks him to visit him.	4. **La joven cura a su tío. La joven lo cura.** (***lo*** replaces:__________)
4. **a su tío** The young lady cures his uncle. The young woman cures him.	5. ***recoger*** *= to pick up* **El neófito recoge unas flores. El neófito las recoge.** (***las*** replaces:__________)
5. **las flores** The neophyte picks up some flowers. The neophyte picks them up.	6. **El indio pone las rosas en su manta. El indio las pone en su manta.** (***las*** replaces:__________)
6. **las rosas** The Indian places the roses in his poncho. The Indian places them in his poncho.	7. **La Virgen manda a Juan Diego volver a ver al obispo. La virgen le manda volver a ver al obispo.** (***le*** replaces:__________)
7. **Juan Diego** The Virgin orders Juan Diego to see the bishop again. The Virgin orders him to see the bishop again.	8. **Juan Diego les da la prueba a su familia y al obispo. Juan Diego les da la prueba.** (***les*** replaces:__________)
8. **a su familia y al obispo** Juan Diego shows (gives) the proof to his family and to the bishop. Juan Diego shows them the proof.	9. **Los técnicos encuentran admirables los tonos del cuadro. Los técnicos los encuentran admirables.** (***los*** replaces:__________)
9. **los tonos** Experts find the tones of the picture to be remarkable. They find them remarkable.	10. **Los técnicos no han logrado entender la composición de los colores. No han logrado entenderla.** (***la*** replaces: __________)
10. **la composición de los colores** Experts haven't succeeded in understanding the composition of the colors. They haven't succeeded in understanding it.	11. **Dos tiras unidas por una costura forman la tela de la manta. Dos tiras la forman.** (***la*** replaces: __________)
11. **la tela de la manta** Two stripes sewn together form the material of the poncho. Two stripes form it.	12. **Los técnicos encuentran admirables las proporciones de la figura. Los técnicos las encuentran admirables.** (***las*** replaces:__________)

12. **las proporciones** Experts find the proportions of the face to be magnificent. Experts find them magnificent.	13. **El pueblo mexicano venera a la Virgen de Guadalupe. El pueblo la venera.** (*la* replaces: __________)
13. **a la Virgen de Guadelupe** Mexican people venerate the Virgin of Guadalupe. Mexican pople venerate her.	14. **Todos los mexicanos, especialmente los indios, le erigen templos e iglesias a la Virgen. Todos le erigen templos e iglesias.** (*le* replaces: __________)
14. **a la Virgen** All Mexicans, especially the Indians, build temples and churches to the Virgin. All build temples and churches to her.	15. ***el amor*** = *love* ***los pies*** = *feet* **Todos los años llegan peregrinos a dejar su amor a los pies de la Virgen. Llegan a dejarlo a los pies de la Virgen.** (*lo* replaces:__________)
15. **su amor** Every year, pilgrims come to leave their love at the feet of the Virgin. They come to leave it at the feet of the Virgin.	

37. Reflexive Verbs and Uses of *se*

1. Reflexive verbs often indicate an action that the subject does to itself (they reflect the action back upon the doer). **Lavarse** (to wash oneself)and **levantarse** (to get up, stand up oneself) are both reflexive verbs. They are identified by the presence of the following object pronouns that precede the verb:

Yo *me* lavo	I wash (myself)
tú *te* lavas	You wash (yourself)
nosotros *nos* lavamos	We wash (ourselves)
vosotros *os* laváis	You wash (yourselves)
él *se* lava	He washes (himself)
ella *se* lava	She washes (herself)
Ud. *se* lava	You wash (yourself)
ellos (ellas) *se* lavan	They wash (themselves)
Uds. *se* lavan	You wash (yourselves)

Notice that these pronouns are the same as the direct and indirect object pronouns except for the third person.

2. Reflexive verbs can also indicate reciprocal actions:

Nosotros nos hablamos.	We speak to each other.
Ellos se aman.	They love each other.

3. They are also used in a more general, impersonal way that is translated into English by the passive:

El español se deriva del latín.	Spanish is derived from Latin.
La Virgen de Guadalupe se venera en México desde tiempos de la conquista.	The Virgin of Guadalupe has been venerated in Mexico since the times of the conquest.

Sometimes a simple present verb in the active voice, or *to become*, is sufficient to express the meaning.

Juan Diego se dirige al convento.	Juan Diego goes to the convent.
El clima se enfría.	The weather becomes (is getting) cold.

4. Notice that the reflexive pronoun **se** can suggest himself, herself, itself, yourself, themselves, and yourselves according to the subject pronoun.

Ella se admira en el espejo.	She admires herself in the mirror.

5. The reflexive pronoun is placed before a conjugated verb. Reflexive pronouns, like direct and indirect object pronouns, are placed after the infinitive, the affirmative command and the present participle.

La tradición escrita nos trae la leyenda.	Written tradition brings us the legend.
En el monte se le aparece la Virgen.	On the mount the Virgin appears (to him).
El sacerdote le pide arrodillarse.	The priest asks him to kneel down.

Reading Preparation

You have already encountered some of the following reflexive verbs. If you don't know the meaning, try to get it from the Spanish synonym in the sentence before verifying the English.

	1. ***encontrarse*** = *to be located* ***el vecindario*** = *neighborhood* **En la Ciudad de México se encuentra un vecindario famoso.**
1. A famous neighborhood is located in Mexico City.	2. ***dirigirse*** = *to go to* **El indio se dirige a la ciudad.**
2. The Indian goes to the city.	3. ***aparecerse*** = *to appear* **Una joven se aparece en el monte.**
3. A young woman appears on the mount.	4. **La Virgen le manda presentarse al obispo.**
4. The Virgin orders him to present himself before the bishop.	5. ***morirse*** = *to die* **El tío está grave; se muere.**
5. The uncle is gravely ill; he is dying.	6. ***confesarse*** = *to confess* **El desea confesarse con un sacerdote.**
6. He wants to confess to a priest.	7. **La Virgen vuelve a aparecerse.**
7. The Virgin appears again.	8. ***caerse*** = *to fall* ***el suelo*** = *floor, ground* **Las rosas se caen al suelo.**
8. The roses fall to the ground.	9. ***arrodillarse*** = *to kneel down* **Todos se arrodillan.**
9. Everybody kneels down.	10. ***guardarse*** = *to keep, to preserve* **El lienzo se guarda intacto desde mil quinientos treinta y uno.**
10. The canvas has been kept intact since 1531.	11. ***venerarse*** = *to worship* ***hasta*** = *up to, even* **El cuadro se venera hasta hoy en México.**
11. The picture has been venerated in Mexico up to the present.	12. ***maravillarse*** = *to marvel* **Ellos se maravillan al ver la diferencia de las substancias.**
12. They marvel when seeing the difference between the substances.	

Now you will read again some of the sentences you saw before. This time, they contain reflexive pronouns, and direct and indirect object pronouns. Concentrate on the use of such pronouns. Give a smooth English translation.

	1. *llamado* = *named* **En la Ciudad de México *se* encuentra un suburbio llamado Villa de Guadalupe.**
1. There is a suburb in Mexico City by the name of Villa of Guadalupe.	2. **La tradición oral y escrita *nos* trae la invariable leyenda.**
2. Both oral and written traditions bring us the unchanging legend.	3. **El indio Juan Diego, neófito, *se* dirige a la ciudad a oír misa.**
3. Juan Diego, an Indian neophyte, goes to the city to hear mass.	4. **En el monte Tepeyac *se* le aparece la Virgen.**
4. On Mount Tepeyac, the Virgin Mary appears (to him).	5. **doncella** = *joven* **La doncella *le* manda presentarse al obispo.**
5. The maiden orders him to appear before the bishop.	6. **Juan Diego debe pedir*le* al obispo la construcción de un templo en ese lugar.**
6. Juan Diego should ask the bishop to build a temple on that site (place).	7. **Su tío *se* muere y desea confesarse.**
7. His uncle is dying and wants to confess.	8. **La Virgen vuelve a aparecer*se* y *le* cuenta que ya ha sanado a su tío.**
8. The Virgin appears again and tells him that his uncle has already been cured.	9. **La doncella *le* manda volver al obispo para dar*le* una prueba.**
9. The maiden orders him to go back to see the bishop in order to give him a proof.	10. **Juan Diego *le* da a la Virgen *las* flores y ella *las* arregla.**
10. Juan Diego gives the flowers to the Virgin and she arranges them.	11. **Al devolver*las* a Juan Diego dice la Virgen que no debe tocar*las*.**
11. When giving them back to Juan Diego, the Virgin says that he must not touch them.	12. **El obispo y sus familiares *se* arrodillan.**

12. The bishop and his relatives kneel down.	13. **El cuadro *se* guarda y *se* venera hasta hoy.**
13. The picture has been kept and venerated to the present day.	14. **Los técnicos *se* maravillan de la diferencia de las substancias usadas para colorear el lienzo.**
14. Experts marvel at the difference of the substances used to color the canvas.	

How fast and with how much accuracy can you go through the following exercise? Can you identify the meaning of the words in italics?

	1. *las pulgadas = inches* **Cada tira tiene casi seis pies de *largo*, por dieciocho pulgadas de ancho.**
1. **long** Each strip is almost six feet long by eighteen inches wide.	2. *el regalo = present* **Santa Claus (o Papá Noel) *trae* regalos.**
2. **to bring** Santa brings presents.	3. **Las dos tiras están unidas por una *costura*.**
3. **seam** The two strips are sewn together with a seam.	4. **Ella pide una *tira del lienzo*.**
4. **a strip of canvas** She asks for a strip of canvas.	5. **El *se muere* y desea confesarse.**
5. **to die** He is dying and wants to confess.	6. **Ud. *cuenta* una leyenda. Ellos *se cuentan* su vida.**
6. **to tell** You tell a legend. They tell each other the story of their lives.	7. **Después de diciembre *sigue* enero; después de enero sigue febrero.**
7. **to follow** After December comes January; after January comes February.	8. **para** = *in order to* **Es necesario *oír* para hablar.**
8. **to hear (to listen)** It is necessary to hear in order to speak.	9. **Después de la labor, él *vuelve* a casa.**

9. **to return, to come back** He comes back home after work.	10. **Si no sé los verbos regulares, *vuelvo a* estudiarlos.**
10. **again** If I don't know the regular verbs, I go back to study them again.	11. **Juan Diego *recoge* unas rosas.**
11. **to pick** Juan Diego picks some roses.	12. **El *le* da las flores.**
12. **to him, to her, to you, to it** He gives her the flowers.	13. **Los peregrinos *dejan* su amor y sus ofrendas.**
13. **to leave** The pilgrims leave their love and their offerings.	14. **Ellos *erigen* templos a Dios.**
14. **to build** They build temples to God.	15. **En invierno *cae* nieve. Yo *me caigo* en invierno.**
15. **to fall, to fall down** Snow falls in winter. I fall down in winter.	

Match the Spanish word with the appropriate English word.

1. **traigo**	____	a. they see
2. **ven**	____	b. he follows
3. **tiene**	____	c. I put
4. **doy**	____	d. he sees again
5. **estamos**	____	e. I give
6. **vuelve a ver**	____	f. she asks
7. **sigue**	____	g. he puts
8. **pide**	____	h. we are
9. **pone**	____	i. I bring
10. **pongo**	____	j. he has

Key: 1(i); 2(a); 3(j); 4(e); 5(h); 6(d); 7(b); 8(f); 9(g); 10(c)

1. **se muere**	____	a. you tell
2. **da**	____	b. she is dying
3. **probar**	____	c. he gives
4. **cuentas**	____	d. to hear
5. **cuenta**	____	e. to prove
6. **dice**	____	f. he tells
7. **encuentra**	____	g. she appears
8. **trae**	____	h. he brings

9. **oír** ____ i. he finds
10. **aparece** ____ j. he says

Key: 1(b); 2(c); 3(e); 4(a); 5(f); 6(j); 7(i); 8(h); 9(d); 10(g)

Reading Preparation

Choose the best possible meaning for the pronouns, prepositions, conjunctions, and adverbs:

	1. **La descripción dada *antes*.** a) after b) before c) now
1. b) The description given before.	2. ***Los* erigen en honor de la Virgen.** a) the b) them (fem.) c) them (masc.)
2. c) They build them in honor of the Virgin.	3. ***Todos* los años.** a) every b) the c) some
3. a) Every year.	4. ***Al* volver al obispo.** a) to the b) to c) when
4. c) When going back (to see).	5. **La tela *de la* manta.** a) of the (fem.) b) of the (masc.) c) to the
5. a) The material of the poncho.	6. **Se dirige *al* vecino convento.** a) when b) to the (fem.) c) to the (masc.)
6. c) He goes to the nearby convent.	7. **Erige un templo en *ese* lugar.** a) that (over there) b) this c) that (near)

7. c) He builds a temple on that site.	8. ***Su* cuadro es maravilloso.** a) her b) our c) my
8. a) Her picture is marvelous.	9. **El neófito va *a* ver al sacerdote.** a) with b) by c) to
9. c) The neophyte goes to see the priest.	10. **El pueblo mexicano es *muy* devoto.** a) very b) much c) too
10. a) Mexicans are very devout.	11. **El *las* recoge.** a) the (fem.) b) them c) the (masc.)
11. b) He picks them.	12. **La doncella es *de unos* quince años.** a) about b) more c) of the
12. a) The maiden is about fifteen.	13. **El cuadro se venera *hasta* hoy.** a) near b) up to c) for
13. b) The picture has been worshiped up to today.	14. ***Le* dice que está curado.** a) to him, to her b) to them c) her
14. a) She tells him that he has been cured.	

READING PASSAGE

Give yourself four minutes to read the following passage. Circle the words that you do not immediately recognize, but do not stop to look them up the first time through. When you finish, return to the difficult structures and work out their meaning more precisely. Practice reading the story until you can read it in the indicated time.

Recuerdo de la Virgen de Guadalupe.

Leyenda de Guadalupe

Al noreste de la Ciudad de México se encuentra un vecindario llamado Villa de Guadalupe. Allí está la basílica de la Virgen de Guadalupe, patrona de México. Estrictamente, Guadalupe es el nombre de un cuadro de la Inmaculada Concepción.

La tradición oral y escrita nos trae una leyenda que fascina al pueblo hispano. En diciembre de 1531 (mil quinientos treinta y uno), el indio Juan Diego, neófito, se dirige a la ciudad a oír misa. Al pasar por el monte Tepeyac se le aparece la Virgen y le manda presentarse al obispo para pedirle la construcción de un templo en ese lugar. Al obispo le gusta la idea, pero cauteloso, pide al indio

probar que la joven de la aparición es realmente la Madre de Dios. Tres días después, Juan Diego se dirige al vecino convento de Santiago en busca de un sacerdote. Su tío se muere y desea confesarse. Esta vez, el indio no sigue el camino del monte Tepeyac. Teme una nueva aparición y prefiere esquivarla. Mas la Virgen vuelve a aparecerse y le cuenta a Juan Diego que ya ha sanado a su tío. Le manda volver al obispo para darle como prueba de su verdad el hallazgo de unas rosas. Aunque no es época de florescencia, Juan Diego ve y recoge unas rosas en ese terreno casi desierto. Da a la Virgen las flores y ella las arregla. Al devolverlas a Juan Diego dice la Virgen que no debe tocarlas.

El indio coloca las rosas en su manta y va a ver al obispo. Al llegar a su presencia, el neófito desdobla la manta y las rosas caen al suelo. Sus familiares y el obispo se arrodillan. En la pobre manta está dibujada la imagen de una doncella de unos quince años. Su rostro coincide exactamente con la descripión de la joven dada antes por Juan Diego.

Desde entonces existe el cuadro que se guarda y se venera hasta hoy. La tela de la manta es delgada y vasta, probablemente de maguey. Consta de dos tiras unidas por una costura. Cada tira tiene casi seis pies de largo, por dieciocho pulgadas de ancho. Los técnicos no han logrado entender la composición de los colores y se maravillan de la diferencia de las substancias usadas para colorear el lienzo. Encuentran admirables los tonos del cuadro y las proporciones de la figura.

El pueblo mexicano es muy devoto de la Virgen de Guadalupe. En su honor, todos los mexicanos, especialmente los indios, erigen templos e iglesias. Todos los años, de los confines más remotos del país llegan legiones de peregrinos a dejar su amor y sus ofrendas a los pies de la Virgen.

Put a check by all the answers that are correct according to the reading passage. There may be more than one correct answer for each number.

1. **En la Villa Guadalupe está:**
   a. La basílica de la Virgen de Guadalupe.
   b. Un cuadro de la Inmaculada Concepción.
   c. Una iglesia erigida en honor de la Virgen.

2. **Guadalupe es el nombre:**
   a. De la Virgen patrona de México.
   b. De una leyenda mexicana muy famosa.
   c. De un cuadro de la Virgen.

3. **La leyenda cuenta:**
   a. La vida del indio Juan Diego.
   b. La aparición de la Virgen a Juan Diego.
   c. La petición de la Virgen de erigir una iglesia en su honor.

4. **Según la leyenda la Virgen le pide a Juan Diego:**
   a. Ver al obispo y pedirle la construcción de un templo.
   b. Curar a su tío.
   c. Seguir el camino del monte Tepeyac.

5. **El obispo le pide a Juan Diego probar que la joven de la aparición es la Madre de Dios. Para probarlo:**
   a. Juan Diego teme volver a ver la aparición.
   b. La Virgen hace florecer rosas en un terreno desierto y las manda al obispo.
   c. En el poncho de Juan Diego está dibujada la imagen de una doncella.

6. **En el cuadro de la Virgen de Guadalupe:**
   a. El lienzo es realmente el poncho o la manta de Juan Diego.
   b. La tela de la manta es delgada y vasta.
   c. La tela es probablemente de maguey.

7. **En México:**
   a. Todo el mundo practica la religión católica.
   b. Los pobres son probablemente más devotos que los ricos.
   c. La leyenda de Guadalupe es muy famosa.

Key: 1(a,b,c); 2(a,b,c); 3(b,c); 4(a,b); 5(b,c); 6(a,b,c); 7(b,c)

Pick out the word that is not related to the other two.

1. **(a) basílica**	**(b) iglesia**	**(c) monte**
2. **(a) ir**	**(b) buscar**	**(c) dirigirse**
3. **(a) morirse**	**(b) seguir**	**(c) continuar**
4. **(a) rostro**	**(b) tira**	**(c) figura**
5. **(a) desdoblar**	**(b) gustar**	**(c) preferir**
6. **(a) erigir**	**(b) construir**	**(c) caerse**
7. **(a) colocar**	**(b) devolver**	**(c) arreglar**

Key: 1(c); 2(b); 3(a); 4(b); 5(a); 6(c); 7(b)

CHAPTER 6

38. Past Participles Used as Adjectives
39. Present Tense—Stem-changing verbs **e → ie**
40. Relative Pronouns **(que, cuyo, donde, a donde, quien, a quien)**
41. Weather Expressions with **hacer**
42. Present Perfect Tense

Reading Passage: ***Desfile de silleteros***

Exuberancia de flores.

Reading Preparation

1. **Medellín es una ciudad situada al noroeste de Colombia.**

1. Medellin is a city located in the northwest of Colombia.	2. **Medellín es la segunda ciudad de Colombia.**
2. Medellin is the second city of Colombia.	3. **Colombia, a diferencia de los demás países Hispanoamericanos, tiene unas cinco ciudades muy grandes e importantes.**
3. Unlike other Latin American countries, Colombia has some five large and important cities.	4. **En los otros países, la capital es muy grande y hay sólo una o dos ciudades importantes.**
4. In other countries, the capital is very large, and there are only one or two important cities.	5. **Se llama a Medellín, la ciudad de la eterna primavera.**
5. Medellin is called the city of eternal spring.	6. ***quebrado*** = *uneven, broken* **Medellín está en un valle quebrado llamado valle de Aburrá.**
6. Medellin is located in a broken, uneven valley called the Valley of Aburra.	7. **Este valle está totalmente rodeado de montañas.**
7. This valley is totally surrounded by mountains.	8. **En el valle de Aburrá se cultivan flores.**
8. In the Valley of Aburra flowers are grown.	9. **Todos los años, en agosto, hay en Medellín una fiesta de las flores.**
9. Every year in August there is a flower festival in Medellin.	10. **Parte de esta fiesta es "el desfile de silleteros" del cual vamos a leer en esta lección.**
10. Part of this festival is the "parade of the silleteros," about which we are going to read in this lesson.	

38. Past Participles Used as Adjectives

1. As was seen in Chapters 1 and 4, past participles supply many of the adjective forms in Spanish. Remember that past participles of regular verbs are formed by adding **-ado** to **-ar** verbs and **-ido** to **-er** verbs. You may have observed that when a past participle is used as an adjective, it agrees in gender and number with the noun it modifies.

una idea aceptada	an accepted idea
unas ideas aceptadas	accepted ideas
un sistema conocido	a widely known system
unos sistemas conocidos	widely known systems

2. Some past participles are irregular and must be memorized:

abrir = abierto, opened
cubrir = cubierto, covered
decir = dicho, said
hacer = hecho, done
morir = muerto, dead
poner = puesto, put, placed, worn
resolver = resuelto, resolved
ver = visto, seen
volver = vuelto, returned

Reading Preparation

Give the meaning of these phrases containing past participles. Cover the left hand column and verify your answer.

	1. **Una capital *habitada* por mucha gente.**
1. A capital city inhabited by many people.	2. **Un valle fértil, pero *quebrado*.**
2. A fertile but uneven valley.	3. **Unas casas pobres y *abandonadas*.**
3. Some poor and abandoned houses.	4. ***cargar*** = *to load* **Un hombre cargado con sillas *adornadas* de flores.**
4. A man loaded with chairs adorned with flowers.	5. **Un desfile de campesinos *invitados* por la gente de la ciudad.**
5. A parade of farmers invited by the city people.	6. **Un jardín *sembrado* de rosas y orquídeas.**
6. A garden planted with roses and orchids.	7. ***el rincón*** = *corner* **Las flores *exportadas* a todos los rincones del mundo.**
7. Flowers exported to every corner of the world.	8. **Unos campesinos *reunidos* en la Placita de las Flores.**
8. Some farmers gathered in the Square of the Flowers.	9. **Una costumbre *trasmitida* de generación en generación.**

9. A way of life (a custom) passed down (transmitted) from generation to generation.	10. **Pasan las bandas de música *seguidas* de campesinos.**
10. The bands pass by followed by farmers.	11. **Al noroeste de Colombia la cordillera de los Andes forma una región *quebrada.***
11. In the northwest of Colombia the Andes mountain range forms a rough, uneven region.	12. **La ciudad de Medellín está *situada* en esta región.**
12. The city of Medellin is located in this region.	13. ***apegar*** = *to become attached, grow fond of* ***el hogar*** = *home* **Las gentes de Medellín son *apegadas* al hogar.**
13. (The) people from Medellin are fond of their homes.	14. ***el jardín*** = *garden* ***sembrar*** = *to plant* **En las casas tienen jardines y patios *sembrados* de flores.**
14. In the houses they have gardens and patios planted with flowers.	15. ***el desfile*** = *parade* **Todos los años hay un desfile *organizado* por la ciudad.**
15. Every year there is a parade organized by the city.	16. ***asombrar*** = *to thrill, to amaze* **La ciudad admira *asombrada* el desfile de flores.**
16. Thrilled, the city admires the parade of flowers.	17. ***el traje*** = *suit, dress* ***ataviar*** = *to dress up* **La gente del valle va *ataviada* con sus trajes típicos.**
17. The people of the valley are dressed up in their typical costumes.	18. ***el campesino*** = *farmer* **Los campesinos van a la ciudad *ataviados* con sus trajes típicos.**
18. The farmers go to the city dressed up in their regional costumes.	19. ***bajar*** = *to go down* **Ellos bajan a la ciudad *ataviados* con sus trajes típicos.**
19. They go down to the city dressed up in their regional costumes.	20. ***la silla*** = *the chair* **Pasan con sillas totalmente *cubiertas* de flores.**

20. They pass by with chairs totally covered with flowers.	21. ***saludar** = to greet* **La ciudad saluda *emocionada* a los campesinos.**
21. Filled with emotion, the city greets the farmers.	22. ***la placita** = little plaza* **Durante el año, los campesinos se reunen en un lugar *llamado* Placita de las Flores.**
22. During the year, the farmers get together in a place called Square of the Flowers.	

39. Present Tense—Stem-Changing Verbs *-e →ie*

1. When the **-e** of a root vowel is stressed during conjugation, the **-e** usually changes to **-ie** in the present tense and other tenses derived from it (command and present subjunctive). This change does not apply to the persons **nosotros** and **vosotros**, because in these forms the **-e** is unstressed.

The verb **empezar** (to start, to begin) belongs to the above group and conjugates as follows:

yo empiezo	I start, am starting
tú empiezas	you start, are starting
él, ella, Ud., empieza	he, she starts, is starting you start, are starting
ellos, ellas, Uds., empiezan	they start, are starting
nosotros empezamos	we start, are starting
vosotros empezáis	you start, are starting

Other verbs that follow this pattern are:

comenzar = to begin	***yo* comienzo**
pensar = to think	***yo* pienso**
cerrar = to close	***yo* cierro**

	1. ***concentrar** = concentrate, be centered* **En el valle se concentra gran actividad económica.**
1. Great economic activity is centered in the valley.	2. **En la zona de Medellín se elabora más de la mitad de la producción industrial del país.**

2. The region of Medellin produces more than half of the country's industrial production.	3. **Medellín tiene más de dos millones de habitantes.**
3. Medellin has more than two million people.	4. ***agradar*** = *to please* **Medellín agrada mucho al turista.**
4. Tourists like Medellin very much. (Medellin pleases tourists very much.)	5. **La temperatura oscila entre los setenta y los setenta y cinco grados.**
5. The temperature fluctuates between seventy and seventy-five degrees.	6. ***amar*** = *to love* **Los campesinos del valle de Aburrá aman las flores.**
6. Farmers from the Aburra Valley love flowers.	7. **En las casas modernas y antiguas, ricas y pobres, se cultivan flores.**
7. In all homes, new and old, rich and poor, flowers are grown.	8. ***recorrer*** = *to pass through, to travel to* **Las flores colombianas recorren todos los rincones del mundo.**
8. Colombian flowers travel to every corner of the world.	9. ***llevarse a cabo*** = *to take place* **Todos los años se lleva a cabo un desfile.**
9. Every year a parade takes place.	10. ***aumentar*** = *to increase* **La popularidad de este desfile de flores aumenta día a día.**
10. The popularity of this flower parade increases every day.	11. **La gente ve pasar a los campesinos cargados de flores.**
11. The people watch the farmers go by loaded with flowers.	12. **Los campesinos bajan a la ciudad por invitación especial de las autoridades.**
12. The farmers come down to the city by special invitation of the authorities.	13. ***de gala*** = *fine clothes, best* **La policía, con su uniforme de gala, precede el desfile.**
13. The police, wearing their parade uniforms, lead the parade.	14. **La familia usa una silla para hacer con ella un trono de flores.**

14. Families use a chair to make (with it) a throne of flowers.	15. ***vender*** = *to sell* **Los campesinos traen las flores a la Placita para venderlas.**
15. The farmers bring the flowers to the Square to sell them.	16. ***el hombro*** = *the shoulder* **El día del desfile, los campesinos cargan al hombro las sillas cubiertas de flores.**
16. The day of the parade, the farmers carry the chairs covered with flowers on their shoulders.	17. ***portar*** = *to carry, to take* **Estos campesinos se llaman "silleteros" porque portan la silla al hombro.**
17. These farmers are called "chair-bearers" because they carry the chair on their shoulders.	18. ***rendir*** = *to render, to pay* **La gente de Medellín rinde homenaje a los silleteros.**
18. People of Medellin pay homage to the chair-bearers.	19. **La costumbre de usar sillas para el transporte empieza en la colonia.**
19. The custom of using chairs for transportation started in colonial times.	20. ***el comerciante*** = *businessman* **En la época de la colonia la silla sirve para transportar comerciantes ricos.**
20. In colonial times the chair was used (served) to transport rich businessmen.	21. ***llevar*** = *to take, to carry* **Durante el año los campesinos llevan las flores a la Placita para venderlas.**
21. During the year, the farmers take (the) flowers to the Flower Square to sell them.	22. **Un día del año los campesinos no venden flores; desfilan con las sillas cubiertas de flores y la gente aplaude.**
22. One day per year, the farmers do not sell flowers; they parade with chairs covered with flowers, and people applaud.	23. ***comprar*** = *to buy* **Todos los días del año, excepto uno, se compran y venden flores en la Placita.**
23. Every day of the year, except one, flowers are bought and sold in the Square.	24. **Los silleteros recorren la ciudad, cargando flores.**
24. The chair-bearers go through the city carrying flowers.	

40. Relative Pronouns (*que, cuyo, donde, a donde, quien, a quien*)

1. **Que** may function as a relative pronoun to join two statements. **Que** is invariable, having but one form for both genders and numbers. It may refer either to persons or things.

Veo las casas.	I see the houses.
El compra las casas.	He is buying the houses.
Veo las casas que él compra.	I see the houses *that* he is buying.
Los campesinos llevan las flores.	The farmers carry the flowers.
Ellos se llaman silleteros.	They are called "chair-bearers."
Los campesinos que llevan las flores se llaman silleteros.	The farmers *who* carry the flowers are called "chair-bearers."

Reading Preparation

Note how the following sentences (a) and (b) are combined in the sentence (c) by way of the relative pronoun **que**. Provide a translation.

	1. **a) Medellín es el centro de la zona.** **b) La zona elabora el cincuenta por ciento de la producción industrial.** **c) Medellín es el centro de la zona que elabora el cincuenta por ciento de la producción industrial.**
1. a) Medellin is the center of the region. b) The region produces fifty percent of the industrial output. c) Medellin is the center of the region that produces fifty percent of the industrial output.	2. **a) Medellín tiene un clima templado.** **b) El clima oscila entre los setenta y los setenta y cinco grados Fahrenheit.** **c) Medellín tiene un clima templado que oscila entre los setenta y los setenta y cinco grados Fahrenheit.**
2. a) Medellin has a temperate climate. b) The temperature fluctuates between seventy and seventy-five degrees.	3. **a) los hombres** = *men* **las mujeres** = *women* **los niños** = *children* **Estos son hombres, mujeres y niños.**

c) Medellin has a temperate climate that fluctuates between seventy and seventy- five degrees.	**b) Los hombres, mujeres y niños participan en el desfile.** **c) Los hombres, mujeres y niños que participan en el desfile llevan flores.**
3. a) These are men, women and children. b) The men, women and children participate in the parade. c) The men, women and children who participate in the parade carry flowers.	**4. a) La gente rinde homenaje a los campesinos.** **b) La gente se congrega a ver el desfile.** **c) La gente que se congrega a ver el desfile rinde homenaje a los campesinos.**
4. a) The people pay homage to the farmers. b) The people congregate to watch the parade. c) The people who congregate to watch the parade pay homage to the farmers.	**5. a Los campesinos viven en el valle.** **b) Los campesinos bajan a la ciudad.** **c) Los campesinos que viven en el valle bajan a la ciudad.**
5. a) The farmers live in the valley. b) The farmers go down to the city. c) The farmers who live in the valley go down to the city.	**6. a) los abuelos =** *grandparents* **Los abuelos de los campesinos también venden flores.** **b) Los campesinos desfilan hoy.** **c) Los abuelos de los campesinos que desfilan hoy venden también flores.**
6. a) The farmers' grandparents also sell flowers. b) The farmers are parading today. c) The grandparents of the farmers who are parading today also sell flowers.	**7. a) La silla transporta al comerciante.** **b) La silla empieza sirviendo para transportar.** **c) La silla que empieza sirviendo para transportar al comerciante transporta ahora flores.**
7. a) The chair transports the businessman. b) The chair starts by serving as transportation. c) The chair that starts (started) by serving as transportation for the businessman now transports flowers.	**8. a) La familia se reúne por la noche.** **b) La noche que precede al desfile.** **c) La familia se reúne la noche que precede al desfile.**

8. a) The family gets together at night. b) The night preceding the parade. c) The family gets together the night that precedes the parade.	

Spanish also has several other relative pronouns besides **que**. The relative pronouns that appear in the following sentences are different from **que**. Try to figure out their correct translation into English before you verify your answer.

	1. **a) Un desfile popular.** **b) Su popularidad aumenta cada día.** **c) Un desfile** ***cuya*** **popularidad aumenta cada día.**
1. a) A popular parade. b) Its popularity increases every day. c) A parade **whose** popularity increases every day.	2. **a) Una exposición permanente.** **b) En la exposición se compra y se vende.** **c) Una exposición permanente** ***donde*** **se compra y se vende.**
2. a) A permanent display. b) In the display people buy and sell. c) A permanent display **where** people buy and sell.	3. **a) La Placita de las Flores es un lugar.** **b) Llegan a la Placita de las Flores después de dos horas de jornada.** **c) La Placita de las Flores es el lugar** ***a donde*** **llegan después de dos horas de jornada.**
3. a) Flower Square is a place. b) They arrive at Flower Square after a two-hour journey. c) Flower Square is the place **where** they arrive after a two-hour journey.	4. *la primavera = spring* **a) Medellín es la ciudad de la primavera.** **b) Su primavera es eterna.** **c) Medellín es la ciudad** ***cuya*** **primavera es eterna.**
4. a) Medellin is the city of spring. b) Its springtime is eternal. c) Medellin is the city **whose** spring is eternal.	5. **a) La ciudad está situada en un valle quebrado.** **b)** ***En este*** **valle se concentra gran actividad económica.** **c) La ciudad está situada en un valle quebrado** ***donde*** **se concentra gran actividad económica.**

5. a) The city is located in an uneven valley.
   b) Great economic activity is centered **in this** valley.
   c) The city is located in an uneven valley **where** great economic activity is centered.

6. **a) Desfilan los silleteros.**
   b) La gente rinde homenaje a los silleteros.
   c) Los silleteros *a quienes* la gente rinde homenaje.

6. a) The chair-bearers parade.
   b) The people pay homage to the chair-bearers.
   c) The chair-bearers **to whom** the people pay homage.

7. **a) Los campesinos llevan claveles y pensamientos.**
   b) La gente mira a los campesinos.
   c) Los campesinos, *a quienes* la gente mira, llevan claveles y pensamientos.

7. a) The farmers carry carnations and pansies.
   b) People watch the farmers.
   c) The farmers **whom** people watch carry carnations and pansies.

Flores colombianas.

2. The meaning of **cuyo** is *whose.* **Cuyo** agrees in gender and number with the *noun* it modifies. **Cuyo** replaces a possessive phrase (**su popularidad**). Whenever **cuyo, -a, -as, -os,** are encountered, the correct English translation will be *whose.*

3. **Donde** and **a donde** (also written **adonde**) replace an antecedent that is a *place.* They all are correctly translated as *where.*

4. **Quien** has a plural: **quienes.** They both refer to persons or to things personified. As direct objects of a verb, they are preceded by the preposition **a.** The correct English translation for **a quien** and **a quienes** is *whom.*

5. **A quien** or **a quienes** may also refer to indirect objects. In such cases, the English translation usually has *to* or *for.*

Los silleteros a quienes dan el premio.	*The chair-bearers to whom they give the prize,* or *The chair-bearers (who) they gave the prize to.*

41. Weather Expressions with *hacer*

1. Spanish has several idiomatic expressions to describe the weather. They consist of a form of the verb **hacer** (**hace**) plus a noun, and cannot be translated word by word. They are:

Spanish	English
Hace (mucho) frío	It is (very) cold
Hace (mucho) calor	It is (very) hot
Hace buen tiempo	It is good weather
Hace mal tiempo	It is bad weather
Hace (mucho) sol	It is (very) sunny
Hace (mucho) viento	It is (very) windy

2. Like English, Spanish also uses **estar** and **hay** (forms of **haber** to refer to weather conditions). For example:

Spanish	English
¿Cómo está el día?	What kind of day is it?
Está bonito	It is nice
Está fresco	It is cool
Está caliente	It is hot
El cielo está despejado	The sky is clear
Está nublado	It is cloudy
Está lluvioso	It is rainy
Está frío	It is cold
Hay nieve	It is snowing

Reading Preparation

Give the meaning of the following sentences. Medellin's weather will be described.

	1. **Por lo general hace muy buen tiempo.**
1. In general, the weather is very good.	2. ***la nube*** = *the cloud* **El cielo está despejado casi siempre, pero no completamente despejado. Hay algunas nubes blancas.**
2. The sky is almost always clear. But not completely clear. There are a few white clouds.	3. ***llover; o → ue*** = *to rain* **Cuando está nublado, todos saben que va a llover.**
3. When it is cloudy, everyone knows it is going to rain.	4. ***ni...*** = *nor* **No hay nieve ni hace mucho frío. No es necesario llevar suéter.**
4. There is no snow, nor is it very cold. It is not necessary to wear a sweater.	5. ***aunque*** = *although* **No hace mucho calor, aunque la temperatura puede llegar a los ochenta grados.**
5. It is not very hot, although the temperature can get up to 80°F.	6. **En algunos meses del año, principalmente en agosto, hace viento.**
6. During some months of the year, mainly in August, it is windy.	7. **Todos los días del año hace sol. Por eso se cultivan muchas flores.**
7. Everyday of the year there is sunshine. This is why many flowers are grown.	

42. Present Perfect Tense

1. The present indicative of the helping verb **haber**, with a past participle, form the perfect tense. The present tense of **haber** follows:

Spanish	English
yo he (amado)	I have loved, I loved
tú has (amado)	you have loved, you loved
él ha (amado)	he has loved, he loved
nosotros hemos (amado)	we have loved, we loved
vosotros habéis (amado)	you have loved, you loved
ellos han (amado)	they have loved, they loved

Reading Preparation

Translate the sentences and use your card for verification.

	1. **Los silleteros se han dedicado a adornar las sillas.**
1. The chair-bearers have devoted themselves to decorating the chairs.	2. ***venir*** = *to come* **Todos han venido a rendir homenaje a quienes cultivan flores.**
2. Everybody has come to pay homage to the flower growers. (to those who grow flowers)	3. **Yo he cubierto la silla de flores.**
3. I have covered the chair with flowers.	4. ***surgir*** = *to appear, to spout, to arise* **En la colonia ha surgido la costumbre de usar sillas para transportar a los ricos.**
4. The custom of transporting the rich on chairs appeared in colonial times.	5. **Toda la gente ha visto el desfile.**
5. Everybody has seen the parade.	6. **Después del desfile los silleteros han vuelto a sus casas.**
6. After the parade, the chair-bearers have returned to their homes.	7. **Se ha dicho que la exportación de flores es importante en Colombia.**
7. It has been said that exporting flowers is important in Colombia.	8. **La familia reunida ha hecho las sillas.**

8. The whole family made the chairs.	9. **Hacia el mes de agosto se ha llevado a cabo el desfile de silleteros.**
9. The chair-bearers' parade took place toward the month of August.	10. ***desde hace tiempo*** = *for a long time* **La costumbre de traer las flores a la ciudad ha existido desde hace tiempo.**
10. The custom of bringing the flowers to the city has existed for a long time.	

Choose the correct or the closest possible translation of the verb and give the corresponding infinitive form.

	1. **empiezas el libro** (a) you start the book (b) you are starting the book (c) they are starting the book
1. (b) you start the book **empezar**	2. **vas a la cama** (a) you go to bed (b) we go to bed (c) you have gone to bed
2. (a) you go to bed **ir**	3. **han cubierto** (a) we have covered (b) they have covered (c) they are covering
3. (b) they have covered **cubrir**	4. **hemos abierto** (a) we are opening (b) you have opened (c) we have opened
4. (c) we have opened **abrir**	5. **rendimos (homenaje)** (a) they are rendering (paying) (b) we have rendered (c) we are rendering
5. (c) we are rendering **rendir**	6. **Ud. ha pedido** (a) you ask for (b) you are asking for (c) you have asked for

6. (c) you have asked for **pedir**	7. **me caigo** (a) he is falling (b) I have fallen down (c) I am falling down
7. (c) I am falling down **caerse**	8. **trae flores** (a) she brings flowers (b) she has brought (c) they are bringing flowers
8. (a) she brings flowers **traer**	9. **has encontrado** (a) you have found (b) you are finding (c) she has found
9. (a) you have found **encontrar**	10. **se le aparece la Virgen** (a) the Virgin has appeared (b) the Virgin was appearing to him (c) the Virgin is appearing to him
10. (c) the Virgin is appearing to him **aparecerse**	

This exercise will review verb meanings. Match the words in column B with their synonyms in column A.

A			B
1. to start	**empezar**	________	**a. comprar**
2. to fluctuate	**fluctuar**	________	**b. estar situado**
3. to transport	**transportar**	________	**c. comenzar**
4. to use	**emplearse**	________	**d. rendir homenaje**
5. to acquire	**adquirir**	________	**e. oscilar**
6. to be located	**hallarse**	________	**f. llevar**
7. to honor	**honrar**	________	**g. usar**

Key: 1(c); 2(e); 3(f); 4(g); 5(a); 6(b); 7(d)

a) Choose the three verbs whose stem changes **o** → **ue** in the present tense. Write the first person singular (**yo**).

volver	**encontrar**	**portar**
comprar	**poner**	**poder**
1.________	2.________	3. ________

b) Choose the three verbs whose stem changes **e → i** and write the first person singular (**yo**).

preceder	**seguir**	**rendir**
pedir	**empezar**	**reunirse**
1.________	2. ________	3. ________

c) Choose the three verbs having irregular **yo**.

vender	**ser**	**existir**
tener	**vivir**	**traer**
	bajar	
1.________	2. ________	3. ________

d) From these five verbs, choose one whose stem changes **e → ie** in the present tense and give the **yo** form.

servir	**concentrarse**	**vender**
ver	**empezar**	1.________

Key: a) 1. **volver** (to return) **yo vuelvo**; 2. **encontrar** (to find) **yo encuentro**; 3. **poder** (to be able, can) **yo puedo**

b) 1. **pedir** (to ask for) **yo pido**; 2. **seguir** (to follow) **yo sigo**; 3. **rendir** (to render, pay homage) **yo rindo**

c) 1. **tener** (to have); 2. **ser** (to be); 3. **traer** (to bring)

d) 1. **empezar** (to start) **yo empiezo**

In the following exercise you will have to figure out the meaning of the words in italics (some of them you already know). The context will help you. Try to learn to recognize those words, since they will appear in the reading passage. Use your card to verify your answers.

	1. **En un kilo hay más de dos *libras*.**
1. There are more than two pounds in a kilo.	2. **Las sillas *pesan* más de cien libras.**
2. The chairs weigh more than one hundred pounds.	3. **Una persona *homenajeada* es la persona a quien se rinde homenaje.**
3. An honored person is a person to whom homage is paid.	4. **Mis *abuelos* son el papá y la mamá de mi papá y mi mamá.**

4. My grandparents are my father's father and mother.	5. **Mis *padres* son mi papá y mi mamá.**
5. My parents are my father and my mother.	6. **Los abuelos, los padres y yo representamos tres *generaciones*. Yo *constituyo* la tercera generación.**
6. My grandparents, parents and I represent three generations. I am the third generation.	7. **Las rosas y las orquídeas *agradan* a la gente.**
7. Roses and orchids please the people. (People like roses and orchids.)	8. **Las flores colombianas recorren todos los días largos *trechos*.**
8. Colombian flowers travel long distances every day.	9. **Algunos nombres de flores son agapanto, clavel y *pensamientos*.**
9. Some names of flowers are agapanto, carnation, and pansies.	10. **En los desfiles hay carruajes que se llaman *carrozas*.**
10. In parades there are carriages called floats.	

Flores colombianas.

READING PASSAGE

Desfile de silleteros

Al noroeste de Colombia la cordillera de los Andes forma una región muy quebrada. A unos trescientos pies de altura sobre el nivel del mar, en un valle fértil donde se concentra gran actividad económica, está situada Medellín, segunda ciudad de Colombia. Medellín es la capital del departamento de Antioquia y centro de la zona que elabora más del cincuenta por ciento de la producción industrial del país.

Medellín tiene más de dos millones de habitantes. Es una de las ciudades colombianas que más agrada al turista. Con un clima que oscila entre los setenta y los setenta y cinco grados Fahrenheit, escasa humedad y cielo azul, se llama a Medellín "ciudad de la eterna primavera". Sus gentes son orgullosas y tradicionalistas, apegadas al hogar y a la tierra. Los habitantes de Medellín aman las flores. Es un placer cultivarlas en esta región donde nunca hace demasiado calor o demasiado frío. En casas ricas o pobres, antiguas o modernas, hay jardines y patios sembrados de flores. En todo el valle de Aburrá se cultivan flores. Las flores colombianas recorren largos trechos todos los días para llegar a todos los rincones del mundo. Las flores ocupan el tercer lugar en exportaciones agropecuarias no tradicionales del país.

Todos los años, hacia el mes de agosto, se lleva a cabo en Medellín un desfile cuya popularidad aumenta día a día. Es el desfile de silleteros. Los homenajeados son los hombres, mujeres y niños que participan. Las autoridades y los ciudadanos se congregan a verlos pasar. Los integrantes del desfile son campesinos que viven en el valle de Aburrá. Allí se han dedicado al cultivo de las flores. Cada año, por invitación especial de las autoridades, los campesinos bajan a la ciudad ataviados con sus trajes típicos, cargando al hombro sillas totalmente cubiertas de flores. Algunas pesan más de cien libras. Llevan rosas, orquídeas, claveles, agapantos, llamas, pensamientos.... Toda la familia se reúne la noche que precede al desfile para hacer de sillas comunes, tronos de flores.

La costumbre de traer las flores a la ciudad en sillas existe desde hace mucho tiempo. Por más de un siglo, los padres y abuelos de los campesinos que hoy desfilan han venido a vender flores. La idea de llevarlas en sillas y de llamar a quienes las portan "silleteros" surge probablemente de la costumbre colonial de transportar en sillas a los comerciantes ricos de la región. La silla, que

empieza sirviendo para transportar al hombre, pasa a servir a generaciones de campesinos para llevar su delicada mercancía.

Durante el año, los campesinos se reúnen a vender sus flores en la llamada Placita de las Flores, adonde llegan después de horas de jornada.

La placita es pues, todos los días del año, una exposición permanente de flores donde se compra y se vende. Así es siempre, excepto este día. Por noventa minutos desfila la policía con su uniforme de gala. Siguen bandas de música, carrozas y cuatrocientos campesinos a quienes la ciudad aplaude y saluda emocionada con gritos de ¡viva!

Mark each statement **cierto (C)** or **falso (F)** according to the text.

1. **Medellín está situada en una zona industrial del país.** ________
2. **En Medellín no hace ni calor ni frío; la temperatura es ideal.** ________
3. **Tradicionalmente se ha llevado a cabo en Medellín un desfile de flores llamado también desfile de silleteros.** ________
4. **Los silleteros son personas que se sientan en sillas.** ________
5. **En el desfile participa toda la ciudad.** ________
6. **Todos los días del año, excepto el día del desfile, los silleteros venden flores.** ________
7. **La gente de Medellín es tradicionalista, apegada a la tierra y al hogar.** ________
8. **Las flores colombianas se venden en los Estados Unidos.** ________
9. **El desfile de silleteros es bellísimo y muy popular.** ________

Key: 1(C); 2(C); 3(C); 4(F); 5(C); 6(C); 7(C); 8(C); 9(C)

In each set pick out the word unrelated to the other two.

1. **(a) padres** **(b) abuelos** **(c) carrozas**
2. **(a) costumbre** **(b) sillas** **(c) tronos**

3. **(a) llevan** **(b) portan** **(c) llegan**

4. **(a) aplaudir** **(b) desfilar** **(c) pasar**

5. **(a) agapantos** **(b) claveles** **(c) hogar**

6. **(a) traer** **(b) llevar** **(c) servir**

7. **(a) rincón** **(b) jardín** **(c) patio**

Key: 1(c); 2(a); 3(c); 4(a); 5(c); 6(c); 7(a)

In this exercise, mark all of the phrases that complete the sentence correctly, according to the text.

1. **La idea de llevar las flores en sillas**
   a) surge de las autoridades de la región
   b) surge de una costumbre colonial

2. **En la llamada Placita de las Flores**
   a) los campesinos venden flores
   b) los campesinos llegan después de dos horas de jornada

3. **En el desfile de silleteros los homenajeados son**
   a) las autoridades y la gente de Medellín
   b) los silleteros que llevan las sillas adornadas de flores

4. **La noche que precede al desfile**
   a) la familia entera hace de las sillas tronos de flores
   b) las mujeres arreglan las flores y los hombres duermen

5. **Se llama a Medellín ciudad de la eterna primavera porque**
   a) la temperatura es ideal
   b) se cultivan flores todo el año

6. **Durante los noventa minutos del desfile**
   a) desfila la policía con sus uniformes de gala
   b) la gente aplaude y saluda emocionada con gritos de ¡viva!

Key: 1(b); 2(a); 3(b); 4(a); 5(a); 6(a,b)

CHAPTER 

43. Imperfect Tense—Regular and Irregular Verbs
44. Present Participle and Present Progressive
45. Commands (Imperative)—Regular Verbs
    Use of **Ud.** and **Uds**. Forms

Reading passage: ***Viva la gracia*** *(Diego Marín)*

Madrid, calle de Alcalá.

Give the meaning of the following sentences. Use your card to verify your answer.

	1. **En esta lección vamos a ver algunas cualidades del andaluz.**
1. In this reading, we are going to see some qualities of the Andalusian.	2. **Un andaluz es una persona natural de Andalucía, España.**
2. An Andalusian is a person born in Andalusia, Spain.	3. **Andalucía es la tierra de la gracia.**
3. Andalusia is the land of charm (wit).	4. ***el salero*** = *wit, charm, grace* **La gracia o el salero es una cualidad esencial del andaluz.**

4. Charm, or wit, is an essential quality of the Andalusian.	5. **Es necesario comprender el salero para comprender bien el espíritu andaluz.**
5. It is necessary to understand wit in order to understand the Andalusian spirit.	6. ***la sal*** *= salt* **Tener sal o salero, es poder hablar con gracia.**
6. To have "salt" or "wit" is to be able to speak cleverly.	7. ***alegre*** *= happy, cheerful* **Tener sal o salero, es tener humor alegre y contagioso.**
7. To possess "salt" or "wit" is to have a contagiously cheerful mood.	8. **Tener salero, es tener fantasía, imaginación, ingenio.**
8. To have charm is to have fantasy, imagination, wit.	9. ***vivaz*** *= lively, vivacious* **El ingenio del andaluz es vivaz y su imaginación es hiperbólica.**
9. The Andalusian's wit is lively and his imagination is hyperbolic (even to exaggeration).	10. ***sugerir e → ie*** *= to suggest, to indicate* **Los andaluces sugieren con los ojos y con las manos.**
10. Andalusians indicate with their eyes and their hands.	11. ***cantar*** *= to sing* ***bailar*** *= to dance* **Tener sal o salero es poder bailar y cantar por instinto.**
11. To have "salt" or "wit" is to be able to sing and dance by instinct.	12. ***el aprendizaje*** *= the learning process* **Tener salero es poder cantar y bailar por instinto, sin aprendizaje.**
12. To have wit is to be able to sing and dance by instinct, without learning how.	13. **Los andaluces dicen que una persona que tiene salero es una persona que tiene "ángel".**
13. Andalusians say that a person who is witty is a person who has "angel."	14. ***el don*** *= gift* **Tener "ángel" es tener un don de Dios.**
14. To have "angel" is to possess a gift from God.	15. ***la gente*** *= people* **Tener "ángel" es tener el don divino de alegrar y entusiasmar a la gente.**

15. To have "angel" is to possess the divine gift of making people feel happy and excited.

16. **El andaluz del siglo veinte se ha modernizado, pero su salero no ha cambiado.**

---

16. The twentieth century Andalusian has been modernized, but his wit has not changed.

17. **La imaginación del andaluz es de gran exuberancia.**

---

17. The Andalusian's imagination is very exuberant.

18. **La imaginación del andaluz es de una exuberancia verdaderamente tropical.**

---

18. The Andalusian's imagination has a truly tropical exuberance.

19. ***el aumento*** = *increase, enlargement, augmentation*
La imaginación del andaluz es un cristal de aumento.

---

19. The Andalusian's imagination is a magnifying glass (crystal).

20. ***a través de*** = *through*
Nuestra prosaica realidad se hace interesante cuando el andaluz la mira a través de ese cristal de aumento.

---

20. Our prosaic reality becomes interesting when the Andalusian observes it through that magnifying glass.

21. ***las cosas*** = *things*
El andaluz exagera e inventa cosas.

---

21. The Andalusian exaggerates and invents things.

22. ***mentir*** = *to lie*
El andaluz no miente; su fantasía crea cosas.

---

22. The Andalusian does not lie; his imagination creates things.

23. ***aburrida, -o*** = *boring*
Para el andaluz la exactitud es prosaica, es aburrida.

---

23. For the Andalusian, exactness is dull, is boring.

24. **El idioma, para el andaluz es mucho más que un medio de comunicación.**

---

24. Language, for the Andalusian, is much more than a means of communication.

25. **El idioma, para el andaluz, es un instrumento artístico con el cual muestra su gracia.**

---

25. Language, for the Andalusian, is an artistic instrument which he uses to show his wit.

No...sino and pero

You already know that the meaning of **pero** is *but.* **Sino** also means *but.* Give the meaning of the following sentences containing **pero** and **sino**.

El no es muy inteligente, pero tiene sal.	He is not very bright, but he has wit.
Ella no habla sólo con palabras, sino también con los ojos.	She not only talks with words, but also with her eyes.

	1. ***el gesto*** = *gesture* **El andaluz se ha modernizado, *pero* su gesto y su fantasía no han cambiado.**
1. The Andalusian has become modernized, but his gestures and his imagination have not changed.	2. ***sino*** = *but, rather* **El andaluz no miente, *sino* exagera.**
2. An Andalusian does not lie, but rather he exaggerates.	3. **La realidad es prosaica, *pero* el idioma puede hacerla interesante.**
3. Reality is dull, but language can make it interesting.	4. ***como*** = *like* **Para el andaluz el idioma no es un medio de comunicación *sino* un instrumento artístico como la guitarra.**
4. For the Andalusian, language is not a means of communication, but an artistic instrument like the guitar.	5. **El andaluz no usa simplemente el nombre de las cosas *sino* que emplea metáforas.**
5. An Andalusian does not simply use the names of things, but uses metaphors.	6. ***esbelta*** = *slender, willowy* **El andaluz no dice que una mujer es esbelta, *sino* que es una "catedral".**
6. An Andalusian does not say that a woman is slender, rather he calls her a "cathedral."	7. **No es que el andaluz desea mentir *sino* que se deja llevar de su fantasía.**
7. It is not that the Andalusian wants to lie, but he allows his fantasy to carry him away (to lead him.)	

43. Imperfect Tense—Regular and Irregular Verbs

1. The imperfect, the most regular of all Spanish tenses, is formed by adding the following endings to the stem of the infinitive:

-ar verbs	*-er, -ir verbs*
hablar = to talk	***decir*** = to say
yo *hablaba*	**yo *decía***
tú *hablabas*	**tú *decías***
él, ella, Ud. *hablaba*	**él, ella, Ud. *decía***
nosotros *hablábamos*	**nosotros *decíamos***
vosotros *hablábais*	**vosotros *decíais***
ellos, ellas, Uds. *hablaban*	**ellos, ellas, Uds. *decían***

2. The meanings of the imperfect are expressed in three different ways in English. You will be able to determine the proper translation since it is established by the context.

a) was... -ing:	**Yo *estudiaba*.**	*I was studying.*
b) would (used to):	***El visitaba* a sus padres todos los veranos.**	*He used to (would) visit his parents every summer.*
c) ex: was, had:	***Ella tenía* salero**.	*She had wit.*

3. There are only three irregular verbs in the imperfect: **ser, ir,** and **ver**.

Ser = To Be	*Ir = To Go*	*Ver = To See*
yo *era*	**yo *iba***	**yo *veía***
tú *eras*	**tú *ibas***	**tú *veías***
él (ella, Ud.) *era*	**él (ella, Ud.) *iba***	**él (ella, Ud.) *veía***
nosotros *éramos*	**nosotros *íbamos***	**nosotros *veíamos***
vosotros *erais*	**vosotros *ibais***	**vosotros *veíais***
ellos (ellas, Uds.) *eran*	**ellos (ellas, Uds.) *iban***	**ellos *(ellas, Uds.)* veían**

Reading Preparation

In this exercise the infinitive form is followed by a sentence containing an imperfect tense. Give the meaning of both and concentrate on the formation and recognition of the imperfect tense.

	1. **a) tener** **b) La gente andaluza *tenía* sal.**
1. a) to have b) Andalusian people had (or used to have) wit.	2. ***desenvuelto*** = *spontaneous, easy of manner* **a) poseer** **b) La gente *poseía* gestos desenvueltos y humor alegre.**
2. a) to possess b) The people had spontaneous gestures and cheerful character.	3. **a) poder** **b) *Podían* sugerir con los ojos y con las manos.**
3. a) to be able, can b) They were able to suggest with their eyes and hands.	4. ***el alma*** = *soul, heart, spirit* **a) poder** **b) *Podían* cantar y bailar con el alma entera.**
4. a) to be able to, can b) They were able to sing and dance with their entire heart (soul).	5. ***divertir*** = *to amuse (false cognate)* **a) llamar** **b) Los andaluces *llamaban* "ángel" al don divino de divertir a la gente.**
5. a) to call b) Andalusians used to (would) call "angel" the divine gift of amusing people.	6. **a) describir** **b) Cervantes* *describía* la vida sevillana (de Sevilla).** *Cervantes, Miguel de (1547–1616). Author of *Don Quijote.*
6. a) to describe b) Cervantes described Sevillan life.	7. **a) discutir** **b) Un andaluz *discutía* con un turista americano.**
7. a) to argue, to discuss b) An Andalusian was arguing with an American tourist.	8. ***edificios*** = *buildings* **a) hablar** **b) Los dos *hablaban* de los edificios altos.**
8. a) to speak b) Both were talking about the tall buildings.	9. **a) *rechazar*** = *to refuse, to reject, to deny* **b) El andaluz *rechazaba* con un gesto de la mano.**

9. a) to reject, deny b) The Andalusian was rejecting (something) with a gesture of the hand.	10. *lo que* = *what, that* **a) decir** **b) El andaluz *rechazaba* con un gesto de la mano todo lo que el americano *decía.***
10. a) to say b) The Andalusian was rejecting with a gesture of the hand everything that the American was saying.	11. ***el rascacielos*** = *skyscraper* **a) hablar** **b) El americano *hablaba* en favor de los rascacielos neoyorkinos.**
11. a) to speak, to talk b) The American was talking in favor of the skyscrapers of New York.	12. **a) exagerar e inventar** **b) El andaluz *exageraba* e *inventaba* cosas.**
12. a) to exaggerate and to invent (make up) b) The Andalusian was exaggerating and making things up.	13. **a) querer** = *to want, to love* **b) Pero él no *quería* mentir.**
13. a) to want, to desire, to love b) But he did not want to lie.	14. ***la pobreza*** = *lack of, poverty* **a) mostrar, o → ue** = *to show* **b) El llamar las cosas por su nombre *mostraba* pobreza de ingenio.** Note: The article **el** is added to an infinitive to form a noun.
14. a) to show b) Calling things by their names showed lack of wit.	15. **a) deber** **b) Todo andaluz *debía* evitar dar una señal de pobreza de ingenio.**
15. a) must, to have to b) Every Andalusian should avoid showing any sign of a lack of wit.	16. ***la lluvia*** = *rain* ***las damas*** = *ladies* **a) salir** **b) Una noche de lluvia él *salía* del teatro con unas damas.**
16. a) to get out, to leave b) One rainy night he was leaving the theater with some ladies.	17. ***llegar*** = *to arrive, to get there* ***acercarse*** = *to get close* **a) llover** = *to rain* **b) *Llovía* tanto que el coche de las damas no podía llegar.**

17. a) to rain b) It was raining so hard that the ladies' car was not able to get close.	18. ***ninguno*** = *no one* **a) tener** **b) Ninguno *tenía* paraguas.**
18. a) to have, to be able to b) No one had an umbrella.	19. ***afligirse*** = *to worry, to afflict, grieve* **a) empezar a** **b) Las señoras *empezaban a* afligirse.**
19. a) to start b) The ladies were starting to worry.	20. ***gota*** = *drop* ***según caen*** = *as they drop* **a) parar** **b) Manolito *paraba* una a una todas las gotas de lluvia *según caían.***
20. a) to stop b) Manolito stopped each drop of rain one by one as it dropped.	

Before you can read accurately you must be able to recognize the tenses of the verbs. Give the meaning and tense of each phrase, after selecting one of the two options in parentheses.

	1. **El gesto encanta.** (it enchants/ it enchanted)
1. The gesture enchants. *Present tense*	2. **El divertía a la gente.** (he amuses/he used to amuse)
2. He used to amuse people. *Imperfect tense*	3. **Entusiasmamos a la gente.** (we were making them enthusiastic/we make them enthusiastic)
3. We make the people enthusiastic. *Present tense*	4. **Ellos evitan.** (they avoided/they are avoiding)
4. They are avoiding. *Present tense*	5. **No han cambiado.** (they didn't change/they haven't changed)
5. They haven't changed. *Perfect tense*	6. **El describía la vida.** (he is describing life/he was describing life)
6. He described life. *Imperfect tense*	7. ***el hecho*** = *fact* **Yo exageraba los hechos.** (I am exaggerating/I was exaggerating)

7. I was exaggerating the facts. *Imperfect tense*	8. ***las cifras** = numbers* **Las cifras se multiplicaban.** (numbers would multiply/numbers multiply)
8. Numbers would multiply. *Imperfect tense*	9. **Rechazaba con la mano.** (you were refusing with a gesture of the hand/you are refusing with a gesture of the hand)
9. You were refusing with a gesture of the hand. *Imperfect tense*	10. ***al día siguiente** = the next day* **Volvía al día siguiente.** (he used to come back the next day/he has come back the next day)
10. He used to come back the next day. *Imperfect tense*	11. **Ellos no quieren mentir.** (they didn't mean to lie/they don't mean to lie)
11. They don't mean to lie. *Present tense*	12. **El las deja en casa.** (he has left them at home/he leaves them at home)
12. He leaves them at home. *Present tense*	13. **Ella se quedaba atrás.** (she remained behind/she remains behind)
13. She remained behind. *Imperfect tense*	14. ***¿ qué ?** = what?* **Y, ¿qué hace Manolito?** (and, what does Manolito do?/and, what was Manolito doing?)
14. And what does Manolito do? (and what is he doing?) *Present tense*	15. ***el bastón** = cane, walking stick* ***empuñar** = to seize, grasp* **Manolito empuña el bastón.** (Manolito seizes the cane/Manolito has seized the cane)
15. Manolito seizes the cane. *Present tense*	16. ***lucir** = to show* **Lucen el ingenio.** (they showed their wit/they show their wit)
16. They show their wit. *Present tense*	

The following sentences are taken from the reading passage at the end of the chapter. Underline the verb and give the meaning of the sentence.

	1. ***habla*** = *speech* **El castellano andaluz es un habla figurada que usan todas las clases sociales.**
1. **es,** present Andalusian Castilian (Spanish) is a figurative form of speech used by all social classes. ***Castellano*** *= Castilian used to be the official name of the Spanish language. It meant the language spoken in Castile. Many Spanish speakers, Chileans for example, still refer to Spanish as* ***castellano****.*	2. ***riqueza*** = *wealth, richness* **El castellano andaluz es un habla figurada de gran riqueza expresiva.**
2. **es,** present Andalusian Castilian is a figurative form of speech of great expressive wealth.	3. ***el giro*** = *turn* ***lleno*** = *full* **El castellano está lleno de giros populares que usan todas las clases sociales por igual.**
3. **es, usan,** present Castilian is full of popular turns of phrase that all social classes use equally.	4. **Al salir del teatro llovía torrencialmente.**
4. **llovía,** imperfect Leaving the theater (he saw that) it was raining torrentially.	5. **Ninguno tenía paraguas, y las señoras se querían marchar.**
5. **tenía, se querían,** imperfect No one had an umbrella, and the ladies wanted to leave.	6. **Manolito era un sevillano célebre por su ingenio.**
6. **era,** imperfect Manolito was a Sevillian well known for his wit.	7. **Grandes gotas de lluvia caían.**
7. **caían,** imperfect Huge raindrops were falling.	8. ***agarrarse*** = *to hold* ***el brazo*** = *arm* **Manolito pide a las señoras agarrarse bien al brazo libre.**
8. **pide,** present Manolito asks the ladies to hold on to his free arm tightly.	9. ***la estocada*** = *a blow* **Con el otro brazo, estocada va, estocada viene.**
9. **va, viene,** present With his other arm, he strikes blows in every direction (blows come and go.)	10. **Deja a las señoras en su casa sin haberles tocado el agua.**

10. deja, present
He leaves the ladies at their home without the water having touched them.

Toledo y el Alcázar.

44. Present Participle and Present Progressive

1. The present participle (in English the verbal *-ing* form) is recognized in Spanish by **-ando**, added to the stem of the infinitive of **-ar,** and **-iendo** added to the stem of the infinitive of **-er** and **-ir** verbs.

Infinitive		Present Participle	
cambiar	to change	**cambi*ando***	changing
acabar	to finish	**acab*ando***	finishing
salir	to leave, go out	**sal*iendo***	leaving
afligirse	to worry	**aflig*iéndose***	worrying (oneself)

2. The present participle is used with **estar** to form the present progressive tense.

La Giralda (torre de Sevilla) está ahogándose.	The Giralda (a tower in Seville) is drowning (under water.)
Este andaluz está agrandando los hechos.	This Andalusian is enlarging upon the facts.

3. A few verbs have irregular stems to form the present participle. They must be memorized.

mentir = mintiendo	lying
pedir = pidiendo	asking for
seguir = siguiendo	following
poder = pudiendo	being able
morir = muriendo	dying
dormir = durmiendo	sleeping

Reading Preparation

The following sentences will illustrate the use of the present participle and the present progressive in Spanish. Underline them before giving the meaning of the sentence. Cover the left-hand column with your card.

	1. ***abultar*** = *to enlarge, to exaggerate* **a) Es interesante causar sensación abultando los hechos.** **b) El está abultando los hechos.**
1. ***abultando*** = *enlarging* a) It is interesting to cause a sensation by exaggerating the facts. b) He is exaggerating the facts.	2. **a) Lo interesante es causar sensación abultando los hechos.** **b) El está inventando los hechos.**
2. ***inventando*** = *inventing* a) The interesting thing is to cause a sensation by enlarging upon the facts. b) He is inventing the facts.	3. **a) Lo interesante es causar sensación abultando los hechos o inventándolos.** **b) El está abultando e inventando los hechos.**
3. ***abultando*** = *exaggerating* ***inventando*** = *inventing* a) The interesting thing is to cause a sensation by exaggerating the facts or making them up. b) He is exaggerating the facts and making them up.	4. **a) El andaluz acaba creyendo lo que dice.** **b) El andaluz está creyendo lo que dice.**
4. ***creyendo*** = *believing* a) The Andalusian ends up believing what he says. b) The Andalusian is coming to believe what he says.	5. **a) Se deja llevar de su fantasía y acaba creyendo lo que dice.** **b) El se está dejando llevar de su fantasía.**

5. ***creyendo, dejando*** = *leaving* a) He allows himself to be carried away by his imagination and ends up believing what he says. b) He is allowing his fantasy to carry him away.	6. ***ahogarse*** = *to drown* ***detrás*** = *behind* **a) Detrás, se quedaba la Giralda ahogándose.** **b) La Giralda está ahogándose.**
6. ***ahogándose*** = *drowning* a) La Giralda remained behind, drowning. b) La Giralda is drowning. *"La Giralda" is a famous tower of the Cathedral in Seville built by the Moors in the XII century.*	7. **a) El andaluz se divierte exagerando.** **b) El andaluz está exagerando.**
7. ***exagerando*** = *exaggerating* a) The Andalusian amuses himself by exaggerating. b) The Andalusian is exaggerating.	8. ***el tuerto*** = *one-eyed* **a) El andaluz muestra su ingenio llamando al tuerto "ojo viudo".** **b) El andaluz está mostrando su ingenio.**
8. ***llamando*** = *calling* ***mostrando*** = *showing* a) The Andalusian shows his wit by calling a one-eyed person "widower-eye." b) The Andalusian is showing his wit.	9. ***la corriente*** = *current* ***la manada*** = *herd* **No está mintiendo al llamar "manada de agua" a la corriente del río.**
9. ***está mintiendo*** = *is lying* *(present progressive)* He is not lying when he calls the river current "a herd of water."	10. **Al salir del teatro con las damas estaba lloviendo.**
10. ***estaba lloviendo*** = *was raining* *past progressive* When (he was) leaving the theatre with the ladies, it was raining. *The present participle is used with the imperfect of* **estar** *to form the past progressive.*	

45. Commands (Imperative)—Regular Verbs

Use of *Ud.* and *Uds.* Forms

1. The following structures indicate requests, orders, or commands. Notice that in the imperative the **-a** in **-ar** verbs changes to **-e**, and the **-e** in **-er** and **-ir** verbs changes to **-a**.

Respete a sus padres.	Respect your parents.
Estudie este capítulo.	Study this chapter.
No venda su casa.	Don't sell your home.
Viva feliz.	Live happily.

Infinitive *-ar* Verbs

evitar	(to avoid)
acabar	(to finish, conclude)
llenar	(to fill out)
fijarse	(to pay attention to, to see)
cansarse	(to get tired)

Imperative (Affirmative)

Ud.	**Uds.**
evite	**eviten**
acabe	**acaben**
llene	**llenen**
fíjese	**fíjense**
cánsese	**cánsense**

Infinitive *-er, -ir* Verbs

comprender	(to understand)
discutir	(to discuss)
describir	(to describe)

Imperative (Affirmative)

Ud.	**Uds.**
comprenda	**comprendan**
discuta	**discutan**
describa	**describan**

2. Notice the presence of the reflexive **se** at the end of the affirmative command forming one word with it.

Cóma*se* la sopa.	Eat your soup.
Láve*se* las manos.	Wash your hands.

3. The pronouns **Ud.** and **Uds.** are optional; if used, they must follow the verb.

No coma *Ud.* tan rápido.	Don't eat so fast.
No fumen *Uds.*	Don't smoke.

4. The negative commands:

Infinitive	Imperative (Negative)
llegar (to arrive)	**no llegue (Ud.)** **no lleguen (Uds.)**
dejarse (to let, allow, permit oneself)	**no se deje (Ud.)** **no se dejen (Uds.)**
entusiasmarse (become excited)	**no se entusiasme (Ud.)** **no se entusiasmen (Uds.)**
quedarse (to remain, stay)	**no se quede (Ud.)** **no se queden (Uds.)**
afligirse (to worry, afflict)	**no se aflija (Ud.)** **no se aflijan (Uds.)**

5. Reflexive pronouns (also direct and indirect object pronouns) are placed before a negative command.

No se coma todo el pavo.	Don't eat (up) the whole turkey.
No la mire.	Don't look at her.
No me llame hoy.	Don't call me today.

Give the meaning of the verb form and indicate if it is a present tense or an imperative.

	1. **exagerar** ***exagere***
1. exaggerate *Imperative*	2. **evitar** ***evitan***
2. they avoid *Present tense*	3. **afligirse** ***se afligen***
3. they afflict themselves *Present tense*	4. **dejar** ***dejen***
4. allow (permit, let) *Imperative*	5. **fijarse** ***fíjese***
5 pay attention *Imperative*	6. **cansarse** ***no se canse***
6. do not get tired *Imperative*	7. **quedarse** ***se quedan***
7. they stay, remain *Present tense*	8. **llenarse** ***se llena***
8. he, she, it fills out *Present tense*	9. **llevar** ***lleve***
9. take, carry *Imperative*	10. **explicarle** ***no le expliquen***
10. do not explain to him *Imperative*	

Match the noun in the English column with the correct number corresponding to the noun and its synonym.

Noun	Synonym	English
1. **el salero**	**la sal**	_____ a. the soul
2. **el poder**	**la capacidad**	_____ b. people
3. **el alma**	**el espíritu**	_____ c. the skyscraper
4. **el don**	**el regalo**	_____ d. the grace
5. **la gente**	**las personas**	_____ e. the gift
6. **los edificios**	**las construcciones**	_____ f. the power
7. **el rascacielos**	**el edificio muy alto**	_____ g. the way
8. **el medio**	**la manera**	_____ h. Spanish
9. **el español**	**el castellano**	_____ i. the car
10. **el coche**	**el automóvil**	_____ j. the buildings

Key: 1(d); 2(f); 3(a); 4(e); 5(b); 6(j); 7(c); 8(g); 9(h); 10(i)

Give the meaning of the following infinitives and then the correct tense and person.

	1. **a) quererse ir** **b) nos queremos ir**
1. a) to want to leave b) we want to leave	2. **a) venir** **b) venían**
2. a) to come b) they used to come	3. **a) caerse** **b) se caía**
3. a) to fall b) he, she, it was falling	4. **a) mentir** **b) mientes**
4. a) to lie b) you lie	5. **a) quedarse** **b) no se queden**
5. a) to stay, to be left b) do not stay	6. **a) ir** **b) iban**
6. a) to go b) they were going (used to go)	7. **a) volver** **b) han vuelto**
7. a) to come back, return b) they have returned	8. **a) empezar** **b) empieza**

8. a) to start, begin b) he, she, it starts	9. **a) llover** **b) llovía**
9. a) to rain b) it was raining	10. **a) parar** **b) para**
10. a) to stop b) he, she, it stops	

The following phrases are in the imperfect tense. Give their meaning and verify your answer.

	1. **El lucía su ingenio.**
1. He showed his wit.	2. **Describía la vida sevillana.**
2. He described the life of Seville.	3. ***por fuera*** = *from the outside* **Yo veía la catedral por fuera.**
3. I was looking at the cathedral from the outside.	4. **Nosotros volvíamos al día siguiente.**
4. We used to (would) return the next day.	5. **La exactitud era aburrida.**
5. Exactness was boring.	6. **Al tuerto lo llamaba "ojo viudo".**
6. He used to call a one-eyed person "widower-eye."	7. **Por la calle iba una mujer esbelta.**
7. A slender woman was going down the street.	8. **Tenía un cristal a través del cual las cosas se agrandan.**
8. He had a glass through which things look larger.	9. **Rechazaban con los ojos y con las manos.**
9. They were rejecting (something) with their eyes and hands.	10. **El empuñaba el bastón y la espada con las dos manos.**
10. He would seize the cane and sword with both hands.	

Catedral de Jaén, Andalucía.

READING PASSAGE

Read the following paragraphs. Circle the words you do not immediately recognize but do not look them up right away. Then, read the passage again to see how many of them are clarified by the context.

¡Viva la gracia!

Andalucía es la tierra de la gracia o el salero, una cualidad indefinible pero esencial para comprender bien el espíritu andaluz. Tener sal o salero es tener la palabra fácil y el gesto desenvuelto; un humor alegre y contagioso; un ingenio vivaz y una imaginación hiperbólica; es tener la habilidad de sugerir con los ojos y las manos; es el poder cantar y bailar con el alma entera, por puro instinto y sin aprendizaje alguno. Es, en fin, tener eso que los andaluces llaman ángel, el don divino de encantar, divertir y entusiasmar a la gente, que es para ellos la virtud suprema.

El aspecto exterior del andaluz se ha modernizado, pero su acento, su gesto, su fantasía, su sal, en una palabra, no han cambiado desde los días que Cervantes describía la vida sevillana en las Novelas ejemplares.

Lo más soprendente del andaluz es, sin duda, su imaginación, de una exuberancia verdaderamente tropical. Es un cristal de aumento a través del cual las cosas se agrandan, las cifras se multiplican, la prosaica realidad se hace brillante metáfora.

Cuando cierto andaluz discutía con un turista americano acerca de edificios altos, rechazaba con terminante gesto de la mano todo lo que éste decía en favor de los rascacielos neoyorkinos: "No se canse, amigo. Fíjese usted si es alta la Giralda que para verla toda por fuera tengo siempre que volver al día siguiente".

Si el andaluz exagera y se inventa cosas, no es que quiere mentir sino que se deja llevar de su fantasía y acaba creyendo lo que dice. Para él, la exactitud es prosaica y aburrida. Lo interesante es causar sensación abultando los hechos o inventándolos.

El idioma es para el andaluz algo más que un medio de comunicación; es un instrumento artístico, como la guitarra, para lucir el ingenio. Su castellano es un habla figurada, de gran riqueza expresiva, llena de giros populares (que usan todas las clases por igual). El llamar las cosas por su nombre, simplemente, es una señal de pobreza de ingenio que todo andaluz debe evitar. Al tuerto, se le llama "ojo viudo;" a la mujer esbelta, "catedral;" a la corriente impetuosa del río, "una manada de agua".

Una noche de lluvia torrencial salía del teatro con unas damas cierto sevillano célebre por su ingenio. Llovía tanto que el coche de las señoras no podía llegar. Ninguno tenía paraguas y las señoras empezaban a afligirse y a quererse marchar. "Y qué hace Manolito? (explica el personaje en cuestión). Empuña el bastón como una espada, pide a las señoras agarrarse bien al brazo libre, y con el otro, estocada va, estocada viene, para una a una todas las gotas según caen y deja a las señoras en su casa sin haberles tocado el agua. Detrás, se quedaba la Giralda ahogándose".

Diego Marín: (*La Vida Española*, third edition, Meredith Corporation, New York, pp. 138–141.)

In the following sets, pick out the two sentences that express the same meaning.

1. **a. Tener gracia es tener un ingenio vivaz y una imaginación hiperbólica.**
   b. Tener gracia es poder imaginar cosas y agrandarlas.
   c. Tener gracia es tener la palabra fácil y el gesto desenvuelto.

2. a. "Angel" es el don sobrenatural de alegrar, hacer feliz y animar a la gente.
   b. "Angel" es el don sobrenatural de tener salero.
   c. "Angel" es el don divino de encantar, divertir y entusiasmar.

3. a. El aspecto del andaluz se ha modernizado, con su acento, su gesto y su fantasía.
   b. El aspecto exterior del andaluz se ha modernizado, pero su espíritu no ha cambiado.
   c. El aspecto exterior del andaluz se ha modernizado, pero conserva su acento, su gesto, su fantasía, su sal.

4. a. El andaluz le decía al americano que la Giralda es más alta que los rascacielos neoyorkinos.
   b. El andaluz le decía al norteamericano que la Giralda es tan alta que se necesitan dos días para verla.
   c. El andaluz le decía al norteamericano que para ver toda la Giralda por fuera tenía siempre que volver al día siguiente.

5. a. El andaluz exagera e inventa, pero no es que quiere mentir.
   b. El andaluz se deja llevar de su fantasía y acaba creyendo lo que dice.
   c. El andaluz agranda los hechos, se deja llevar de su fantasía y no miente.

6. a. Para el andaluz el idioma es un instrumento artístico para lucir el ingenio.
   b. Para el andaluz el idioma es un arma que muestra la pobreza de ingenio.
   c. El castellano del andaluz es un habla figurada, flexible, llena de riqueza que muestra la imaginación del hablante.

7. a. Manolito para la lluvia a estocadas.
   b. Estocada va, estocada viene, Manolito para una a una todas las gotas según caen.
   c. Las señoras se quedaban en la casa ahogándose.

Key: 1(a,b); 2(a,c); 3(b,c); 4(b,c); 5(a,c); 6(a,c); 7(a,b)

Choose the correct words from the box to fill in the blanks.

1. Manolito ________ a las señoras en su casa sin ________ tocado el agua.

2. Manolito: ________ Ud. a las señoras en su casa.

3. Al tuerto se le llama "ojo________".

a. viudo
b. quererse
c. haberlas
d. aflijan
e. llame
f. deja
g. deje
h. quieran
i. llamar
j. afligirse

4. **Las señoras empezaban a** ~~Afligirse~~ **y a** ~~quererse~~ **marchar.**

5. **Señoras, por favor no se** ~~Aflijan~~ **ni** ~~quieran~~ **marcharse.**

6. **El** ~~llama~~ **a las cosas por su nombre es señal de pobreza de ingenio.**

7. **Manolito,** ~~llame~~ **Ud. a las señoras.**

Key: 1(f,c); 2(g); 3(a); 4(j,b); 5(d,h); 6(i); 7(e)

CHAPTER 8

Norte de Chile.

46. The Preterite Tense—Regular Verbs

1. The preterite (past) expresses actions that started and stopped at a given moment in the past. It is also used to describe a series of actions as they happened one after the other. Spanish has two simple past tenses: the preterite and the imperfect. Each of these tenses has its own meaning and functions.

Vine, vi, vencí.	I came, I saw, I conquered.
San Martín fue el libertador de Argentina.	San Martin was the liberator of Argentina.

2. **-Ar** verbs (like **lograr**) take the following endings in the preterite tense:

yo logr*é*	I succeeded
tú logr*aste*	you succeeded
él, ella, Ud. logr*ó*	he, she, you succeeded
nosotros logr*amos*	we succeeded
vosotros logr*asteis*	you succeeded
ellos, ellas, Uds. logr*aron*	they, you succeeded

3. Notice that all **-ar**, changing verbs fall into the "regular" category.

Infinitive	Present	Preterite (Stem Changing)
Cerrar el camino	**Yo cierro el camino**	**Yo cerré el camino**
Mostrar el camino	**Yo muestro el camino**	**Yo mostré el camino**

Reading Preparation

Give the meaning of the sentences below. Each sentence will contain an **-ar** verb used in the preterite tense.

	1. ***lograr*** = *to succeed in* **España logró conquistar muchos países en corto tiempo.**
1. Spain succeeded in conquering many countries in a short time.	2. ***no obstante*** = *nevertheless* **No obstante, España no conquistó completamente a Chile.**
2. Nevertheless, Spain did not conquer Chile completely.	3. **La conquista de Chile se prolongó trescientos años.**
3. The conquest of Chile lasted three hundred years.	4. ***corresponder*** = *to go to* **La gloria de conquistar a Chile correspondió a dos soldados de Francisco Pizarro.**
4. The glory of conquering Chile went to two of Francisco Pizarro's soldiers.	5. **Los indios del Perú contaron a Diego de Almagro acerca de la riqueza del imperio del sur (hoy Chile).**

5. The Indians of Peru told Diego de Almagro about the wealth of the southern empire (today's Chile).	6. **Almagro y sus compañeros tomaron como ruta la meseta boliviana.**
6. Almagro and his companions took the Bolivian plateau as their route.	7. ***el ejército*** = *the army* **Almagro y su ejército no llegaron muy lejos.**
7. Almagro and his army did not get very far.	8. **La pobreza del país y los rigores del invierno lo forzaron a devolverse.**
8. The poverty of the country and the harshness of the winter forced him to return.	9. **Nosotros no estudiamos antes la conquista de Chile.**
9. We did not study the conquest of Chile before. *Notice that* ***estudiamos*** *serves both as the present and the preterite. Cf. English* put.	10. ***ayer*** = *yesterday* **Solamente ayer empezamos a leer sobre la conquista española.**
10. Only yesterday did we begin to read about the conquest of Spain.	11. **¿Encontraste tú un libro sobre Francisco Pizarro?**
11. Did you find a book about Francisco Pizarro?	12. ***los datos*** = *data, information* **Yo encontré sólo datos acerca de la conquista del Perú.**
12. I only found information about the conquest of Peru.	13. **¿Lograste tú aprender el pretérito?**
13. Did you succeed in learning the preterite?	14. **Yo no logré aprender mucho.**
14. I did not succeed in learning much.	15. ***así*** = *like this* **El rey hablo así a los conquistadores: "Vosotros ocupasteis el Nuevo Mundo en corto tiempo".**
15. The king spoke to the conquerors like this: "You occupied the new world in a short time."	

4. **-Er**, **-ir** verbs take the following endings in the preterite tense:

Decidir	To Decide
yo decid*í*	I decided
tú decid*iste*	you decided
él, ella, Ud. decid*ió*	he, she, you decided
nosotros decid*imos*	we decided
vosotros decid*isteis*	you decided
ellos, ellas, Uds. decid*ieron*	they, you decided
El decidió regresar.	He decided to go back.

5. Notice that in **-ar** and **-ir** verbs the first person plural of the preterite is the same as that of the present tense (cf. the English *put*). The context clarifies the meaning.

Nosotros sufrimos mucho.	We suffered a lot, or, we suffer a lot.
Nosotros hablamos mucho.	We spoke a lot, or, we speak a lot.

Reading Preparation

Look for the preterite endings in the following sentences.

	1. ***partir*** = *to depart, leave* **Almagro partió a Chile con quinientos soldados y miles de indios auxiliares.**
1. Almagro left for Chile with five hundred soldiers and thousands of Indian auxiliaries.	2. ***la clase de*** = *class, kind* **Almagro y sus campañeros sufrieron toda clase de privaciones.**
2. Almagro and his companions suffered all kinds of deprivation.	3. ***volver*** = *to return, to go back* **Almagro y sus compañeros volvieron a Perú.**
3. Almagro and his companions returned to Peru.	4. ***emprender*** = *to undertake, to start* **En mil quinientos treinta y nueve, Valdivia emprendió de nuevo la conquista de Chile.**

4. In 1539 Valdivia attempted the conquest of Chile once again.	5. ***parecer*** = *to look like, to seem to be* **Al principio, los indios (no menos de doscientos mil) parecieron pacíficos.**
5. At first, the Indians (not less than two hundred thousand) seemed to be peaceful.	6. **Tú decidiste aprender la historia de Chile.**
6. You decided to learn Chilean history.	7. **Nosotros sufrimos al saber que todos perecieron.**
7. We suffered upon finding out that everybody died.	8. **¿Vivisteis vosotros en Chile?**
8. Did you live in Chile?	9. **Yo conocí a Chile, pero nunca viví allí.**
9. I became acquainted with Chile, but I never lived there.	10. ***someter*** = *to subject, to subdue* **El gobernador de Chile no sometió completamente a los indios.**
10. The governor of Chile did not subdue the Indians completely.	

The following sentences will help you recogize the preterite tense. Try to identify at all times the preterite tense of both **-ar** and **-er** verbs.

	1. **La victoria española en Chile nunca se completó totalmente.**
1. The Spanish victory in Chile was never totally completed.	2. **Los indios del Perú contaron a Almagro acerca de la riqueza extraordinaria de Chile.**
2. Peruvian Indians told Almagro about the extraordinary riches of Chile.	3. **Almagro y sus compañeros de aventuras decidieron emprender la conquista.**
3. Almagro and his companion adventurers decided to undertake the conquest.	4. ***dueño*** = *owner* **Pizarro quedó dueño del norte del imperio y Almagro partió.**
4. Pizarro remained as owner of the north of the Empire, and Almagro left.	5. ***por parte de*** = *at the hands of* **Almagro y su ejército sufrieron ataques por parte de los indígenas.**

5. Almagro and his army suffered attacks at the hands of the Indians.	6. **Los rigores del invierno los forzaron a volver a Perú.**
6. The rigors of winter forced them to return to Peru.	7. ***el patíbulo*** = *the gallows* ***la muerte*** = *death* **En Perú, Almagro encontró la muerte en el patíbulo.**
7. In Peru, Almagro met his death on the gallows.	8. ***de nuevo*** = *once again* **España autorizó a Pedro de Valdivia para emprender de nuevo la conquista.**
8. Spain authorized Pedro de Validivia to undertake the conquest once again.	9. ***lentamente*** = *slowly* **Valdivia tomó el camino de la costa y muy lentamente penetró hacia el sur.**
9. Valdivia took the route along the coast and slowly moved south.	10. **Entre mil quinientos cincuenta y mil quinientos cincuenta y dos fundó tres ciudades.**
10. Between 1550 and 1552 he founded three cities.	11. ***luego, entonces*** = *then* **Pero luego los indios las ocuparon y destruyeron totalmente.**
11. But later on, the Indians occupied and totally destroyed them.	12. **En mil quinientos cincuenta y tres empezó una lucha que se prolongó tres siglos.**
12. In 1553 began a struggle that lasted three centuries.	13. ***la matanza*** = *massacre* **Ningún español del ejército de Valdivia escapó a la matanza.**
13. None of the Spaniards of Valdivia's army escaped the massacre.	14. ***reedificar*** = *to rebuild* **El gobernador de Chile reedificó las ciudades destruidas, pero no logró pacificar el país.**
14. The governor of Chile rebuilt the destroyed cities but was not able to pacify the country.	15. **Así consolidó un poco el dominio de España en Chile.**
15. He thus consolidated somewhat the dominion of Spain in Chile.	

Before you can read accurately you must be able to identify the tenses of the verbs. Give the meaning and the tense of each phrase, after selecting one of the two options in parentheses.

	1. ***la empresa** = enterprise* **Es una empresa fascinante.** (it is/it was)
1. It is a fascinating enterprise. *Present tense*	2. **Emprendieron la conquista.** (they undertook/they undertake)
2. They undertook the conquest. *Preterite tense*	3. **Sufriste ataques.** (you suffer/you suffered)
3. You came under attack. *Preterite tense*	4. **Valdivia tomó el camino.** (he took/he takes)
4. Valdivia took the route. *Preterite tense*	5. **Ningún español escapa.** (no one escaped/no one escapes)
5. No Spaniard escapes. *Present tense*	6. **Reedifico la ciudad.** (I rebuilt/I rebuild)
6. I rebuild the city. *Present tense*	7. **Ud. no llega muy lejos.** (you don't get/you didn't get)
7. You don't get very far. *Present tense*	8. **No lograron pacificarlos.** (they don't succeed/they didn't succeed)
8. They did not succeed in subduing them. *Preterite tense*	9. **Parecen someterse.** (they seemed/they seem)
9. They seem to submit. *Present tense*	10. **Encuentras la muerte.** (you meet/you met)
10. You meet death. *Present tense*	

Fortaleza inca, Perú.

47. Negative Words

1. The negative words in Spanish are:

   nunca = never
   jamás = never
   nadie = nobody
   ninguno, -a, -os, -as or **ningún** = no one
   ni...ni = neither...nor
   tampoco = neither (opposite of **también**)

2. There are two possible constructions using negative words. One uses a double negative; the other places the negative word before the verb.

No estaba nadie aquí.	Nobody was here.
Nadie estaba aquí.	Nobody was here.

Reading Preparation

Give the meaning of the sentences below, focusing attention on the fact that double negatives are correct and common in Spanish. Sentences marked a) and b) have the same meaning.

	1. **a) Su victoria nunca se completó.** **b) Su victoria no se completó nunca.**
1. a) and b) His victory was never completed.	2. ***nadie*** = *nobody* **a) Nadie escapó a la matanza.** **b) No escapó nadie a la matanza.**
2. a) and b) Nobody escaped the massacre.	3. **a) No se sometió ninguno.** **b) Ninguno se sometió.**
3. a) and b) Nobody submitted.	4. ***ni...ni*** = *neither...nor* **a) No sobrevivieron ni los soldados ni Valdivia.** **b) Ni los soldados ni Valdivia sobrevivieron.**
4. a) and b) Neither the soldiers nor Valdivia survived.	5. **a) No llegó muy lejos ningún conquistador.** **b) Ningún conquistador llegó muy lejos.**
5. a) and b) No conqueror got very far.	6. ***jamás*** = *never* **a) El gobernador no consolidó jamás el dominio español.** **b) El gobernador jamás consolidó el dominio español.**
6. a) and b) The governor never consolidated Spanish dominion.	7. ***vencer*** = *to be victorious* ***tampoco*** = *no...either* **a) Los indios no lograron vencer tampoco.** **b) Los indios tampoco lograron vencer.**
7. a) and b) The Indians did not succeed in being victorious either.	

READING PASSAGE

Read through this passage with a pencil in hand. Circle the vocabulary items that are not immediately familiar, but do not stop to look them up. Then re-read the passage to see how many become clear in context.

La conquista de Chile

La conquista de Chile es una de las empresas más fascinantes emprendidas en el Nuevo Mundo. España logró conquistar otros países en corto tiempo, pero su victoria en Chile nunca se completó totalmente. La conquista de Chile se prolongó trescientos años. La gloria de conquistar a Chile correspondió a Diego de Almagro y a Pedro de Valdivia, soldados ambos de Pizarro. Los indios del Perú contaron a Almagro acerca de la riqueza extraordinaria del imperio del sur (hoy Chile).

Almagro y sus compañeros de aventuras decidieron emprender la conquista. Quedó dueño Pizarro del norte del imperio, y partió Almagro, a mediados de mil quinientos treinta y cinco con quinientos españoles y miles de indios auxiliares. Tomaron como ruta la meseta boliviana y sufrieron toda clase de privaciones y ataques por parte de los indígenas. Almagro no llegó muy lejos. La pobreza del país y los rigores del invierno lo forzaron a volver a Perú. En Perú encontró la muerte en el patíbulo.

En mil quinientos treinta y nueve España autorizó a Pedro de Valdivia para emprender de nuevo la conquista de Chile. Valdivia tomó el camino de la costa y muy lentamente penetró hacia el sur. Entre mil quinientos cincuenta y mil quinientos cincuenta y dos fundó tres ciudades importantes que luego los indios ocuparon y destruyeron totalmente. En Chile vivían no menos de doscientos mil indios que, al principio, parecieron someterse. Pero en mil quinientos cincuenta y tres empezó la lucha de tres siglos. Ni Valdivia, ni ninguno de los españoles de su ejército escapó a la matanza.

El gobernador de Chile no logró pacificar el país. Pero reedificó las ciudades destruidas y consolidó el dominio de España en Chile.

48. Preterite Tense—Irregular Verbs (*u*-stem Verbs)

Irregular verbs are to be memorized, but most of them fall into clear patterns.

1. All irregular verbs have a third person singular ending in an unstressed **-o**.
2. All of them have **u** stems: (**tuv-**; **estuv-**; **uv-**; **sup-**; **pud-**; **pus-**; **cup-**)
3. The whole conjugation will repeat the stem of the third person singular.
4. The endings for the whole conjugation of these verbs will be: **-e**, **-iste**, **-o**, **-imos**, **-isteis**, **-ieron**.
5. Let us try to memorize these verbs in alphabetical order.

Andar	*(to walk)*	**anduve, anduviste, anduvo, anduvimos, anduvisteis, anduvieron.**
Caber	*(to fit)*	**cupe, cupiste, cupo, cupimos, cupisteis, cupieron.**
Estar	*(to be)*	**estuve, estuviste, estuvo, estuvimos, estuvisteis, estuvieron.**
Poder	*(to be able, can, to manage to* is the usual meaning in the preterite)	**pude, pudiste, pudo, pudimos, pudisteis, pudieron.**
Poner	*(to put)*	**puse, pusiste, puso, pusimos, pusisteis, pusieron.**
Saber	*(to know, to find out* is the usual meaning in the preterite)	**supe, supiste, supo, supimos, supisteis, supieron.**
Tener	*(to have)*	**tuve, tuviste, tuvo, tuvimos, tuvisteis, tuvieron.**

Reading Preparation

Give the meaning of the following phrases. The phrase marked a) has the verb in the present tense. Phrase b) contains the irregular preterite of the same verb. Try to figure out a pattern for the seven verbs given.

	1. a) **El conquistador Francisco Pizarro tiene un ejército pequeño.** b) **El conquistador Francisco Pizarro tuvo un ejército pequeño.**
1. a) The conqueror Francisco Pizarro has a small army. b) The conqueror Francisco Pizarro had a small army.	2. a) **Pizarro está en Ecuador y Perú.** b) **Pizarro estuvo en Ecuador y Perú.**
2. a) Pizarro is in Ecuador and Peru. b) Pizarro was in Ecuador and Peru.	3. ***andar*** = to *walk* a) **Ellos andan muchas millas cada día.** b) **Ellos anduvieron muchas millas cada día.**
3. a) They walk many miles every day. b) They walked many miles every day.	4. ***el rey*** = *king* ***el arribo*** = *the arrival* a) **Atahualpa, rey de Quito, sabe del arribo de los españoles.** b) **Atahualpa, rey de Quito, supo del arribo del los españoles.**
4. a) Atahualpa, king of Quito, knows about the arrival of the Spaniards. b) Atahualpa, king of Quito, knew about the arrival of the Spaniards.	5. ***vencer*** = *to overcome* a) **Los incas no pueden vencer a los españoles.** b) **Los incas no pudieron vencer a los españoles.**
5. a) The Incas are not able to overcome the Spaniards. b) The Incas were not able to overcome the Spaniards.	6. a) **Atahualpa y su hermano Huáscar se ponen en guardia.** b) **Atahualpa y su hermano Huáscar se pusieron en guardia.**
6. a) Atahualpa and his brother Huascar put themselves on guard. b) Atahualpa and his brother Huascar put themselves on guard.	7. ***caber*** = *to fit* ***exigir*** = *to demand* ***la pieza*** = *room* a) **Pizarro exige todo el oro que pueda caber en una pieza.** b) **Pizarro exigió todo el oro que pudo caber en una pieza.**

7. a) Pizarro demands all the gold that can fit in a room.
   b) Pizarro demanded all the gold that could fit in a room.

49. Preterite Tense of *ser, ir,* and *dar*

1. **Ser**, **ir**, and **dar** are irregular in the preterite. **Ser** and **ir** use the same form. The context clarifies the meaning.

Ser and ir

yo ***fui*** (I was, went)
tú ***fuiste*** (you were, went)
él, ella, Ud. ***fue*** (he, she was, went)
nosotros ***fuimos*** (we were, went)
vosotros ***fuisteis*** (you were, went)
ellos, ellas, Uds. ***fueron*** (they, you were, went)

Dar

yo ***di*** (I gave)
tú ***diste*** (you gave)
él, ella, Ud. ***dio*** (he, she gave)
nosotros ***dimos*** (we gave)
vosotros ***disteis*** (you gave)
ellos, ellas, Uds. ***dieron*** (they, you gave)

Fortaleza inca de Sacsahuamán, Perú.

Reading Preparation

The sentences below follow the pattern of the previous exercise. These sentences will contain the past tense.

	1. **a) Atahualpa es hermano de Huáscar y de Manco.** **b) Atahualpa fue hermano de Huáscar y de Manco.**
1. a) Atahualpa is Huascar and Manco's brother. b) Atahualpa was Huascar and Manco's brother.	2. **a) El padre de Atahualpa es el emperador del Perú.** **b) El padre de Atahualpa fue el emperador del Perú.**
2. a) Atahualpa's father is the emperor of Peru. b) Atahualpa's father was the emperor of Peru.	3. **a) Los padres de Atahualpa son Cacha y Huaina Cápac.** **b) Los padres de Atahualpa fueron Cacha y Huaina Cápac.**
3. a) Atahualpa's parents are Cacha and Huaina Capac. b) Atahualpa's parents were Cacha and Huaina Capac.	4. **a) Los incas van al encuentro de los españoles.** **b) Los incas fueron al encuentro de los españoles.**
4. a) The Incas go to meet the Spaniards. b) The Incas went to meet the Spaniards.	5. **a) Atahualpa va a hablar con su hermano.** **b) Atahualpa fue a hablar con su hermano.**
5. a) Atahualpa goes to talk to his brother. b) Atahualpa went to talk to his brother.	6. *el comienzo = beginning* *la guerra = war* **a) Los hermanos dan comienzo a una guerra civil.** **b) Los hermanos dieron comienzo a una guerra civil.**
6. a) The two brothers start a civil war. b) The two brothers started a civil war.	7. **a) Pizarro no da la libertad al rey de Quito.** **b) Pizarro no dio la libertad al rey de Quito.**
7. a) Pizarro does not give the king of Quito his liberty. b) Pizarro did not give the king of Quito his liberty.	

2. As you have seen, the preterite of **ser** and **ir** are identical, and it is up to the context to clarify any possible doubt.

3. **Ser, ir** and **dar** have identical endings for the persons not shown here as follows:

	Ser	Ir	Dar
yo	*fui*	*fui*	*di (-i)*
tú	*fuiste*	*fuiste*	*diste (-iste)*
nosotros	*fuimos*	*fuimos*	*dimos (-imos)*
vosotros	*fuisteis*	*fuisteis*	*disteis (-isteis)*

4. Third person singular and plural are:

	Ser	Ir	Dar
él, ella, Ud.	*fue*	*fue*	*dio*
ellos, ellas, Uds.	*fueron*	*fueron*	*dieron*

Give the meaning of the following sentences.

	1. **Pizarro conquistó el imperio inca.**
1. Pizarro conquered the Inca Empire.	2. **Valdivia fue a Chile por la costa.**
2. Valdivia went to Chile by way of the coast.	3. **Diego de Almagro estuvo en la meseta boliviana.**
3. Diego de Almagro was on the Bolivian plateau.	4. **El rey de Quito y emperador del Perú supo que los españoles venían.**
4. The King of Quito and Emperor of Peru learned that the Spaniards were coming.	5. **Los hermanos no pudieron defenderse.**
5. The two brothers were unable to defend themselves.	6. *detenerse = to stop* **Pizarro avanzó lentamente y no se detuvo.**

6. Pizarro advanced slowly and did not stop.	7. **Antes de morir Huaina Cápac dividió su imperio.**
7. Before dying, Huaina Capac divided his Empire.	8. **Los hermanos estuvieron descontentos con la decisión del padre.**
8. The two brothers were unhappy with their father's decision.	9. **Cuando llegó Pizarro, Atahualpa era rey de Quito y su hermano, emperador del Perú.**
9. When Pizarro arrived, Atahualpa was King of Quito and his brother was Emperor of Peru.	10. ***contra*** = *against* **Atahualpa y Huáscar no pudieron unirse para luchar contra Pizarro.**
10. Atahualpa and Huascar were unable to unite to fight against Pizarro.	11. ***la paz*** = *peace* **Huáscar propuso la paz a Atahualpa.**
11. Huascar proposed peace to Atahualpa.	12. **Cuando Atahualpa propuso la paz, Huáscar se negó a negociar.**
12. When Atahualpa proposed peace, Huascar refused to negotiate.	13. **La lucha entre los hermanos dio a Pizarro la oportunidad de conquistar el reino.**
13. The struggle between the two brothers gave Pizarro the opportunity to conquer the kingdom.	14. **Atahualpa fue el último emperador del Perú.**
14. Atahualpa was the last Emperor of Peru.	15. **Pizarro condenó a muerte a Atahualpa.**
15. Pizarro condemned Atahualpa to death.	

The following exercise gives you new vocabulary and the opportunity to review the preterite tense of regular and irregular verbs.

	1. ***la guerra*** = *the war* **En junio de mil quinientos treinta y tres, Francisco Pizarro reunió un consejo de guerra.**
1. In June of 1533, Francisco Pizarro called a council of war.	2. **Pizarro acusó a Atahualpa de fratricidio, poligamia e idolatría.**

2. Pizarro accused Atahualpa of fratricide, polygamy, and idolatry.	3. ***la hoguera*** = *bonfire* **Atahualpa fue condenado a morir en la hoguera.**
3. Atahualpa was condemned to be burned to death.	4. **Atahualpa fue hijo de Cacha y de Huaina Cápac, emperador de Perú.**
4. Atahualpa was the son of Cacha and of Huaina Cápac, Emperor of Perú.	5. **Al morir Huaina dividió el imperio entre sus dos hijos.**
5. As Huaina died, he divided his empire between his two sons.	6. ***sangrienta*** = *cruel, con mucha sangre* **Los hermanos no pudieron aceptar la decisión del padre y tuvieron una sangrienta guerra civil.**
6. The two brothers could not accept their father's decision and they started a bloody civil war.	7. **Huáscar propuso un arreglo amistoso.**
7. Huascar proposed a friendly solution.	8. ***rehusar*** = *negarse a* **Atahualpa rehusó oír las razones de su hermano.**
8. Atahualpa refused to hear his brother's reasoning.	9. ***entonces*** = *at that time, then* **Atahualpa supo entonces del arribo de los españoles y, esta vez, fue él quien propuso paz a Huáscar.**
9. Atahualpa learned then of the arrival of the Spaniards, and this time it was he who proposed peace to Huascar.	10. **Pizarro no se detuvo. Se puso en guardia y avanzó cautelosamente.**
10. Pizarro did not stop. He put himself on guard and cautiously advanced.	11. **El estampido de un cañonazo causó pánico a los indios.**
11. The sound of a cannon shot caused panic among the Indians.	12. ***huir*** = *to flee, to run away* **Los indios huyeron y abandonaron a Atahualpa en manos del enemigo.**
12. The Indians fled and abandoned Atahualpa to his enemies' hands.	13. ***entregar*** = *dar* **A cambio de su libertad, Atahualpa entregó todo el oro que cupo en una pieza.**

13. In exchange for his freedom, Atahualpa gave all the gold that filled (could fill) a room.	14. ***estuvo esperando*** = *was waiting* **En vano estuvo esperando Atahualpa el momento de su liberación.**
14. Atahualpa waited in vain for the moment of his liberation.	15. ***el entendimiento*** = *la inteligencia* **Atahualpa fue valiente y de claro entendimiento.**
15. Atahualpa was brave and of clear mind.	16. **Tenemos dos ojos. Vemos con los ojos.**
16. We have two eyes. We see with the eyes.	17. ***brillante*** = *bright* **Atahualpa fue fuerte, de ojos negros y brillantes.**
17. Atahualpa was strong, his eyes were black and bright.	18. ***la nariz*** = *nose* ***los labios*** = *lips* **Fue Atahualpa de nariz aguileña, labios carnosos y arrogante figura.**
18. Atahualpa had an aquiline nose, full lips, and a dignified bearing.	

Translate into English the words in column **A**. A cognate is given in column **B** to help you remember the meaning of **A**.

A *Spanish Word*	B *Spanish Cognate*	C *English Translation*
1. **estampido**	**explosión, sonido**	______________
2. **dueño**	**propietario**	______________
3. **la matanza**	**la masacre**	______________
4. **hoguera**	**fuego**	______________
5. **esta vez**	**en esta ocasión**	______________
6. **rey**	**soberano**	______________
7. **ejército**	**armada**	______________

Key: 1 (explosion); 2 (owner); 3 (massacre); 4 (bonfire—**morir en la hoguera**: to be burned); 5 (this time); 6 (king); 7 (army)

Now, give the meaning of the words in column **A**. Column **B** will give you a word related to **A**.

A *Spanish Word*	B *Related Word*	C *English Translation*
1. **guerra**	**paz**	______________
2. **hijo**	**padres**	______________
3. **manos**	**dedos**	______________
4. **nariz**	**recta o aguileña**	______________
5. **arrogante**	**digno**	______________
6. **mujer**	**hombre**	______________
7. **oro**	**plata**	______________
8. **ojos**	**ver**	______________

Key: 1 (war); 2 (son); 3 (hands); 4 (nose); 5 (arrogant—also, dignified); 6 (woman); 7 (gold); 8 (eyes)

Verb Review—Preterite Tense

Give the missing pronoun.

1. _____ **fuiste por la costa.**
2. _____ **no cupo en la pieza.**
3. _____ **estuvimos en Chile.**
4. _____ **supo que los españoles estuvieron en Chile.**
5. _____ **no pudieron unirse.**
6. _____ **regresó debido a los rigores del invierno.**
7. _____ **dividió el imperio entre sus dos hijos.**

Key: 1(tú); 2(él); 3(nosotros); 4(él); 5(ellos); 6(él); 7(él)

The first column below gives the infinitive of a verb; the second, its present tense (first person singular). Write the correct letter(s) corresponding to the preterite tense in column 3.

1. Infinitivo	2. Presente	3. Pretérito	
1. **ser** (to be)	**soy**	________	**a. propuse**
2. **huir** (to flee)	**huyo**	________	**b. puse**
3. **poner** (to put)	**pongo**	________	**c. huí**
4. **poder** (can)	**puedo**	________	**d. di**
5. **ir** (to go)	**voy**	________	**e. fui**
6. **dar** (to give)	**doy**	________	**f. fui**
7. **proponer** (to propose)	**propongo**	________	**g. pude**

Key: 1(e,or f); 2(c); 3(b); 4(g); 5(e or f); 6(d); 7(d)

Provide the English for the forms given below.

1. **empezar** ________

   a) empiezas ________

   b) empezabas ________

   c) empezaron ________

Key: 1. to start (begin); a) you start; b) you used to start; c) they started

2. **lograr** ________

   a) logró ________

   b) logré ________

   c) lograste ________

Key: 2. to succeed in; a) he succeeded in; b) I succeeded in; c) you succeeded in

3. **estar** _______________

    a) estuviste _______________

    b) estabas _______________

    c) estás _______________

Key: 3. to be; a) you were; b) you **(tú)** used to be; c) you are

4. **emprender** _______________

    a) emprendimos _______________

    b) emprendió _______________

    c) emprendemos _______________

Key: 4. to undertake; a) we undertook; b) he undertook; c) we undertake

5. **parecer** _______________

    a) parecía _______________

    b) parecíamos _______________

    c) parecieron _______________

Key: 5. to seem; a) he seemed; b) we seemed; c) they seemed

6. **dar** _______________

    a) da _______________

    b) dio _______________

    c) daba _______________

Key: 6. to give; a) he gives; b) he gave; c) he used to give

7. **andar** ______________

a) **andábamos** ______________

b) **andamos** ______________

c) **anduvimos** ______________

Key: 7. to walk; a) we used to walk; b) we are walking; c) we walked

Macchu-Picchu, Perú.

READING PASSAGE

Read the following passage, circling but not looking up any of the unfamiliar words the first time through. Then re-read the passage two or three times to see how many words are clarified by the context. Then practice reading until you can read the whole passage in one minute (about 300 words).

Atahualpa

En junio de mil quinientos treinta y tres (1533) el conquistador español Francisco Pizarro reunió un consejo de guerra. En él se acusó a Atahualpa, rey de Quito y último inca del Perú, de fratricidio, poligamia e idolatría. Atahualpa fue condenado a morir en la hoguera. Impasible escuchó la sentencia.

Fue Atahualpa hijo del emperador del Perú, Huaina Cápac, y de la hija del soberano de Quito, Cacha; hermano de Huáscar y de Manco. Al morir, Huaina dividió su imperio. A Atahualpa le correspondió el reino de Quito, a Huáscar, el resto del imperio incaico.

Descontentos los hermanos, no pudieron aceptar la decisión del padre y dieron comienzo a una sangrienta guerra civil. Huáscar propuso un arreglo amistoso; pero rehusó Atahualpa oir las razones de su hermano. Hecho prisionero Atahualpa, escapó ayudado por una mujer. Atahualpa supo entonces del arribo de los españoles a su imperio y fue él, esta vez, quien tuvo que proponer paz a Huáscar. Este se opuso a todo arreglo. Al español le contaron que el ejército de Atahualpa tenía de veinticinco a treinta mil hombres. Pizarro no se detuvo. Se puso en guardia y avanzó cautelosamente.

El estampido de un cañonazo y la fuerza de la caballería causaron pánico a los indios, quienes huyeron y abandonaron a Atahualpa en manos del enemigo. El inca exigió a Pizarro su libertad. A cambio de ella, le entregó Atahualpa todo el oro que cupo en una pieza hasta llenarla.

En vano estuvo esperando el último inca el momento de su liberación. Fue Atahualpa guerrero valiente y de claro entendimiento; fuerte, de ojos negros y brillantes, de nariz aguileña, labios carnosos y arrogante figura.

CHAPTER

Indígenas bolivianos.

The following sentences have new vocabulary. The context will be helpful in understanding it.

	1. **Un *cerro* es un monte, una montaña pequeña.** ***Cerro* = ______________**
1. A hill is an elevation, a small mountain.	2. **Un *departamento* es como un estado. Unos países se dividen en estados; otros, en departamentos.** ***Departamento* = ______________**

2. A department is like (similar to) a state.	3. **Una *locución* es una frase, una expresión.** ***Locución* = ______________**
3. A locution is a phrase, an expression.	4. ***Valer* es un sinónimo de *costar*. Si un suéter vale quinientos dólares, decimos que vale muchísimo.** ***Valer* = ______________**
4. If a sweater costs 500 dollars, we say that is worth a lot.	5. **La *valía* de una cosa es el valor, el costo de ella.** ***Valía* = ______________**
5. The value of a thing is its worth, the cost of it.	6. **El *caudal* es la riqueza, la fortuna. Es también la cantidad de agua que tiene un río.** ***Caudal* = ______________**
6. Wealth is richness, a fortune. It is also the volume of water in a river.	7. **Una persona *acaudalada* es una persona muy rica.** ***Acaudalado* = ______________**
7. A well-to-do person is a very rich person.	8. **El tráfico de drogas es un *negocio* lucrativo, pero ilegal y peligroso.** ***Negocio* = ______________**
8. Drug traffic is a very lucrative business, but illegal and dangerous.	9. **Decimos que un negocio produce grandes *rentas* cuando produce mucha plata (dinero).** ***Rentas* = ______________**
9. We say that a business produces a large income when it produces a lot of money.	10. ***Arrojar una cifra* significa dar una cantidad, producir un número.** ***Arrojar una cifra* = ______________**
10. To yield an amount (to tally up) means to reach a (certain) quantity, to yield a number.	11. **El censo de un lugar estima la *cifra* de la población (el número de los habitantes del lugar).** ***Cifra* = ______________**
11. The census of a place yields (reveals) the number of inhabitants in a place.	12. ***Almas* es un sinónimo de *personas*, habitantes.** ***Almas* = ______________**
12. Souls is a synonym of people, inhabitants.	13. **El símbolo químico del *cobre* es Cu. El cobre es un metal.** ***Cobre* = ______________**

13. The chemical symbol for copper is Cu. Copper is a metal.	14. **Ellos venden gasolina con *plomo* y sin plomo. El símbolo químico del plomo es Pb.** ***Plomo* =** ______________
14. They sell leaded and unleaded gas. The chemical symbol for lead is Pb.	15. **Ya sabemos que la palabra plata significa** silver **y también dinero.**
15. We already know that "plata" means silver, and it also means money.	16. **Los hablantes nativos de español casi siempre usan la palabra *plata* cuando se refieren a dinero.** ***Plata* =** ______________
16. Native Spanish speakers mostly use the word "silver" when they refer to money.	17. **En las minas de plata hay *vetas* de plata. Veta es una vena o filón.** ***Veta* =** ______________
17. In the silver mines there are lodes of silver. A lode is a vein or a long layer.	18. **Una calle *empedrada* tiene piedras, no pavimento.** ***Empedrar* =** ______________
18. A cobblestone street has stones, it does not have pavement.	19. **Una calle *estrecha* es una calle no muy ancha.** ***Estrecha* =** ______________
19. A narrow street is a not very wide street.	20. **Una calle *tortuosa* es difícil de transitar.** ***Tortuosa* =** ______________
20. A winding street is difficult to walk on.	21. **Casi todas las casas tienen dos *pisos*. Nunca he visto una casa de diez pisos.** ***Piso* =** ______________
21. Almost all houses have two stories. I have never seen a ten-story house.	22. **Una situación *dolorosa* es la que causa pena, sufrimiento.** ***Doloroso* =** ______________
22. A painful situation is one that causes sorrow, suffering.	23. **"Quiero un *pedazo* de enchilada" significa que quiero una parte de la enchilada.** ***Pedazo* =** ______________
23. "I want a piece of enchilada" means that I want a part of the enchilada.	24. **Una casa, un templo o un edificio *caídos* son construcciones en ruinas.** ***Caído* =** ______________
24. A rundown house, church, or building are structures in ruins.	

Give the meaning of the following words. The answers are at the end of the exercise.

1. ***Periodista:* Persona que escribe en los diarios o periódicos como el *New York Times*.**

   Periodista: ______________

2. ***Inhóspito:* Carece de, o no tiene hospitalidad.**

   Inhóspito: ______________

3. ***Nacer:* Venir al mundo. Salir del vientre materno.**

   Nacer: ______________

4. ***Dar a luz:* La mujer que espera un niño da a luz cuando el niño nace. El escritor da a luz una novela.**

   Dar a luz: ______________

5. ***Reina:* Esposa, mujer del rey.**

   Reina: ______________

6. ***Riña:* Discusión, pelea.**

   Riña: ______________

Key: 1 (journalist); 2 (inhospitable); 3 (to be born); 4 (to give birth); 5 (queen); 6 (fight)

50. More Irregular Verbs in the Preterite

Stem-changing Verbs with *-i* ⟶ *-j*, *-e* ⟶ *-i*, *-o* ⟶ *-u*

1. All the irregular verbs found in this section have **-i** and **-j** changes in the stem.

2. The complete conjugation of these verbs in the preterite tense is as follows:

Hacer — **hice, hiciste, hizo, hicimos, hicisteis, hicieron.**

Querer — (to want, to wish, to love) **quise, quisiste, quiso, quisimos, quisisteis, quisieron.**

Venir — **vine, viniste, vino, vinimos, vinisteis, vinieron.**

Decir — **dije, dijiste, dijo, dijimos, dijisteis, dijeron.**

Producir — **produje, produjiste, produjo, produjimos, produjisteis, produjeron.**

Conducir — **conduje, condujiste, condujo, condujimos, condujisteis, condujeron.**

3. As you may have noticed, these verbs take the same endings as the irregular verbs having ***-u*** in the stem ***(-e, -iste, -o, -imos, -isteis, -ieron),*** but the ***-i*** of the diphthong ***-ie (-ieron)*** disappears after ***-j*** (**dijeron, tradujeron, produjeron**).

4. All verbs ending in ***-ducir*** (**traducir, introducir**, etc.) are conjugated like **producir** and **conducir**. These verbs usually correspond to English verbs ending in *-duce* or *-duct* (**introducir** = *introduce*).

5. Stem-changing ***-ir*** verbs that change ***-e*** ⟶ ***-ie,*** and ***-e*** ⟶ ***-i*** in the present tense, change ***-e*** ⟶ ***-i*** in the third person singular and plural *only* of the preterite tense as follows:

Infinitive ***-ir***	**Present** **(*e* ⟶ *i* and *e* ⟶ *ie*)**	**Preterite** **(*e* ⟶ *i,* third person)**
pedir (to ask for)	**él pide** (he asks for)	**él pidió, ellos pidieron** (he, they asked for)
reñir (to fight)	**él riñe** (he fights)	**él riñó, ellos riñeron** (he, they fought)
divertirse (to enjoy, to amuse oneself)	**él se divierte** (he enjoys)	**él se divirtió, ellos se divirtieron** (he, they enjoyed)

6. Stem-changing ***-ir*** verbs ***o*** ⟶ ***ue,*** such as **dormir** and **morir,** change ***o*** ⟶ ***u*** in the third person singular and plural of the preterite tense as follows:

Dormir — **él duerme** *(he sleeps)* — **él durmió, ellos durmieron**

7. The complete preterite conjugation of the verbs above is as follows:

Servir	**serví, serviste, sirvió, servimos, servisteis, sirvieron**
Pedir	**pedí, pediste, pidió, pedimos, pedisteis, pidieron**
Preferir	**preferí, preferiste, prefirió, preferimos, preferisteis, prefirieron**
Morir	**morí, moriste, murió, morimos, moristeis, murieron**
Dormir	**dormí, dormiste, durmió, dormimos, dormisteis, durmieron**

Reading Preparation

Besides introducing the preterite of stem-changing verbs with **-i** and **-j**, this section will review the vocabulary that you have just learned. Sentence **a)** will be easy to understand; sentence **b)** contains the preterite of the verb in sentence **a).** Use your verification column for accuracy.

	1. a) **La periodista dice que el clima de Potosí es inhóspito.** b) **La periodista dijo que el clima de Potosí es inhóspito.**
1. a) The journalist says that the climate of Potosi is inhospitable. b) The journalist said that the climate of Potosi is inhospitable.	2. a) **En el siglo dieciséis un indio conduce a los españoles al cerro de Potosí.** b) **En el siglo dieciséis un indio condujo a los españoles al cerro de Potosí.**
2. a) In the sixteenth century an Indian takes the Spaniards to Potosi Hill. b) In the sixteenth century an Indian took the Spaniards to Potosi Hill.	3. a) **El Potosí colonial es muy rico y quiere poseerlo todo.** b) **El Potosí colonial fue muy rico y quiso poseerlo todo.**
3. a) Colonial Potosi is very rich and wants to have it all. b) Colonial Potosi was very rich and wanted to have it all.	4. ***hacerse*** = *to become* a) **En esa época, el contrabando se hace común.** b) **En esa época, el contrabando se hizo común.**

4. a) At that time, smuggling becomes popular. b) At that time, smuggling became popular.	5. ***enriquecerse*** = *to become rich* **a) Españoles y exploradores extranjeros vienen a la ciudad para enriquecerse.** **b) Españoles y exploradores extranjeros vinieron a la ciudad para enriquecerse.**
5. a) Spaniards and foreign explorers come to the city (in order) to become rich. b) Spaniards and foreign explorers came to the city (in order) to become rich.	6. **a) La avaricia produce riñas, duelos, violencia.** **b) La avaricia produjo riñas, duelos, violencia.**
6. a) Avarice causes fights, duels, and violence. b) Avarice caused fights, duels, and violence.	7. **a) Del mundo entero se trae mercancía a la ciudad.** **b) Del mundo entero se trajo mercancía a la ciudad.**
7. a) Merchandise is brought to the city from the entire world. b) Merchandise was brought to the city from the entire world.	8. **a) Las minas de Potosí sirven para enriquecer a exploradores extranjeros.** **b) Las minas de Potosí sirvieron para enriquecer a exploradores extranjeros.**
8. a) The mines of Potosi serve to enrich foreign explorers. b) The mines of Potosi served to enrich foreign explorers.	9. ***para sí*** = *for (himself)* **a) El rey pide para sí un quinto del total de la riqueza.** **b) El rey pidió para sí un quinto del total de la riqueza.**
9. a) The king asks (demands) a fifth of the total wealth for himself. b) The king asked (demanded) a fifth of the total wealth for himself.	10. **a) Cuando la producción se reduce, la gente prefiere irse.** **b) Cuando la producción se redujo, la gente prefirió irse.**
10. a) When the production is reduced, people prefer to leave. b) When the production was reduced, people preferred to leave.	11. **a) La gran reputación de la ciudad muere poco a poco.** **b) La gran reputación de la ciudad murió poco a poco.**
11. a) The great reputation of the city dies little by little. b) The great reputation of the city died little by little.	12. ***olvido*** = *forgetfulness, oblivion* **a) Las expresiones referentes a Potosí duermen en el olvido.** **b) Las expresiones referentes a Potosí durmieron en el olvido.**

12. a) Expressions referring to Potosi sleep in oblivion.
    b) Expressions referring to Potosi slept in oblivion.

Verbs in the present and preterite will be presented in the following exercise. Choose the English for each form.

	1. **hice** (I do, make/I did, made)
1. I did, made	2. **vienen** (they came/they come)
2. they come	3. **producimos** (we produced/we are producing)
3. we are producing	4. **condujimos** (we took, drove/we drive)
4. we drove	5. **prefieres** (you preferred/you prefer)
5. you prefer	6. **murieron** (they are dying/they died)
6. they died	7. **duerme** (she, he slept/she, he sleeps)
7. he, she sleeps	8. **pidieron** (they ask for/they asked for)
8. they asked for	9. **vino** (he, she is coming/he, she came)
9. he, she came	10. **quieres** (you wanted/you want)
10. you want	11. **trajeron** (they bring/they brought)
11. they brought	12. **traéis** (you brought/you bring)
12. you bring	13. **redujimos** (we reduced/we are reducing)
13. we reduced	14. **dieron** (they give/they gave)
14. they gave	15. **fuiste** (you were; you went/you are; you go)
15. you were; you went	

Cordillera de los Andes. Camino a Macchu-Picchu.

51. Interrogative Pronouns

1. Let us sum up the interrogative pronouns in Spanish:

¿Qué?	What
¿Quién? ¿quiénes?	Who
¿Dónde?	Where
¿Cuándo?	When
¿Por qué?	Why
¿Cuál?	Which (also what)
¿Cuántos? ¿cuántas?	How many
¿Cuánto? ¿cuánta?	How much
¿Cómo?	How

2. It is important to notice that interrogative pronouns may be accompanied by a preposition. In such case, the preposition preceeds the pronouns in Spanish.

¿A dónde vas? (¿Adónde vas?)	Where are you going (to)?
¿Con quién estabas?	Who were you with? (With whom were you?)

Reading Preparation

The questions and answers below will help you practice interrogative pronouns.

	1. **¿Qué es Potosí? Potosí es una ciudad de Bolivia.**
1. What is Potosi? Potosi is a city in Bolivia.	2. **¿Quién descubrió a América? Cristóbal Colón descubrió a América.**
2. Who discovered America? Christopher Columbus discovered America.	3. **¿Quiénes conquistaron a Chile? Diego de Almagro y Pedro de Valdivia conquistaron a Chile.**
3. Who conquered Chile? Diego de Almagro and Pedro de Valdivia conquered Chile.	4. **¿Dónde está Potosí? Potosí está al sur de Bolivia, cerca del cerro de Potosí.**
4. Where is Potosi? Potosi is in the south of Bolivia, close to the Potosi Hill.	5. **¿Cuándo condenó Pizarro a muerte a Atahualpa? Pizarro condenó a muerte a Atahualpa en mil quinientos treinta y tres.**
5. When did Pizarro condemn Atahualpa to death? Pizarro condemned Atahualpa to death in 1533.	6. **¿Por qué fue Potosí tan famosa? Porque fue un lugar fabulosamente rico.**
6. Why was Potosi so famous? Because it was a fabulously rich place.	7. **¿Cuál es tu compositor favorito? Mozart es mi compositor favorito.**
7. Which is your favorite composer? Mozart is my favorite composer.	8. **¿Por cuántos años se prolongó la conquista de Chile?** **La conquista de Chile se prolongó trescientos años.**
8. How many years did the conquest of Chile take? The conquest of Chile went on for 300 years.	9. **¿Cuántas palabras sabes en español? Probablemente, quinientas.**
9. How many words do you know in Spanish? Probably 500.	10. **— ¿Cuánto vale la Casa Blanca? Quiero comprarla. — No sé. No tengo ni idea. Probablemente vale millones.**

10. "How much is the White House worth? I want to buy it." "I don't know. I have no idea. It's probably worth millions."	11. **¿Cuánta plata tienes? No tengo nada.**
11. How much money do you have? I don't have any.	12. **Cómo se dice *"people"* en español? Se dice "gente".**
12. How do you say *"people"* in Spanish? You say **"gente."**	

52. Imperfect vs. Preterite (Review)

As seen so far, the imperfect usually corresponds to:

1. Was, were + ing (action in progress)

Yo comía cuando él vino. I was eating when he arrived.

2. Used to + infinitive (habitual actions)

Ella venía los lunes. She used to come on Mondays.

3. A simple past *(-ed)* describing a physical, mental, or emotional state that took place.

Nosotros sufríamos mucho. We suffered a lot.

4. Would + infinitive (indicating a usual, repeated action.)

Ellos iban a la escuela. They would go to school.

The preterite, on the other hand, must be translated using the simple past. The action is viewed as a single, completed event that started and stopped in the past.

Tú me diste un regalo. You gave me a present.

Reading Preparation

The following exercise reviews the two simple past tenses in Spanish: imperfect and preterite. Remember that these tenses have specific uses and express different things about the past. They cannot be interchanged.

	1. **En el siglo dieciséis el censo de Potosí arrojó una cifra de ciento sesenta mil habitantes.**
1. In the sixteenth century the census of Potosi showed one hundred and sixty thousand inhabitants.	2. **En los siglos dieciocho, diecinueve y principios del veinte, la ciudad tenía menos de treinta mil habitantes.**
2. In the eighteenth, nineteenth, and early twentieth centuries the city had less than 30,000 inhabitants.	3. **La periodista Leonor Blum dijo que el clima de Potosí era frío e inhóspito.**
3. The journalist Leonor Blum said that the climate of Potosi was cold and inhospitable.	4. **En los primeros cincuenta años de la ciudad, ni uno solo de los niños nacidos de padres europeos sobrevivió.**
4. In the first 50 years of the city, not one of the children born of European parents survived.	5. ***embarazadas*** = *pregnant (false cognate)* **La mujeres embarazadas iban a los valles más bajos para dar a luz.**
5. Pregnant women used to go to the lower valleys to give birth.	6. ***hasta que*** = *until* **Se quedaban en los valles más bajos hasta que el niño cumplía un año.**
6. They would remain in the lower valleys until the child was one year old.	7. **En mil seiscientos cincuenta, Potosí era la ciudad más grande del hemisferio occidental.**
7. In 1650 Potosi was the largest city in the western hemisphere.	8. **Potosí fue la reina de la plata en América.**
8. Potosi was the queen of silver in America.	9. **A mediados del siglo dieciséis un indio condujo a los españoles al cerro de Potosí.**
9. In the middle of the sixteenth century, an Indian took the Spaniards to Postosi Hill.	10. **Por doscientos años, las minas sirvieron para enriquecer a exploradores extranjeros, españoles y propietarios.**

10. The mines served to enrich foreign explorers, Spaniards and land owners for 200 years.	11. **El rey de España pidió para sí gran parte de la riqueza extraída.**
11. The King of Spain demanded a great part of the extracted wealth.	12. ***el lujo*** = *luxury* **El lujo abundaba en Potosí colonial.**
12. Luxury abounded in colonial Potosi.	13. ***carecer*** = *to lack, be in want of* **De nada carecían los ricos.**
13. The rich (people) lacked nothing.	14. **Quisieron poseerlo todo.**
14. They wanted to have it all.	15. **Del mundo entero se trajo mercancía a la ciudad.**
15. Merchandise was brought to the city from the entire world.	16. **Se hizo común el contrabando.**
16. Smuggling became common.	17. **La avaricia produjo riñas, duelos, violencia.**
17. Avarice caused fights, duels, violence.	18. **Se construyeron hasta sesenta templos.**
18. Up to 60 churches were built.	19. ***a su vez*** = *at the same time* **Proliferaron, a su vez, los casinos y las casas de prostitución.**
19. Casinos and brothels proliferated at the same time.	20. **Pero el cerro no era inagotable.**
20. But the Hill was not inexhaustible.	21. **La producción se redujo y la gente prefirió irse.**
21. Production went down and people preferred to leave.	22. **La ciudad vio los primeros signos de recuperación al descubrirse el estaño.**
22. The city saw the first signs of recovery when tin was discovered.	

53. The Pluperfect Tense

The pluperfect tense (English: *had seen*) is formed with the imperfect of the verb **haber** and the past participle ***(-ado, -ido).***

Se cuenta que en Potosí habían construido hasta sesenta templos.	It is said that they had built up to 60 churches in Potosi.
Decayó la ciudad que había sido próspera.	The city that had been prosperous declined.

The imperfect of **haber** is:

yo *había*	**nosotros *habíamos***
tú *habías*	**vosotros *habíais***
él, ella, Ud., *había*	**ellos, ellas, Uds., *habían***

Reading Preparation

It is very important that you learn to identify and accurately give the meaning of the verb tenses. This review will concentrate on the two simple past tenses in Spanish (imperfect and preterite). It will also include some vocabulary review. Give the meaning and the tense of each verb in italics.

	1. **El cerro de Potosí *está* cerca de la ciudad del mismo nombre.**
1. ***está*** = *is (present tense)* Potosi Hill is located near the city of the same name.	2. **En español *se ponderaba* la valía, el caudal, con la expresión: *Vale* un Potosí.**
2. ***se ponderaba*** = *they used to praise (imperfect)* ***vale*** = *its worth (present)* People used to indicate (praise) worth, wealth, with the expression: "It is worth a Potosi."	3. **La gente *se refería* al negocio que *producía* grandes rentas con la locución: Es un Potosí.**
3. ***se refería*** = *they used to refer (imperfect)* ***producía*** = *it produced (imperfect)* ***es*** = *it is (present)* People used to refer to business that produced large profits with the saying: "It is a Potosi."	4. **Potosí *tiene* hoy cerca de cien mil almas.**

4. ***tiene*** = *it has (present)* Today Potosi has approximately 100,000 people (souls.)	5. **En la ciudad *viven* mineros muy pobres que *han trabajado* en los depósitos de cobre, estaño y plomo.**
5. ***viven*** = *they live (present)* ***han trabajado*** = *they have worked (present perfect)* Very poor miners, who have worked in the copper, tin and led deposits, live in the city.	6. **Por doscientos años *se explotaron* las vetas de plata.**
6. ***se explotaron*** = *they exploited (preterite)* The silver veins were exploited for 200 years.	7. ***casona*** = *large, ramshackle house* **Las casonas de la época colonial *eran* de gente muy acaudalada.**
7. ***eran*** = *they used to belong (imperfect)* The large, ramshackle houses of the colonial epoch used to belong to very wealthy people.	8. **Las calles de la ciudad eran y aún son empedradas y tortuosas.**
8. ***eran*** = *they were (imperfect)* ***son*** = *they are (present)* The city's streets were and still are cobblestoned and tortuous.	9. **El clima *ha sido* siempre inhóspito.**
9. ***ha sido*** = *it has been (present perfect)* The climate has always been inhospitable.	10. **Los historiadores *han verificado* que los niños morían debido a la altura y al clima.**
10. ***han verificado*** = *they have verified (present perfect)* ***morían*** = *they used to die (imperfect)* Historians have verified that children used to die due to the high altitude and the climate.	

Now, underline the endings of the verbs and give the meaning of the phrase.

	1. **Los palacios y templos *revelaban* esplendor.**
1. **-aban: revelaban** Palaces and churches showed splendor.	2. ***la joya*** = *gem, jewel* **La ciudad *tenía* joyas arquitectónicas.**

2. **-ía: tenía** The city had architectural gems.	3. ***nacer*** = *to be born* **Los niños nacidos de padres europeos no *sobrevivían.***
3. **-ían: sobrevivían** Children born of European parents did not survive.	4. ***mejor*** = *better* **Las mujeres *iban* a mejores climas para dar a luz.**
4. **iban** Women would go to better climates to give birth.	5. **Las mujeres *se quedaban* en los valles más bajos hasta que el niño cumplía un año.**
5. **-aban: se quedaban** Women used to remain in the lower valleys until the child was one year old.	6. ***Es preciso*** = *it is necessary* **Es preciso preservar la arquitectura que *quedó.***
6. **-ó: quedó** It is necessary to preserve the architecture that was left.	7. **La gente *olvidó* la ciudad.**
7. **-ó: olvidó** People forgot about the city.	8. **La gente *olvidó* también las locuciones referentes a la ciudad.**
8. **-ó: olvidó** People also forgot the expressions referring to the city.	

Give the correct meaning of the verbs below.

	1. ***conducir*** **a) condujeron** **b) conducíamos**
1. *to drive* a) they drove b) we were driving	2. ***ver*** **a) vimos** **b) habíamos visto**
2. *to see* a) we saw b) we had seen	3. ***preferir*** **a) preferí** **b) prefirió**
3. *to prefer* a) I preferred b) he preferred	4. ***querer*** **a) quisimos** **b) queríamos**
4. *to want (to love)* a) we wanted b) we wanted, we used to want	5. ***ir*** **a) íbais** **b) fuisteis**

5. *to go* a) you (pl.) used to go b) you went	6. ***trabajar*** **a) trabajó** **b) trabajo**
6. *to work* a) he worked b) I work	

Choose the Spanish form that corresponds to the English.

	1. It *has remained* **a) quedaba** **b) queda** **c) ha quedado**
1. **c) ha quedado**	2. She *said* **a) dice** **b) decís** **c) dijo**
2. **c) dijo**	3. They *produced* **a) produjeron** **b) produjisteis** **c) produjimos**
3. **a) produjeron**	4. It *had served* **a) sirvió** **b) había servido** **c) ha servido**
4. **b) había servido**	5. You *asked for* **a) habíais pedido** **b) pediste** **c) pedís**
5. **b) pediste**	6. It *was not* **a) no eras** **b) no ibas** **c) no era**
6. **c) no era**	7. They *built* **a) construían** **b) construyen** **c) construyó**
7. **a) construían**	

Cordillera de los Andes.

READING PASSAGE

Read the following passage, circling but not looking up any of the unfamiliar words before you have re-read the passage twice.

Potosí

Se lee en el diccionario... "Potosí: cerro de Bolivia, en el departamento y cerca de la ciudad de su nombre. Al referirse a Potosí, ha quedado un proverbio y se usa en locuciones como: 'vale un Potosí', 'tiene un Potosí'. Estas expresiones ponderan hiperbólicamente la valía, el caudal o riqueza.... 'Es un Potosí', se usa para referirse a la casa muy acaudalada o al negocio que produce grandes rentas".

Hace cuatro siglos el censo de Potosí arrojó una cifra sorprendente para la época: ciento sesenta mil habitantes. En los siglos dieciocho, diecinueve y principios del veinte, la ciudad tenía menos de treinta mil habitantes. Hoy tiene Potosí cerca de cien mil almas. Son en su mayoría, mineros muy pobres que trabajan en los depósitos de cobre, estaño, plomo, y en las vetas de plata que aún quedan.

Potosí está situada en la meseta boliviana a 4.146 metros de altura (13.682 pies). Sus calles son empedradas, estrechas, tortuosas a veces. Las casas son, generalmente, de un piso. Los templos, palacios y casonas de la época colonial revelan el asombroso esplendor del pasado y la dolorosa pobreza del presente. Potosí es una joya de arquitectura colonial, caída a pedazos y reconstruída sólo lentamente.

La temperatura media de Potosí es de nueve grados centígrados (cuarenta y ocho grados Fahrenheit). Al respecto dijo la periodista Leonor Blum: "Entonces, —refiriéndose a la colonia—, como ahora, el clima era frío e inhóspito. Los historiadores han verificado que durante los primeros cincuenta años de la ciudad ni uno solo de los niños nacidos en Potosí de padres europeos sobrevivió más de dos semanas. Las mujeres embarazadas iban a los valles más bajos para dar a luz y se quedaban hasta que el niño cumplía un año". No obstante, en 1650 era Potosí la ciudad más grande del hemisferio occidental. ¿Por qué?

Potosí fue la reina de la plata en América. A mediados del siglo XVI un indio condujo a los españoles al cerro, y por doscientos años las minas sirvieron para enriquecer a exploradores extranjeros, españoles y propietarios. El rey de España pidió para sí un quinto del total de la riqueza extraída.

El lujo abundaba en Potosí colonial. De nada carecían los ricos. Del mundo entero se trajo mercancía a la ciudad. Se hizo común el contrabando. Se quiso poseerlo todo; la avaricia produjo riñas, duelos, violencia. Se cuenta que en Potosí habían construido hasta sesenta templos y que proliferaban a la vez los casinos y las casas de prostitución. Pero el cerro que hacía muchos años se explotaba no era inagotable. La producción se redujo y la gente prefirió irse. Decayó la ciudad que había sido próspera y sólo a fines del siglo XVIII, al descubrirse el estaño, vio Potosí los primeros signos de recuperación.

¿Qué ha quedado hoy? Muestras de un arte que es preciso preservar. Mineros pobres, que ayer y hoy han trabajado sin recibir un salario justo. Ha quedado olvido...porque aún el español moderno usa sólo esporádicamente las expresiones "Vale un Potosí; tiene un Potosí; es un Potosí".

CHAPTER 10

Platero.

Reading Preparation

The following sentences provide information about the author and the importance of the reading passages in the chapter.

	1. **Juan Ramón Jiménez es el autor de los párrafos que vamos a leer.**
1. Juan Ramón Jiménez is the author of the paragraphs that we are going to read.	2. **Juan Ramón Jiménez es un famoso poeta español.**

2. Juan Ramón Jiménez is a famous Spanish poet.	3. **En mil novecientos cincuenta y seis, Juan Ramón ganó el premio Nobel de literatura.**
3. In 1956, Juan Ramón won the Nobel Prize for Literature.	4. ***la obra*** = *work* **Su obra más famosa, la más popular y la más traducida, es un poema en prosa titulado: "Platero y Yo".**
4. His most famous work, the most popular and most translated of all his works is a prose poem titled: "Platero y Yo."	5. ***recopilar*** = *to compile* ***la infancia*** = *childhood* **Juan Ramón Jimenez dice que recopila en esta obra sus recuerdos de infancia y de adolescencia.**
5. Juan Ramón says that in this work he compiles his memories of childhood and adolescence.	6. ***de niño*** = *as a child* **De niño, Juan Ramón vivió en Moguer, ciudad andaluza.**
6. As a child, Juan Ramón lived in Moguer, a city in Andalusia.	7. ***el burro*** = *donkey* **Platero, un burro, es el personaje central de la obra.**
7. Platero, a donkey, is the main character of the work.	8. **Se llama "Platero" porque es color de plata.**
8. It is called "Platero" because it is silver-colored.	9. **—En realidad, —dice Juan Ramón, —mi Platero no es un sólo burro, sino varios, una síntesis de burros plateados.—**
9. "Actually," says Juan Ramón, "my Platero is not only one donkey, but several, a synthesis of all silver-colored donkeys."	10. ***el moridero*** = *the pit* **Vamos a leer un pequeño trozo que se titula "El Moridero".**
10. We are going to read a short text entitled "The Pit".	11. ***la comprensión*** = *the understanding* **En él, se ve el amor y la comprensión del poeta hacia su amigo, Platero.**
11. In it one sees the love and understanding of the poet toward his friend, Platero.	12. ***al final*** = *at the end* ***los Reyes Magos*** = *Wise Men* **Al final del capítulo vamos a leer "Los Reyes Magos".**
12. At the end of the chapter we are going to read "The Three Wise Men."	13. ***enero*** = *January* **La fiesta de los Reyes Magos es el seis de enero, y los niños reciben regalos ese día.**

13. The Celebration of the Three Wise Men (Epiphany) is the sixth of January, and children receive gifts that day.

54. Future and Future Perfect Tenses

1. The future tense (*I will speak*) is easy to recognize in Spanish, because with most verbs it is formed with the whole infinitive to which the following endings are added.

yo	**tú**	**él**	**nosotros**	**vosotros**	**ellos**
-é	***-ás***	***-á***	***-emos***	***-éis***	***-án***
amaré	**amarás**	**amará**	**amaremos**	**amaréis**	**amarán**
comeré	**comerás**	**comerá**	**comeremos**	**comeréis**	**comerán**
viviré	**vivirás**	**vivirá**	**viviremos**	**viviréis**	**vivirán**

2. A few verbs have an irregular stem in the future. In some, the vowel in the infinitive is dropped and **-d** is added.

poner	**pondré**	(I will put)
salir	**saldré**	(I will leave)
tener	**tendré**	(I will have)
venir	**vendré**	(I will come)

In others, the **-e** of the infinitive is dropped before adding the ending for the future tense.

saber	**sabré**	(I will know)
haber	**habré**	(helping verb, but: **habrá** = there will be)
caber	**cabré**	(I will fit)
querer	**querré**	(I will want)
poder	**podré**	(I will be able to)

Hacer and **decir** both drop the **-c** and **-e**. We have as a result:

hacer	**haré, harás, hará, haremos, haréis, harán**
decir	**diré, dirás, dirá, diremos, diréis, dirán**

3. The future perfect tense expresses what will have or what may have happened by a given time in the future. It is also commonly used to tell what has probably happened or may have happened.

No sé si *habrá entendido* la lección.	I don't know whether he will have understood the lesson.
Dentro de poco tiempo *habremos aprendido* esto a la perfección.	In a short time, we will have learned this to perfection.
Le *habrá tomado* el pelo.	He was probably pulling her/his leg. ("Hair" is used in Spanish, instead of "leg.")
¿Me *habrá comprado* un regalo?	I wonder if he has bought me a gift?

As shown in the preceding examples, the future perfect tense is formed by combining the future of the auxiliary verb **haber** with a past participle.

yo *habré ido*	(I will have gone)
tú *habrás ido*	(you will have gone)
él, ella, Ud. *habrá ido*	(he, she, you will have gone)
nosotros *habremos ido*	(we will have gone)
vosotros *habréis ido*	(you will have gone)
ellos, ellas, Uds. *habrán ido*	(they, you will have gone)

Reading Preparation

Give the meaning of the following frames and concentrate on the recognition of the future tense.

1. ***el carrillo*** = *cart, wagon*
el pregonero = *town crier*
Tú, si te mueres antes que yo, no irás en el carrillo del pregonero.

1. If you die before I do, you won't go in the cart of the town crier.	2. ***la marisma*** = *swamp, marsh* ***el barranco*** = *gully, ravine* **Tú, si te mueres antes que yo, Platero mío, no irás a la marisma inmensa, ni al barranco del camino de los montes.**
2. If you die before I do, my Platero, you won't go into the immense swamp or into the gully of the mountain road.	3. ***el perro*** = *the dog* ***que no tienen quien los quiera*** = *who have nobody to love them* **Si tú te mueres antes que yo, Platero mío, no irás a la marisma inmensa, como los otros pobres burros, como los caballos y los perros que no tienen quien los quiera.**
3. If you die before I do, my Platero, you won't go to the immense swamp as do the other poor donkeys, horses and dogs who have no one to love them.	4. **Tú, si te mueres antes que yo, no irás, Platero mío, en el carrillo del pregonero, a la marisma inmensa, ni al barranco del camino de los montes, como los otros pobres burros, como los caballos y los perros que no tienen quien los quiera.**
4. If you die before I do, my Platero, you won't go in the cart of the town crier to the immense swamp or to the gully of the mountain road, as do the other poor donkeys, horses and dogs who have no one to love them.	5. **Vive tranquilo, Platero.**
5. Live in peace, Platero.	6. ***enterrar*** = *to bury* ***al pie*** = *close* **Yo te enterraré al pie del pino grande y redondo del huerto.**
6. I will bury you at the foot of the great rounded pine tree in the orchard.	7. ***al lado*** = *next to* **Estarás al lado de la vida alegre y serena.**
7. You will be beside the happiness and serenity of life.	8. ***jugar*** = *to play* ***coser*** = *to sew* **Los niños jugarán y coserán las niñas en sus sillitas bajas a tu lado.**
8. Boys will play and young girls will sew in little low chairs at your side.	9. ***me traiga*** = *brings me* **Sabrás los versos que la soledad me traiga.**

9. You will know the verses that solitude brings to me.	10. *las muchachas* = *young girls* **Oirás cantar a las muchachas.**
10. You will hear the young girls sing.	11. *lavar* = *to wash* **Oirás cantar a las muchachas cuando lavan en el naranjal.**
11. You will hear the young girls singing when they do the washing in the orange grove.	12. *la noria* = *waterwheel* *el gozo* = *pleasure, delight* **Y el ruido de la noria será gozo y frescura de tu paz eterna.**
12. And the sound of the water wheel will be delight and freshness for your eternal peace.	

55. Indirect Object Constructions with *Gustar*

1. **Gustar** is used where English uses the verb *to like,* but the two verbs do not function in the same way. Notice that **me gusta** functions as *it pleases me,* and **le gustan** as *they please him (her, you).*

Me gusta la paz.	I like peace.
Le gustan los libros de Cervantes.	He (she) likes Cervantes' books.

2. **Gustar** and other verbs that follow the same pattern use the indirect object pronoun to indicate the person liking (**gustar, encantar, fascinar**); hurting (**doler → ue: me duele**); needing (**hacer falta: me hace falta**); seeming (**parecer: me parece**), and so on.

3. When the name of the person or persons liking, hurting, needing, seeming, and so on is included in a **gustar** construction, it is preceded by an **a** which is not translated into English.

***A* Platero le gusta el pino del huerto.**	Platero likes the pine tree in the orchard.

4. **Gustar** and other verbs following its pattern may use a pronoun used as the object of a preposition for emphasis.

Yo te enterraré al pie del pino grande y redondo del huerto de La Piña que tanto te gusta.	I will bury you close to the big round pine in the *Orchard of the Pineapple* that you like so much.

A ti emphasizes **te**, but it does not translate into English.

Yo te enterraré *a ti* en el huerto de La Piña que tanto te gusta.	I will bury you in the *Orchard of the Pineapple* that you like so much.

Personal Pronoun	Indirect Object	English Construction
yo	**Me hace falta plata.**	I need money.
tú	**¿Te hacen falta tus padres?**	Do you miss your parents?
él, ella, Ud.	**Le encantan los burros.**	He (she) likes burros (a lot).
nosotros	**Nos parece estúpida la respuesta.**	The answer seems stupid to us.
vosotros	**¿Os duele el pie?**	Is your foot aching?
ellos, ellas, Uds.	**Les gustan las sillitas bajas.**	They like low chairs.

Circle the unrelated word.

1. (a) **caballos** (b) **perros** (c) **barranco**
2. (a) **alegre** (b) **baja** (c) **gozo**
3. (a) **huerto** (b) **lava** (c) **cose**
4. (a) **huerto** (b) **marisma** (c) **jardín**
5. (a) **cantar** (b) **oír** (c) **estar**
6. (a) **noria** (b) **paz** (c) **agua**
7. (a) **piña** (b) **naranjal** (c) **pino**

Key: 1(c); 2(b); 3(a); 4(b); 5(c); 6(b); 7(c)

Match column A with B.

A		B
1. **Nos fascina**	______________	a. They miss (need)
2. **Les hace falta**	______________	b. I like you
3. **Me gustas**	______________	c. He, she (you) needs (misses)
4. **Te duelen**	______________	d. It fascinates us
5. **Les duele**	______________	e. He, she (you) likes me
6. **Le gusto**	______________	f. They hurt you
7. **Le hacen falta**	______________	g. It hurts them

Key: 1(d); 2(a); 3(b); 4(f); 5(g); 6(e); 7(c)

READING PASSAGE

El moridero

Tú, si te mueres antes que yo, no irás, Platero mío, en el carrillo del pregonero, a la marisma inmensa, ni al barranco del camino de los montes, como los otros pobres burros, como los caballos y los perros que no tienen quien los quiera.

Vive tranquilo, Platero, yo te enterraré al pie del pino grande y redondo del huerto de La Piña, que a ti tanto te gusta. Estarás al lado de la vida alegre y serena. Los niños jugarán y coserán las niñas en sus sillitas bajas a tu lado. Sabrás los versos que la soledad me traiga. Oirás cantar a las muchachas cuando lavan en el naranjal, y el ruido de la noria será gozo y frescura de tu paz eterna.

Juan Ramón Jiménez

Try to figure out the meaning of the words that appear in the following sentences.

	1. ***la ilusión*** = *excitement, hopes, dreams* **Esta noche, Platero, los niños tienen mucha ilusión.**
1. Tonight, Platero, the children are very excited.	2. ***llenar*** = *to fill* **La Fiesta de los Reyes Magos llena de ilusión a los niños, porque es la noche de los regalos.**
2. The Holiday of the Wise Men fills the children with hopes and excitement because this is the night of gifts.	3. ***acostarse*** = *to go to bed* **Los niños no quieren acostarse. No es posible acostarlos.**
3. The children do not want to go to bed. It is not possible to put them to sleep.	4. ***vencer*** = *to overcome, to conquer* ***el sueño*** = *sleep, dream* **Pero el sueño los vence poco a poco, uno a uno.**
4. But sleep overcomes them, little by little, one by one.	5. ***rendirse*** = *to surrender, to subdue* **Otra forma de decir que el sueño los vence es: el sueño los rinde, los va rindiendo.**
5. Another way to say that sleep overcomes them is: sleep subdues them, little by little they surrender.	6. ***al arrimo de*** = *near, close to* **El sueño rindió a un niño al arrimo de la chimenea.**
6. Sleep subdued a boy near the fireplace.	7. **Rindió a Blanca, en una silla baja.**
7. Blanche (Blanca) fell asleep in the low chair.	8. ***el poyo*** = *podium, curve* **Rindió a Pepe, en el poyo de la ventana.**
8. Pepe fell asleep on the window ledge.	9. ***el clavo*** = *nail, hinges* **Pepe duerme con la cabeza sobre los clavos de la puerta.**
9. Pepe sleeps with his head upon the hinges of the door.	10. ***despertarse*** = *to wake up* **Si pasan los Reyes, Pepe, que está ahí en la puerta, va a despertarse.**

10. If the Three Kings pass by, Pepe who is there in the doorway, is going to wake up.	11. **Todos duermen. Se siente el sueño de todos; un sueño vivo y mágico.**
11. Everyone is asleep. One feels the dream of everyone, a vivid, magical dream.	12. ***el corazón*** = *heart* ***pleno*** = *full* **El sueño de todos es como un corazón, pleno y sano.**
12. Everyone's sleep is like a great heart, full and healthy.	13. **En la casa todos duermen protegidos por la puerta, lejos de la vida de la calle.**
13. Everyone sleeps in the house, protected by the door—far from the life of the street.	14. ***afuera*** = *outside* **La vida está afuera, pero en la casa está la vida mágica del sueño.**
14. Life is outside, but the magic life of dreams is in the house.	

Reading Preparation

Now read about the same events from the perspective of the future.

	1. **Platero, esta noche los niños *tendrán* mucha ilusión.**
1. Platero, the children will be very excited.	2. **La Fiesta de los Magos *llenará* de emoción a los niños, porque *será* la noche de los regalos.**
2. The Holiday of the Wise Men will excite the children, for it will be the night of gifts.	3. **Los niños no *querrán* acostarse. No *será* posible acostarlos.**
3. The children will not want to go to bed. It will not be possible to put them to bed.	4. **Pero el sueño los *vencerá* poco a poco, uno a uno.**
4. But sleep will overcome them, little by little, one by one.	5. **El sueño *rendirá* a un niño al arrimo de la chimenea.**
5. Sleep will subdue a boy near the fireplace.	6. ***Rendirá* a Blanca, en una silla baja.**

6. It will subdue Blanche (Blanca) in a low chair.	7. **Pepe *dormirá* en el poyo de la ventana, con la cabeza sobre los clavos de la puerta.**
7. Pepe will sleep on the window ledge, with his head on the hinges of the door.	8. **Pepe se *despertará* si pasan los Reyes Magos, porque él *estará* ahí, en la puerta.**
8. Pepe will wake up if the Three Kings pass by, because he will be right there in the doorway.	9. **Todos *dormirán*. Se *sentirá* el sueño de todos, un sueño vivo y mágico.**
9. Everyone will sleep. One will feel the sleep of everyone, a vivid, magical dream.	10. **Se *sentirá* el sueño de todos como un gran corazón, pleno y sano.**
10. One will feel everyone's sleep like a great heart, full and healthy.	11. ***la cena*** = *dinner* **Antes de la cena *subiré* al balcón con todos.**
11. Before dinner, I will go up to the balcony with everyone.	12. ***el alboroto*** = *noise* ***la escalera*** = *staircase* **Los niños *harán* gran alboroto en la escalera.**
12. The children will make a lot of noise on the stairs.	13. ***habrá*** = *there will be* ***medrosa*** = *fearful* ***Habrá* gran alboroto en la escalera, tan medrosa para ellos otras noches.**
13. There will be a lot of noise in the staircase, so fearful to them other nights.	14. ***la sábana*** = *sheet* ***la colcha*** = *bedspread, quilt* **Platero, tú y yo nos *vestiremos* con colchas y sombreros antiguos.**
14. Platero, you and I will dress ourselves in sheets, bedspreads, and old hats.	15. ***el cortejo*** = *cortege, procession* ***los disfraces*** = *costumes, disguise* **A las doce *pasaremos* ante la ventana de los niños en cortejo de disfraces y de luces.**
15. At midnight, we will pass by the children's door in a procession of costumes and lights.	16. ***el almirez, los almireces*** = *brass mortar* ***el caracol*** = *snail shell* ***Tocaremos* los almireces, las trompetas y el caracol que está en el último cuarto.**

16. We will play brass mortars, trumpets, and the conch that is up in the last room.	17. ***la barba*** = *beard* ***la estopa*** = *cotton waste* **Tú *irás* delante y *llevaré* como Gaspar unas barbas blancas de estopa.**
17. You will go in front; I will be Gaspar and I will put on a white cotton beard.	18. ***el delantal*** = *apron* **Tú *llevarás* como un delantal, la bandera de Colombia, que he traído de casa de mi tío el cónsul.**
18. You will put on as an apron, the flag of Colombia that I have brought from the house of my uncle, the consul.	

The future tense is often replaced by **ir a** + infinitive, as in **voy a comer poco esta noche.** You will be given the sentence containing **ir**. What is the form of the verb you would expect in the future tense? Verify your answers on the left-hand column.

	1. ***Voy a salir* a media noche con Platero.**
1. I am going to leave with Platero at midnight.	2. **_________ a media noche con Platero.**
2. ***saldré*** = *(I will leave)* I will leave with Platero.	3. ***Va a haber* un cortejo de disfraces y de luces.**
3. There is going to be a procession of costumes and lights.	4. **_________ un cortejo de disfraces y de luces.**
4. ***habrá*** = *there will be* There will be a procession of costumes and lights.	5. **Los niños, temblorosos y maravillados, *van a venir.***
5. The children, shaking and astonished, are going to come.	6. **Los niños _________ temblorosos y maravillados a los cristales de las ventanas.**
6. ***vendrán*** = *they will come, approach* The children, shaking and astonished, will come to the windows.	7. **Tú *no vas a poder* ser un Rey Mago, porque *vas a ser* mi camellito.**
7. You are not going to be able to be a Wise Man because you are going to be my little camel.	8. **Tú _________ ser un Rey Mago, porque _________ mi camellito.**

8. ***no podrás*** = *you will not be able* ***serás*** = *you will be* You will not be able to be a Wise Man, because you will be my little camel.	9. **Todos *van a tocar* almireces, trompetas y el caracol.**
9. All are going to play brass mortars, trumpets, and the conch.	10. **Todos _________ almireces, trompetas y el caracol.**
10. ***tocarán*** = *they will play* All will play brass mortars, trumpets, and the conch.	11. ***colgar*** = *to hang* ***en jirones*** = *into pieces* **El sueño *va a colgar* aún, en jirones, de los ojos de los niños.**
11. From the eyes of the children sleep is yet going to hang in tatters.	12. **El sueño _________ aún, en jirones, de los ojos de los niños.**
12. ***colgará*** = *it will hang* From the eyes of the children, sleep will yet hang in tatters.	13. **Al pasar por la ventana, *no van a saber* quiénes somos.**
13. Passing by the window, they are not going to know who we are.	14. **Al pasar por la ventana, _________ quiénes somos.**
14. ***no sabrán*** = *they will not know* Passing by the window, they will not know who we are.	

56. Future of Probability and Conjecture

Besides its normal use to express a future action, the future tense may be used to state probability or conjecture about a present or a future action.

¿Quién será él?	(I wonder) who he is?
Serán las cinco y media.	(It is probably) five thirty.
¿Será verdad lo que dijeron?	(I wonder) if what they said is true.

Reading Preparation

The following frames practice the future of probability. Give the meaning of the sentence and verify your answer.

	1. **Irá delante con unas barbas de estopa.**
1. He will probably go in front with a white cotton beard.	2. **¿Cabrás en este disfraz?**
2. I wonder if you fit in this costume.	3. **¿Serán dueños del tesoro que está en los zapatos?**
3. I wonder if they will own the treasure in the shoes.	4. **¿Por qué tendrán tanto miedo de la escalera?**
4. I wonder why they are so scared of the staircase.	5. **Seguirán en su sueño toda la madrugada.**
5. They will probably continue with their dreams until dawn.	6. **¿Por qué se reirán tanto?**
6. I wonder why they laugh so much.	7. **¿Nos divertiremos esta noche?**
7. Are we likely to have fun tonight?	

57. Pronouns After Prepositions

1. Here are some of the most common prepositions used in Spanish. You already know most of them.

a	to
de	of, from
ante	before
sin	without
con	with
sobre	on, about, upon
en	in, at, on
por	for (the sake of) by, through
para	for
después de	after
antes de	before

2. Except for **mí** (me), **ti** (you, familiar), **conmigo** (with me), and **contigo** (with you), the pronouns that follow a preposition are exactly like the subject pronouns.

¿Quieres ir conmigo?	Do you want to come with me?
Te quiero a ti.	I love you.
Prepararé una fiesta para ellos.	I will prepare a party for them.

La Alhambra, Granada.

Reading Preparation

Give the meaning of the following sentences. Underline the pronouns.

	1. **La escalera era muy medrosa para ellos otras noches.**
1. The staircase used to be very scary for them on other nights.	2. *la montera = the bogey woman* **A mí no me da miedo de la montera, Pepe; ¿y a ti?**
2. I am not scared of the bogey woman, Pepe. Are you?	3. **Tú irás conmigo, que seré Gaspar.**
3. You will go with me, who will be Gaspar.	4. **Yo iré contigo por la calle y pasaremos enfrente de la ventana.**
4. I will go with you in the street, and we will pass in front of the window.	5. **Tengo unas barbas blancas de estopa para mí; para ti, una bandera que llevarás como un delantal.**
5. I have some white cotton whiskers for me, and for you, a flag that you will wear as an apron.	6. **En el balcón, entre cidras, estaban los zapatos de ellos.**

6. On the balcony, between the lemon trees, were their shoes.	7. **Temblorosos y maravillados nos verán a ti y a mí.**
7. Scared and frightened, they will see the two of us.	8. **Por la tarde, subirán al balcón y verán que todo el tesoro es para ellos.**
8. In the late afternoon, they will go up to the balcony, and they will see that all of the treasure is for them.	9. **Soñarán con nosotros toda la madrugada.**
9. They will dream with us through dawn.	10. **No sabemos si habrá regalos para ti.**
10. We don't know if there will be gifts for you.	

Change the noun in italics located in **a)** for the corresponding pronoun in order to fill the blank in sentence **b)**. Then, give the meaning for sentence **b)** only.

	1. **a) El sueño los fue rindiendo a *todos*.** **b) El sueño los fue rindiendo a ____________.**
1. **b) ellos** Sleep was overcoming them.	2. ***subir*** *= to go upstairs* **a) Blanca subía cogida muy fuerte de *mi mano*.** **b) Blanca subía cogida muy fuerte de ____________.**
2. **b) ella** Blanca was going upstairs holding it tightly.	3. **a) Un niño dormía en *el suelo*.** **b) Un niño dormía en ____________.**
3. **b) él** A boy was sleeping on it.	4. **a) He traído la bandera de casa de *mi tío, el cónsul*.** **b) He traído la bandera de casa de ____________.**
4. **b) él** I have brought the flag from his house.	5. **a) Nosotros seguiremos en *su sueño* toda la madrugada.** **b) Nosotros seguiremos en ________ toda la madrugada.**

5. **b) él** We will continue in it through dawn.	6. ***los postigos*** = *shutters* **a) El cielo azul va a entrarse por *los postigos.*** **b) El cielo azul va a entrarse por __________.**
6. **b) ellos** The blue sky is going to enter through them.	7. **a) Se asomarán, en camisa, a *los cristales.*** **b) Se asomarán, en camisa, a __________.**
7. **b) ellos** They will peer out of them, in their shirts.	

The following section is a review of several tenses. Underline the verb and give its tense before giving the meaning of the sentence.

	1. **Yo he traído de la casa la bandera de Colombia.**
1. ***he traído*** *(present perfect)* I have brought the Colombian flag from the house.	2. ***de pronto*** = *suddenly* **Los niños se despertarán de pronto.**
2. ***se despertarán*** *(future)* The children will wake up suddenly.	3. **Ellos tendrán aún el sueño colgado de los ojos asombrados.**
3. ***tendrán*** *(future)* They will still have the sleep (hanging) from their astonished eyes.	4. **Los niños se asoman en camisa a los cristales de las ventanas.**
4. ***asoman*** *(present)* The children appear in their robes at the windowpanes.	5. **El sueño estará colgado aún, en jirones, de los ojos asombrados.**
5. ***estará*** *(future)* Sleep will yet hang, in tatters, from the astonished eyes.	6. ***reírse*** = *to laugh* **El año pasado nos reímos mucho.**
6. ***nos reímos*** *(preterite)* We laughed a lot last year.	7. ***la montera*** = *specter, bogey woman* **A mí no me da miedo de la montera, Pepe, ¿y a ti?**
7. ***da*** *(present)* I am not afraid of the bogey woman, Pepe. Are you?	8. **Blanca lo decía cogida muy fuerte de mi mano.**

8. ***decía*** *(imperfect)* Blanca used to say it grabbing my hand strongly.	9. **Nosotros seguiremos en su sueño toda la madrugada.**
9. ***seguiremos*** *(future)* We will continue to be in their dream all the way through dawn.	10. ***deslumbrar*** *= to dazzle* **Mañana, ya tarde, los deslumbrará el cielo azul por los postigos.**
10. ***deslumbrará*** *(future)* Tomorrow, late already, the blue sky will dazzle them through the shutters.	11. ***una cidra*** *= a lemon* **Pusimos en el balcón, entre las cidras, los zapatos de todos.**
11. ***pusimos*** *(preterite)* On the balcony, between the lemon trees, we put everyone's shoes.	12. **Mañana subirán a medio vestir al balcón y serán dueños de todo el tesoro.**
12. ***subirán*** *(future)* ***serán*** *(future)* Tomorrow they will go up, half dressed, to the balcony and they will be masters (owners) of all the treasure.	13. ***divertirse*** *= to enjoy* **Platero, ya verás cómo nos vamos a divertir.**
13. ***verás*** *(future)* Platero, you will see how much we are going to enjoy ourselves.	14. ***el camellito*** *= little camel* **Ya verás cómo nos vamos a divertir, Platero, camellito mío.**
14. ***verás*** *(future)* ***nos vamos a divertir*** *(future value)* You will see how much we are going to enjoy ourselves, my little camel.	15. ***al arrimo*** *= close* **El sueño los venció en el suelo, al arrimo de la chimenea.**
15. ***venció*** *(preterite)* Sleep overcame them on the floor, close to the chimney.	

Match the word in column B with the one closest in meaning in column A.

A	English	B
1. **vencer**	to overcome	**a. silla**
2. **butaca**	chair	**b. miedosa**
3. **pleno**	full	**c. dormirse**
4. **cena**	dinner	**d. rendir**
5. **medrosa**	fearful	**e. algodón**
6. **estopa**	cotton	**f. comida**
7. **sueño**	dream	**g. lleno**

Key: 1(d); 2(a); 3(g); 4(f); 5(b); 6(e); 7(c)

Find in the right column the word that most easily relates to each word in the left column.

1. **escalera**	______________	**a. despertarse**
2. **puerta**	______________	**b. subir**
3. **dormir**	______________	**c. deslumbrar**
4. **madrugada**	______________	**d. ventana**
5. **luces**	______________	**e. colchas**
6. **sábanas**	______________	**f. tarde**
7. **delante**	______________	**g. ante**

Key: 1(b); 2(d); 3(a); 4(f); 5(c); 6(e); 7(g)

Without consulting previous exercises imagine and give the meaning of the following scenes on: "**Día de los Reyes Magos.**"

	1. **¡Qué alboroto el de los niños!**
1. What excitement among the children!	2. **De pronto, el sueño los rinde.**
2. Suddenly, sleep overcomes them.	3. **En el balcón, entre cidras, están los zapatos de todos.**
3. On the balcony, among the lemon trees, are everyone's shoes.	4. **Montemayor, Tita, María Teresa, Lolilla, Perico, Platero y yo vamos a disfrazarnos.**
4. Montemayor, Tita, María, Teresa, Lolilla, Perico, Platero and I are going to wear costumes.	5. **Platero llevará, como un delantal, la bandera de Colombia.**
5. Platero will wear the Colombian flag as an apron.	6. **A las doce pasaremos ante la ventana de los niños en cortejo, tocando almireces, trompetas y el caracol.**

6. At twelve o'clock we will pass before the children's window in procession, sounding brass mortars, trumpets, and the conch.	7. **Mañana subirán los niños al balcón y serán dueños de todo el tesoro.**
7. Tomorrow the children will go up to the balcony and they will be the masters of all the treasure.	

Are the verbs in the following sentences in the present or the future?

	1. **Nos vestimos con sábanas, colchas y sombreros antiguos.**
1. *present* We are dressing up in sheets, bedspreads, and old hats.	2. **Antes de la cena subiré con todos por la escalera.**
2. *future* Before dinner I will go up the staircase with everyone.	3. **A mí no me da miedo de la montera, Pepe, ¿y a ti?**
3. *present* I am not afraid of the bogey woman, Pepe. Are you?	4. **Al despertar, los niños se asomarán en camisa a los cristales.**
4. *future* When they awaken, the children will appear at the window in their robes.	5. **Los niños estarán temblorosos y maravillados.**
5. *future* The children will be frightened and astonished.	6. ***soñar*** = *to dream* **Toda la madrugada sueñan con nosotros.**
6. *present* All through the dawn they are dreaming with us.	7. **El cielo azul los deslumbrará por los postigos.**
7. *future* The blue sky will dazzle them through the shutters.	8. **En el balcón, encuentran sus tesoros en los zapatos.**
8. *present* On the balcony, they find their treasures in the shoes.	

READING PASSAGE

Read through the following paragraphs. Circle the words which you do not immediately recognize, but do not look them up right away.

Los Reyes Magos

¡Qué ilusión, esta noche, la de los niños, Platero! No era posible acostarlos. Al fin, el sueño los fue rindiendo: a uno, en una butaca, a otro en el suelo, al arrimo de la chimenea, a Blanca en una silla baja, a Pepe en el poyo de la ventana, la cabeza sobre los clavos de la puerta, no fueran a pasar los Reyes... Y ahora, en el fondo, está afuera la vida, se siente como un gran corazón pleno y sano, el sueño de todos, vivo y mágico.

Antes de la cena, subí con todos. ¡Qué alboroto por la escalera, tan medrosa para ellos otras noches! —A mí no me da miedo de la montera, Pepe, ¿y a ti?—decía Blanca, cogida muy fuerte de mi mano. Y pusimos en el balcón, entre las cidras, los zapatos de todos. Ahora, Platero, vamos a vestirnos Montemayor, Tita, María Teresa, Lolilla, Perico, tú y yo, con sábanas y colchas y sombreros antiguos. Y a las doce, pasaremos ante la ventana de los niños en cortejo de disfraces y de luces, tocando almireces, trompetas y el caracol que está en el último cuarto. Tú irás delante conmigo, que seré Gaspar y llevaré unas barbas blancas de estopa. Llevarás, como un delantal, la bandera de Colombia, que he traído de casa de mi tío, el cónsul... Los niños, despertados de pronto, con el sueño colgado aún, en jirones, de los ojos asombrados, se asomarán en camisa a los cristales, temblorosos y maravillados. Después, seguiremos en su sueño toda la madrugada, y mañana, cuando, ya tarde, los deslumbre el cielo azul por los postigos, subirán, a medio vestir, al balcón, y serán dueños de todo el tesoro.

El año pasado nos reímos mucho. ¡Ya verás cómo nos vamos a divertir esta noche, Platero, camellito mío!

Juan Ramón Jiménez

CHAPTER

58. The Conditional (Present and Past)

    Reading Passage: ***Salamanca (Eduardo Caballero Calderón)***

59. The Conditional (Probability or conjecture in the Past)

    Reading Passage: ***Retablo vasco (Eduardo Caballero Calderón)***

Plaza Salamanca.

These sentences will provide information about the author of the reading passage and some general information about the passage.

	1. *el escritor* = *writer* **Eduardo Caballero Calderón es un escritor colombiano del siglo veinte.**
1. Eduardo Caballero Calderon is a Colombian writer of the twentieth century.	2. *el hispanista* = *hispanic scholar* **Caballero Calderón es famoso entre los hispanistas, pero poco conocido en los Estados Unidos.**

2. Caballero Calderon is famous among Hispanic scholars, but is not well known in the United States.	3 *la obra* = *work* **Muchas de las obras de Eduardo Caballero Calderón no se han traducido al inglés.**
3. Many of the works of Eduardo Caballero Calderon have not been translated into English.	4. *ancho* = *wide, broad, ample* **Uno de sus libros más famosos se titula "Ancha es Castilla".**
4. One of his most famous works is entitled *Castile is Wide.*	5. *la aldea* = *village* **La obra es una descripción de los campos, aldeas y ciudades de Castilla.**
5. The work is a description of the countryside, the villages and cities of Castile.	6. *el nombre* = *name* **Castilla es el nombre de las dos mesetas que ocupan el centro de España.**
6. Castile is the name of the two plateaus that occupy central Spain.	7. *frondosos* = *wooded* **Castilla es en gran parte árida, pero tiene algunos valles frondosos.**
7. Castile is for the most part dry, but it has several beautiful wooded valleys.	8. **Al occidente de la meseta central, en el límite con Portugal, está la provincia de Salamanca.**
8. The province of Salamanca is to the west of the central plateau, by the border with Portugal.	9. **La capital de esta provincia es la ciudad de Salamanca, cuya famosa universidad fue fundada en el siglo trece.**
9. The capital of this province is the city of Salamanca, whose famous university was founded in the thirteenth century.	10. **Caballero Calderón llama a Salamanca "ciudad barroca y teologal".**
10. Caballero Calderon calls Salamanca a "baroque and theological city."	11. **Las mesetas de Castilla se extienden hacia el norte hasta el país vasco.**
11. The plateaus extend to the north up to the Basque country.	12. **El territorio vasco está constituido por tres provincias.**
12. The Basque territory is made up of three provinces.	13. **Los vascos viven en las vertientes occidentales de los Pirineos.**

13. The Basques live on the western slopes of the Pyrenees.	14. **El pueblo vasco es muy antiguo y ha preservado su idioma y sus costumbres.**
14. The Basque people are very ancient and have preserved their language and their customs.	15. ***el que*** = *he who* **"El que ha vivido en el país vasco, no lo olvida jamás," dice Pío Baroja, gran escritor español.**
15. He who has lived in the Basque country does not ever forget it, says Pio Baroja, a great Spanish writer.	16. ***la aspereza*** = *harshness* ***la hombría*** = *strength* **Caballero Calderón afirma que la aspereza superficial de los vascos oculta generosidad y hombría.**
16. Caballero Calderon asserts that the harshness of the Basque people hides generosity and strength.	17. **Vamos a leer un pasaje corto sobre Salamanca y luego, una anécdota vasca.**
17. We are going to read a short passage about Salamanca and then, a Basque anecdote.	

58. The Conditional (Present and Past)

1. The conditional form of the verb expresses an action that depends on another action. It may also expresse a wish, an indirect request, a conjecture, or a condition contrary to present fact.

Me gustaría ir.	I would like to go.
¿Tendría la bondad de prestarme un lápiz?	Could you (kindly) lend me a pencil?
¿Sería Juan el que llamó?	I wonder if it was John who called.
Si los vascos no estuvieran atentos, la llovizna pudriría la semilla en los graneros.	If the Basque (people) were not attentive, rain would rot the seeds in the granaries.

2. The conditional uses the same stem as the future—it is thus identified by the following endings attached to the infinitive:

Amar

yo ***amaría***	(I would love)
tú ***amarías***	(you would love)
él, ella, Ud. ***amaría***	(he, she, you sing. would love)
nosotros ***amaríamos***	(we would love)
vosotros ***amaríais***	(you would love)
ellos, ellas, Uds. ***amarían***	(they would love)

Hacer

yo ***haría***	(I would do, make)
tú ***harías***	(you would do, make)
él, ella, Ud. ***haría***	(he, she, you sing. would do, make)
nosotros ***haríamos***	(we would do, make)
vosotros ***haríais***	(you would do, make)
ellos, ellas, Uds. ***harían***	(they would do, make)

Notice that these endings are the same as for the imperfect. To avoid confusing the two forms, look at the stem. If it is an infinitive, the verb is conditional and not imperfect.

Conditional		Imperfect
comería	vs.	**comía**
pudriría	vs.	**pudría**
cogería	vs.	**cogía**
seguiría	vs.	**seguía**

3. Irregular verbs in the conditional have the same stem as in the future tense, as follows:

Infinitive	Conditional/ Future Stem	Conditional	
caber	**cabr-**	**cabría**	(I would fit)
haber	**habr-**	**habría**	(I would have)
poder	**podr-**	**podría**	(I would be able)
saber	**sabr-**	**sabría**	(I would know)
querer	**querr-**	**querría**	(I would like)

Add -d

poner	**pondr-**	**pondría**	(I would put)
salir	**saldr-**	**saldría**	(I would leave)
tener	**tendr-**	**tendría**	(I would have)
valer	**valdr-**	**valdría**	(I would be worth)
venir	**vendr-**	**vendría**	(I would come)

e and c ⟶ -ía

decir	**dir-**	**diría**	(I would say)
hacer	**har-**	**haría**	(I would do, make)

4. The past conditional expresses a wish, a request, an hypothesis, or a condition with a contrary-to-fact meaning and with reference to past time. The past conditional is formed with the conditional of the verb. **Haber** + past participle **(-ado, -ido)** as follows:

yo *habría venido*	(I would have come)
tú *habrías venido*	(you would have come)
él, ella, Ud. *habría venido*	(he, she, you sing. would have come)
nosotros *habríamos venido*	(we would have come)
vosotros *habríais venido*	(you would have come)
ellos, ellas, Uds. *habrían venido*	(they would have come)

Reading Preparation

	1. ***de buena gana*** *= willingly, readily* ***meterse a*** *= become* **Para entender a Salamanca, de buena gana me metería a estudiante de teología.**
1. To understand Salamanca, I would willingly become a theology student.	2. ***vagar*** *= wander* **Mi principal ocupación sería vagar por las calles de la ciudad.**
2. My main occupation would be to wander around the streets of the city.	3. **Mi prinicipal ocupación sería vagar por el hospital donde me darían la sopa.**

3. My main ocupation would be to wander around the hospital where they would give me soup.	4. *el colegio* = *school* **Mi principal ocupación sería vagar por los patios de los colegios discutiendo a Aristóteles.**
4. My main occupation would be to wander around the grounds of the schools discussing Aristotle.	5. **Mi principal ocupación sería vagar por las calles del hospital donde me darían la sopa y por los patios de los colegios, discutiendo a Aristóteles.**
5. My principal occupation would be to wander around the streets of the hospital area where they would give me soup, and around the grounds of the schools, discussing Aristotle.	6. *el sábado* = *Saturday* *la tarde* = *afternoon* **Los sábados en la tarde saldría por el camino de Avila.**
6. On Saturday afternoons I would go by way of the Avila Road.	7. *el sereno* = *(night) watchman* *la luna* = *moon* **Por las noches, con la complicidad de los serenos y de la luna me iría por el barrio de la Catedral vieja.**
7. During the night time, with the complicity of the watchmen and the moon, I would go to the Old Cathedral neighborhood.	8. *ir en ronda* = *go serenading* *una partida* = *a party of* **En ronda, con una partida de teólogos, me iría por el barrio de la Catedral vieja a cantar serenatas.**
8. Serenading with a group of theologians, I would go through the Old Cathedral quarter singing serenades.	9. **Por las noches, con la complicidad de los serenos y de la luna, en ronda con una partida de teólogos, me iría por el barrio de la Catedral vieja a cantar serenatas a las hijas de los profesores.**
9. During the night time, with the complicity of the watchmen and the moon, serenading with a group of theologians, I would go to the Old Cathedral barrio to serenade the teachers' daughters.	10. *actual* = *present time (false cognate)* **Los estudiantes actuales todavía cantan.**
10. Today, students still sing.	11. *la coplilla de carnaval* = *carnival folksong* **Por eso en alguna coplilla de carnaval se dice que Salamanca es una ciudad que canta.**

11. This is why some carnival folk songs say that Salamanca is a city that sings.	12. **Los actuales estudiantes todavía cantan y por eso en alguna coplilla de carnaval se dice que Salamanca es una ciudad que canta.**
12. The students of today continue (still) to sing, and this is why some carnival folk songs say that Salamanca is a city that sings.	13. ***el domingo*** = *on Sunday* ***el portal*** = *porch, gateway* **El domingo, pasearía con amigos por los portales de la plaza.**
13. On Sunday, I would walk with friends along the porches of the plaza.	14. ***la misa mayor*** = *High Mass* **El domingo, después de la misa mayor, pasearía con amigos por los portales de la plaza.**
14. On Sunday, after High Mass, I would walk with friends along the porches of the plaza.	15. ***ojear*** = *to watch, stare* ***las mozas*** = *young, beautiful women* **El domingo, después de la misa mayor, pasearía con amigos por los portales de la plaza, ojeando a las mozas.**
15. On Sunday, after High Mass, I would walk with friends along the porches of the plaza watching young, good-looking women.	16. ***remilgada*** = *finicky, prudish, with a fussy attitude* ***cogida de la mano*** = *hand-in-hand* **Ellas, muy remilgadas, harían el paseo cogidas de la mano.**
16. With a fussy attitude, they would walk down the path, hand-in-hand.	17. ***la cabeza*** = *head* **Ellas harían el paseo cogidas de la mano, con su mantilla en la cabeza.**
17. They would walk down the path, hand-in-hand, with veils over their heads.	18. ***salir una flor*** = *to bloom* ***el pelo*** = *hair* **Ellas estarían tan guapas que les habría salido una flor en el pelo.**
18. They would look so beautiful that a flower could have (possibly) bloomed on their hair.	19. **Ellas, muy remilgadas, harían el paseo cogidas de la mano, con su mantilla en la cabeza, ya tan guapas que les habría salido una flor en el pelo.**

19. With a very fussy attitude, they would walk down the path hand-in-hand, with veils on their heads, already so beautiful that (one would say that) a flower could have bloomed on their hair.	20. *el marco* = *frame, setting* **Para admirar a las mozas no hay más bello marco en España que aquella plaza.**
20. To admire these beautiful women, there is no better setting in Spain than that plaza.	21. **Para admirarlas no hay más bello marco en España que aquella plaza.**
21. To admire them, there is no better setting in Spain than that plaza.	

Salamanca.

You now know the meaning of **sábado** and **domingo**. The days of the week are:

lunes	Monday
martes	Tuesday
miércoles	Wednesday
jueves	Thursday
viernes	Friday
sábado	Saturday
domingo	Sunday

Check the statement(s) below that best fit the information found in the reading preparation above.

1. **a. Para entender a Salamanca visitaría la ciudad.**
   b. Para entender a Salamanca me quedaría en la ciudad.
   c. Para entender a Salamanca me metería a estudiante de teología.

2. **a. Los sábados, iría al hospital.**
   b. Los sábados, iría a los colegios a discutir a Aristóteles.
   c. Los sábados, saldría por el camino de Avila.

3. **a. Por la noche, me iría con una partida de teólogos.**
   b. Por la noche, visitaría el barrio de la Catedral vieja.
   c. Por la noche, daría serenatas a las hijas de los profesores.

4. **a. Salamanca es una ciudad que canta.**
   b. Salamanca es una ciudad teologal.
   c. Salamanca es una ciudad barroca.

5. **a. Los domingos en Salamanca, las mozas van a misa mayor.**
   b. Los domingos en Salamanca, las mozas hacen fiestas.
   c. Los domingos en Salamanca, las mozas hacen el paseo cogidas de la mano.

Key: 1(c); 2(c); 3(a,b,c); 4(a,b,c); 5(a,c)

Select the most appropriate translation for the words in italics.

1. **Ellas, *muy remilgadas,* harían el paseo.**
   a. finicky **b. willingly** **c. rapidly**

2. **Ellas estarían tan guapas que *les habría salido una flor* en el pelo.**
   a. would have come **b. would have bloomed** **c. would have admired**

3. **Para admirarlas, no hay más bello *marco* que la plaza.**
   a. porch **b. picture** **c. setting**

4. **Mi principal ocupación sería *vagar* por las calles.**
   a. take a walk **b. wander** **c. go**

5. **Para entender a Salamanca, *de buena gana* me metería a estudiante de teología.**
   a. willingly **b. certainly** **c. probably**

6. **Con la complicidad de *los serenos* y de la luna, me iría por el barrio de la catedral.**
   a. moon **b. neighborhoods** **c. watchmen**

7. **En una *coplilla* se dice que Salamanca es una ciudad que canta.**
   a. folk song **b. verse** **c. book**

Key: 1(a); 2(b); 3(c); 4(b); 5(a); 6(c); 7(a)

Circle the verb tense indicated.

1. **Salir (imperfect)**
   a. saldría **b. salía** **c. saldrá**

2. **Decir (conditional)**
   a. decimos **b. diríamos** **c. decíamos**

3. **Ser (future)**
   a. serían **b. eran** **c. serán**

4. **Haber-hacer (past conditional)**
   a. habrás hecho **b. habrías hecho** **c. habías hecho**

5. **Ojear (conditional)**
   a. ojeaban **b. ojearon** **c. ojearía**

6. **Haber-volver (future perfect)**
   a. habré vuelto **b. he vuelto** **c. habría vuelto**

7. **Querer (conditional)**
   a. querrá **b. querría** **c. quería**

Key: 1(b); 2(b); 3(c); 4(b); 5(c); 6(a); 7(b)

READING PASSAGE

Salamanca

Para entender a Salamanca, de buena gana me metería a estudiante de teología. Mi principal ocupación sería vagar por las calles de la ciudad, por el hospital de la universidad donde me darían la sopa y por los patios de los colegios, discutiendo a Aristóteles. Los sábados en la tarde saldría por el camino de Avila. Por las noches, con la complicidad de los serenos y de la luna, en ronda con una partida de teólogos, me iría por el barrio de la Catedral vieja a cantar

serenatas a las hijas de los profesores. Los actuales estudiantes todavía cantan y por eso en alguna coplilla de carnaval se dice que Salamanca es una ciudad que canta.

El domingo, después de la misa mayor, pasearía con amigos por los portales de la plaza, ojeando a las mozas. Ellas, muy remilgadas, harían el paseo cogidas de la mano, con su mantilla en la cabeza y tan guapas que les habría salido una flor en el pelo. Para admirarlas no hay más bello marco en España que aquella plaza.

Eduardo Caballero Calderón
Adaptado de *Ancha es Castilla*

Reading Preparation

New words will be in italics. Try to deduce their meaning from the context before verifying your answer.

	1. *la manzana = apple* **La *sidra* es una bebida alcohólica extraída de la manzana.** *Sidra* means: ________________
1. *Cider* Cider is an alcoholic beverage extracted from apples.	2. **Una *sidrería* es un lugar donde se vende sidra.** *Sidrería* means: ________________
2. *cider house (cidershop)* A cider house is a place where cider is sold.	3. *cantar = to sing* **Algunos vascos se sientan en las sidrerías a cantar.**
3. Some Basques sit in the cider houses to sing.	4. **Otros se sientan a la *luz o lumbre* de las chimeneas. *Luz o lumbre*** means: ________________
4. *light (fire)* Others sit at the light of the fireplace to play cards.	5. **El juego de cartas más común entre los vascos es *el mus*.** ***El mus*** means: ________________
5. *the muse (card game)* The most common card game among the Basques is muse.	6. **Los vascos se sientan a la lumbre de las chimeneas a jugar al mus.**

6. Basques sit at the light of the fireplace to play muse.	7. **Un *extraño* es una persona que no conocemos.** ***Extraño*** means: ______________
7. *stranger* A stranger is a person we do not know.	8. **Los vascos no *cuentan* nada a los extraños; no hablan con ellos, no les *cuentan* nada.** ***Contar*** means: ______________
8. *to tell (o → ue)* Basque people do not tell anything to strangers; they do not speak with them, they do not tell them anything.	9. **Un *cuento* es una historia, una anécdota.** **Hay muchos cuentos sobre los vascos.** ***El cuento*** means: ______________
9. *tale, story* A tale is a story, an anecdote. There are many tales about Basque people.	10. **Los cuentos vascos tienen por origen o causa la aspereza o *rudeza* del caráter vasco.** ***Rudeza*** means: ______________
10. *harshness* Basque tales have their origin in (are based upon) the harshness or coarseness of the Basque character.	11. **Los cuentos también hablan de la *simplicidad* y de la inteligencia vascas.** ***Simplicidad*** means: ______________
11. *simplicity, candor* The tales also tell about the Basque simplicity and intelligence.	12. **La inteligencia del vasco se *aferra* fuertemente a las cosas concretas.** ***Aferrarse*** means: ______________
12. *to grasp, hold to* The Basque intelligence strongly grasps concrete things.	13. ***Por fuerza,* el vasco tiene que estar atento a lo presente y a lo inmediato.** ***Por fuerza*** means: ______________
13. *per force, by necessity* Necessarily, the Basque has to be attentive to the present and the immediate (reality).	14. **La tierra vasca sólo produce *a poder de* trabajos y de fatigas.** ***A poder de*** means: ______________
14. *by dint of* The Basque land produces only by dint of work and fatigue.	15. **Si no está atento, las plantaciones se *anegan* en los largos inviernos.** ***Anegarse*** means: ______________
15. *to flood* If the Basque is not attentive, the plantations are flooded in the long winters.	16. ***la llovizna*** = *drizzle* ***la semilla*** = *seed* **Si no está atento, la llovizna *pudre* la semilla en los graneros.** ***Pudre*** means: ______________

16. *rots* If he is not attentive, the drizzle rots the seed in the granaries.	17. ***deber*** = *must, should* ***la cosecha*** = *harvest* **El vasco debe coger la cosecha a tiempo, es decir, *sin retraso.*** ***Sin retraso*** means: ______________
17. *without delay* The Basque must gather in the harvest on time, that is, without delay.	18. ***el mar*** = *sea* **Debe también *cuidar*, poner atención a las embarcaciones en el mar.** ***Cuidar*** means: ______________
18. *take care, watch over, be attentive to* He must also take care, be attentive to the boats in the sea.	19. **La *escollera* es un dique de defensa que se forma en el mar.** ***Escollera*** means: ______________
19. *dike, breakwater* The breakwater is a defensive dike built in the sea.	20. ***la armazón*** = *structure* **La *quilla* es la base de una barca. Esta parte sostiene toda la armazón.** ***Quilla*** means: ______________
20. *keel* The keel is the base of a boat. This part holds all the structure.	21. **El vasco debe cuidar las barcas porque en invierno las escolleras *rompen*, destrozan la quilla.** ***Romper*** means: ______________
21. *break* The Basque must be careful about the boats, because in winter the breakwater breaks, destroys the keel.	22. ***encinares*** = *evergreen oak trees* **El país vasco tiene *alcores* o montes y encinares; pero la tierra es árida.** ***Alcores*** means: ______________
22. *hills* The Basque country has hills or mountains and evergreen oak trees; but the land is dry.	23. ***las rías*** = *estuaries* **En el país vasco hay alcores, *rías*, encinares y campos de maíz, pero la tierra produce sólo a fuerza de trabajo.** ***Campos de maíz*** means: __________
23. *cornfields* In the Basque country there are hills, estuaries, evergreen oaks, and fields of corn, but the land produces only through work.	24. **La vida del vasco es *una lucha* continua contra los elementos.** ***Lucha*** means: ______________
24. *fight, struggle* The life of a Basque is a continual struggle against the elements.	

Match the Spanish word in column I with the English word in column II.

Column I		*Column II*
1. **cantar**	________	a. to grasp, seize
2. **jugar**	________	b. apple
3. **extraño**	________	c. to play
4. **manzana**	________	d. foreign, alien
5. **anegarse**	________	e. to sing
6. **sentarse**	________	f. to sit down
7. **aferrarse**	________	g. to flood, drown

Key: 1(e); 2(c); 3(d); 4(b); 5(g); 6(f); 7(a)

Match the Spanish word with its synonym.

Spanish	*Translation*	*Spanish Synonym*
1. **cartas**	playing cards	**a. lumbre**
2. **aspereza**	harshness	**b. cuento**
3. **luz**	light, fire	**c. naipes**
4. **historia**	story, anecdote	**d. escollera**
5. **a fuerza de**	by force of	**e. sin retraso**
6. **dique**	dike	**f. rudeza**
7. **a tiempo**	on time	**g. a poder**

Key: 1(c); 2(f); 3(a); 4(b); 5(g); 6(d); 7(e)

In the following sets (a, b, c,) two words are related to those numbered 1 to 10. Mark the word that does **not** relate to the others.

1. **barca:**	**(a) embarcación**	**(b) semilla**	**(c) quilla**
2. **llovizna:**	**(a) invierno**	**(b) armazón**	**(c) llueve**
3. **escollera:**	**(a) jugar**	**(b) mar**	**(c) dique**
4. **recolección:**	**(a) quilla**	**(b) cosecha**	**(c) coger**
5. **lucha:**	**(a) trabajo**	**(b) fatiga**	**(c) cuentan**
6. **mus:**	**(a) juego**	**(b) cartas**	**(c) aferra**
7. **anegarse:**	**(a) llovizna**	**(b) manzana**	**(c) agua**

Key: 1(b); 2(b); 3(a); 4(a); 5(c); 6(c); 7(b)

Reading Preparation

The following frames will give you practice in recognizing the conditional as well as vocabulary found in the reading passage ***Retablo Vasco.***

	1. **Yo preferiría sentarme a cantar.**
1. I would prefer to sit down to sing.	2. **Ellos no le contarían nada a nadie.**
2. They wouldn't tell anything to anybody.	3. **El prometió que jugaría al mus con nosotros.**
3. He promised that he would play muse (cards) with us.	4. ***si no estuviera*** = *if he were not* **Si el vasco no estuviera atento, las plantaciones se anegarían en los largos inviernos.**
4. If the Basque were not attentive, their plantations would flood in the long winters.	5. **Si el vasco no estuviera atento, la llovizna pudriría la semilla en los graneros.**
5. If the Basque were not attentive, the rain would rot the seeds in the granaries.	6. **Si no estuviera atento, la cosecha se cogería con retraso.**
6. If he were not attentive, the harvest would be gathered (too) late.	7. **Si no estuviera atento, las escolleras romperían la quilla de las barcas.**
7. If he were not attentive, the breakwaters would break the keels of the boats.	

59. The Conditional (Conjecture or Probability in the Past)

As seen in Lesson 10, Spanish uses the future to express probability, both in the present and the future. To express probability or conjecture in the past, Spanish uses the conditional.

¿Quién sería ese hombre?	(I wonder) who that man was.
¿Qué hora sería?	(I wonder) what time it was.
¿Para qué vendrían?	(I wonder) what they came for (wanted).
¿Cuántos años tendría?	(I wonder) how old he was.

Probablemente serían las cinco.	It must have been five o'clock.
Dormiría probablemente en un hotel.	She would probably sleep in a hotel.

Reading Preparation

In the sentences below the conditional is expressing conjecture or raising possilbilities about a past action.

	1. **¿Quién cogería la cosecha?**
1. (I wonder) who gathered the harvest.	2. **¿Por qué vendría con retraso?**
2. Why would he (she) come late?	3. **¿De dónde serían esos extraños?**
3. From where would those foreigners be?	4. ***la carretera*** = *road* **¿Sabría mi amigo el diplomático cuál era la carretera?**
4. (I wonder) if my friend the diplomat knew which one was the central road.	5. ***parpadear*** = *to blink* **¿Parpadearían las luces en el valle?**
5. Would the lights blink in the valley?	6. ***cultivar*** = *to grow, cultivate* **¿Quién cultivaría esos campos de maíz?**
6. Who would cultivate those fields of corn?	7. ***el robledal*** = *oak trees* **¿Habría robledales en la montaña?**
7. Would there be oak trees on the mountain?	

Sections A and B of this review concentrate on recognition of the imperfect and preterite tense.

Imperfect *-ar* Verbs	**Preterite *-ar* Verbs**
yo hablaba	**yo hablé**
tú hablabas	**tú hablaste**
él, ella, Ud. hablaba	**él, ella, Ud. habló**
nosotros hablábamos	**nosotros hablamos**
vosotros hablabais	**vosotros hablasteis**
ellos, ellas, Uds. hablaban	**ellos hablaron**

Imperfect *-er* and *-ir* Verbs	Preterite *-er* and *-ir* Verbs
yo comía	**yo comí**
tú comías	**tú comiste**
él, ella, Ud. comía	**él, ella, Ud. comió**
nosotros comíamos	**nosotros comimos**
vosotros comíais	**vosotros comisteis**
ellos, ellas, Uds. comían	**ellos, ellas, Uds. comieron**

Reading Preparation

Identify the imperfect and the preterite tenses as you encounter them.

	1. **El verano pasado un amigo mío iba por un camino del monte.**
1. ***iba*** *(imperfect) = he was going* Last summer, a friend of mine was going by way of a mountain road.	2. ***echarse encima*** *= to fall upon* **La noche se echaba encima.**
2. ***se echaba*** *(imperfect) = it was falling* The night was falling.	3. ***la bruma*** *= mist, fog* **Una bruma se condensaba en una montaña cercana.**
3. ***se condensaba*** *(imperfect) = was condensing* A fog was condensing in a nearby mountain.	4. ***la yunta*** *= yoke of oxen* ***baserritarra*** *= Basque (colloq.)* **De la aldea o caserío venía un baserritarra con su yunta.**
4. ***venía*** *(imperfect) = was coming* From the village or hamlet a Basque was coming with his yoke of oxen.	5. ***abordar*** *= approach, board* **Mi amigo lo abordó y le dijo: ¿Es este el camino que lleva al Santuario?**
5. ***abordó*** *(preterite) = he approached* ***dijo*** *(preterite) = he said* My friend approached him and said, "Is this the road that leads to the Shrine?"	6. ***arrear*** *= drive* ***los bueyes*** *= oxen* **El vasco arreó los bueyes y siguió su camino.**
6. ***arreó*** *(preterite) = drove the oxen* ***siguió*** *(preterite) = continued* The Basque kept on driving the oxen and continued down the road.	7. **Los vascos son los más antiguos habitantes de la península Ibérica.**
7. The Basque are the oldest inhabitants of the Iberian Peninsula.	

Now read these complete sentences and verify your meanings.

	1. **Un amigo mío, diplomático suramericano, iba en su automóvil por un camino del monte.**
1. A friend of mine, a South American diplomat, was going in his car by a road through the hills.	2. ***desviado*** = *deviated* **El camino estaba desviado de la carretera central que comunica a San Sebastián con Madrid.**
2. The path deviated from the main road that connects San Sebastian with Madrid.	3. ***lechosa*** = *milky* ***cercana*** = *nearby* **Una bruma lechosa se condensaba en los robledales de una montaña cercana.**
3. A milky fog condensed in the oaks of a nearby mountain.	4. **Una bruma lechosa, precursora de llovizna, se condensaba en los robledales de una montaña cercana.**
4. A milky fog, precursor to drizzle, condensed in the oaks of a nearby mountain.	5. ***el fondo*** = *bottom* **Del caserío, cuyas luces parpadeaban en el fondo del valle, venía un "baserritarra" con su yunta.**
5. From the village, with lights blinking at the bottom of the valley, came a Basque with his yoke of oxen.	6. ***oiga*** = *listen* ***el de los toros*** = *the one with the bulls* **Mi amigo lo abordó y le dijo: —¡Oiga amigo, el de los toros! ¿Es éste el camino que lleva al Santuario de Loyola?**
6. My friend approached him and said: "Listen friend, the one with the bulls! Is this the road to the Loyola Sanctuary?"	7. **—No señor. Ni éste es el camino de Loyola, ni éstos son toros, ni yo soy su amigo.**
7. "No, sir. This is not the Loyola road, nor are these bulls, nor am I your friend."	

Choose the correct meaning for the word in italics.

1. **Su tierra tiene *alcores,* encinares y campos de maíz.**
   (a) mountains **(b) hills** **(c) fiords**

2. **Había una *bruma* lechosa, precursora de la lluvia.**
   (a) cloud **(b) rain** **(c) mist**

3. **Las luces del caserío *parpadeaban* en el fondo del valle.**
   (a) blinked **(b) are blinking** **(c) blink**

4. **Mi amigo lo *abordó* y le dijo: —¡Oiga, amigo!**
   (a) is approaching **(b) would approach** **(c) approached**

5. **El vasco arreó los bueyes y siguió *adelante.***
   (a) ahead **(b) fast** **(c) slowly**

6. **Los vascos son *aferrados* a las cosas concretas.**
   (a) was rotten **(b) attached to** **(c) preferred**

7. **La semilla *se pudriría* en los graneros.**
   (a) was rotten **(b) will rot** **(c) would rot**

Key: 1(b); 2(c); 3(a); 4(c); 5(a); 6(b); 7(c)

Salinas de Añana. País vasco.

READING PASSAGE

Retablo vasco

Los vascos hablan una lengua vieja y difícil, y prefieren sentarse en las sidrerías a cantar o a la lumbre de las chimeneas a jugar al mus con algunos vecinos, y no cuentan nada a los extraños. Los cuentos vascos siempre tienen por causa, o por consecuencia, la rudeza de su carácter, su simplicidad y su inteligencia aferrada a las cosas concretas. Entre sus alcores, sus rías, sus encinares, sus campos de maíz, donde la tierra produce lo suyo pero a poder de trabajos y de fatigas, el vasco, por fuerza, tiene que estar atento a lo presente y a lo inmediato. Si no lo estuviera, las plantaciones se anegarían en los largos inviernos, la llovizna pudriría la semilla en los graneros, la cosecha se cogería con retraso, y, en el mar, las escolleras romperían la quilla de las barcas.

Un amigo mío, diplomático suramericano, iba en el verano pasado en su automóvil por un camino del monte, desviado de la carretera central que comunica a San Sebastián con Madrid. La noche se echaba encima. Una bruma lechosa, precursora de llovizna, se condensaba en los robledales de una montaña cercana. Del caserío, cuyas luces parpadeaban en el fondo del valle, venía un "baserritarra" con su yunta. Mi amigo lo abordó y le dijo:

—¡Oiga, amigo, el de los toros! ¿Es éste el camino que lleva al Santuario de Loyola?

—No, señor. Ni éste es el camino de Loyola, ni éstos son toros, ni yo soy su amigo.

Y el vasco arreó los bueyes y siguió adelante.

Los vascos son los más antiguos habitantes de la península Ibérica y continúan siendo los más primitivos, los más próximos a la tierra y al mar.

Eduardo Caballero Calderón

CHAPTER

Andes peruanos. Una mujer cuida las llamas.

60. Present Subjunctive—Indirect Commands

1. Spanish uses a general verbal system called *subjunctive mood* to express both direct commands (**no lo hagas**—don't do it) and those that are not stated directly (**no quiero que lo hagas**—I don't want you to do it). As you learn to read Spanish, it is important to recognize the present subjunctive and past subjunctive. Knowledge of the infinitive and the present tense (in the case of irregular verbs) will facilitate the recognition of the present subjunctive. All verbs ending by ***-ar*** in the indicative take an ***-e*** in the subjunctive, and all verbs ending by ***-er*** or ***-ir*** in the indicative have an ***-a*** in the subjunctive.

Pronoun	***Amar***	***Comer/Vivir***
.....yo	**am*e***	**com*a*—viv*a***
.....tú	**am*es***	**com*as*—viv*as***
.....él-ella-Ud.	**am*e***	**com*a*—viv*a***
.....nosotros	**am*emos***	**com*amos*—viv*amos***
.....vosotros	**am*éis***	**com*áis*—viv*áis***
.....ellos-ellas-Uds.	**am*en***	**com*an*—viv*an***

2. Observe now, in the following examples, how the knowledge of the present tense will help you recognize the present subjuntive. Notice also that the translation of the subjunctive sometimes requires a different word order in English.

mejorar - yo mejoro - mejore

Es importante que *mejore* la situación de la mujer en América Latina. — It is important that the situation of women in Latin America improves.

crecer - yo crezco - crezca

Se espera que *crezca* el ingreso de la mujer. — It is hoped that the income of women will increase.

vivir - vivo - viva

Queremos que la mujer del siglo veintiuno *viva* bajo mejores condiciones de trabajo. — We want the women of the twenty-first century to live under better working conditions.

sentirse - me siento - me sienta

Ojalá que no te *sientas* triste. — We hope that you are not feeling sad.

3. All verbs whose present indicative **yo** form does not end in **-o** have irregular present subjunctive stems. Nevertheless, endings follow the same pattern as those of regular verbs.

Dar	***Estar***	***Ir***	***Saber***	***Ser***
dé	**esté**	**vaya**	**sepa**	**sea**
des	**estés**	**vayas**	**sepas**	**seas**
dé	**esté**	**vaya**	**sepa**	**sea**
demos	**estemos**	**vayamos**	**sepamos**	**seamos**
deis	**estéis**	**vayáis**	**sepáis**	**seáis**
den	**estén**	**vayan**	**sepan**	**sean**

4. Both English and Spanish have so-called indirect commands, that is, forms that make requests or give commands in the third person. These commands are expressed in Spanish by **que** + present subjunctive. In English they are expressed by *let* or *have.*

Que Juan lave los platos.	Let John wash the dishes.
Que venga a mi oficina inmediatamente.	Have him (her) come to my office right away.

5. Besides the constructions studied above, there are others expressing wishes that are also preceded by **que** + subjunctive.

Que te vaya bien.	Have a good day. (May it go well for you.)
Que duermas bien.	Sleep well. (May you sleep well.)
Que te diviertas.	Have fun.

Reading Preparation

The following sentences prepare you to read a selection about women in Latin America. Establish their meaning and verify your attempts by looking at the English column when necessary. Notice that the verbs in italics are in the indicative, to be contrasted later with the subjunctive.

	1. ***el resumen*** = *the summary* **El texto que *vamos* a leer es un resumen de un artículo escrito por la economista Elssy Bonilla.**
1. The text that we are going to read is a summary of an article written by the economist Elssy Bonilla.	2. ***acercar*** = *to approach, to draw near to* ***el acercamiento*** = *a closer look* **Un acercamiento a los problemas de la mujer en Latinoamérica y el Caribe, nos *ayudará* a entender mejor su situación.**
2. A closer look at the problems of women in Latin America and the Caribbean will help us to understand their situation better.	3. ***hay que*** = *one must, one should* ***tener en cuenta*** = *to realize, to take into account* **En primer término, *hay* que tener en cuenta que en esta región *existe* un movimiento en pro de la causa femenina.**

3. In the first place, one must realize that in this region a movement to better the lot of women exists.	4. **Pero la mayoría de las líderes del movimiento no *encuentran* apropiado llamarlo feminista.**
4. But the majority of the leaders of this movemnt do not find it appropriate to call it feminist.	5. ***Es* preferible llamarlo movimiento femenino.**
5. It is preferable to call it a feminine movement.	6. ***tratarse de*** = *to be about, to refer to, to be a question of* **Esto es debido a que *se trata* de un movimiento distinto del feminista del norte.**
6. This is due to the fact that it is a movement different from the feminist movement in the North [i.e., the United States].	7. **La académica Rosa Bernal *afirma* que en América Latina *se trata* más de un movimiento que *llama* a la cooperación entre los sexos.**
7. The academician Rosa Bernal states that in Latin America it is more a movement that calls for cooperation between the sexes.	8. ***enfrentar*** = *to face* **Uno de los problemas más serios que *enfrenta* la mujer en América Latina y el Caribe es la situación laboral.**
8. One of the most serious problems that women in Latin America and the Caribbean face is the work situation.	9. ***el ingreso*** = *income* **La mujer de estrato económico medio y bajo no sólo *recibe* bajos ingresos, sino que *tiene* una doble jornada de trabajo.**
9. Women of the middle and lower classes not only receive lower salaries (have smaller incomes) but also have a workday twice as long.	

Reading Preparation

After you have read the frame, observe the difference between the verbs in the indicative (those in the sentence, in italics) and the subjunctive (those at the end of the frame).

	1. ***resumir*** = *to summarize* **La lectura del final de este capítulo *resume* un artículo escrito por Elssy Bonilla.** ***resumir, ...resuma***
1. The reading at the end of this chapter summarizes an article written by Elssy Bonilla.	2. ***Daremos* a este resumen el título: "Mujer y fuerza laboral en América Latina".** ***dar, ...demos***
2. We will give this summary the title "Women and the Labor Force in Latin America."	3. **El artículo es un informe especial que *forma* parte de una publicación del Banco Mundial de mil novecientos noventa y dos.** ***formar, ...forme***
3. The article is a special report that is part of a publication of the World Bank of 1992.	4. **La economista Bonilla, autora del trabajo, *hace* un análisis de la fuerza laboral femenina en América Latina y *presenta* una serie de recomendaciones para el futuro.** ***hacer, ...haga; presentar, ...presente***
4. The economist Bonilla, the author of the work, gives an analysis of the female labor force in Latin America and presents a series of recommendations for the future.	5. **Bonilla *añade* a su propio estudio las conclusiones de un trabajo previo de Buvinic y Pollack.** ***añadir, ...añada***
5. To her own study, Bonilla adds the conclusions of a previous work by Buvinic and Pollack.	6. **Mayra Buvinic y Molly Pollack *fueron* miembros de una comisión que estudió la crisis poblacional.** ***ser, ...sean***
6. Mayra Buvinic and Molly Pollack were members of a commission that studied the population crisis.	7. **Su estudio, amplio y riguroso, *fue* publicado por el Banco Internacional de Desarrollo (BID) en mil novecientos noventa.** ***ser, ...sea***
7. Their thorough and rigorous study was published by the International Development Bank in 1990.	8. **Nos *referiremos* brevemente a las conclusiones del estudio de Buvinic y Pollack.** ***referirse, ...nos refiramos***

8. We will refer briefly to the conclusions of the study by Buvinic and Pollack.	9. **En ningún país del mundo, afirman, *tiene* la mujer una situación muy buena.** ***tener, ...tenga***
9. In no country in the world, they state, is the situation of women *very* good.	10. **En América Latina y el Caribe, la mujer *tiene* una situación buena en Jamaica, Barbados y Uruguay.** ***tener, ...tenga***
10. In Latin America and the Caribbean, women in Jamaica, Barbados, and Uruguay hold a position that is good [but not *very* good].	11. ***apenas*** = *only, merely* ***regular*** = *so-so* **Su situación *es* apenas regular en Argentina, Costa Rica, Colombia, Ecuador, Mexico, Panamá, Trinidad y Tobago, y Venezuela.** ***ser, ...sea***
11. In Argentina, Costa Rica, Colombia, Ecuador, Mexico, Panama, Trinidad and Tobago, and Venezuela their situation is merely so-so (mediocre).	12. ***Es* mala en Brasil, Chile, la República Dominicana, el Salvador, Guyana, Honduras, Nicaragua, Paraguay y Perú.** ***ser, ...sea***
12. It is bad in Brazil, Chile, the Dominican Republic, El Salvador, Guyana, Honduras, Nicaragua, Paraguay and Peru.	13. ***Es*, finalmente, muy mala en Bolivia, Guatemala y Haití.** ***ser, ...sea***
13. Finally, it is very bad in Bolivia, Guatemala, and Haiti.	14. **Bonilla *afirma* que en los años sesenta y setenta se *hicieron* grandes esfuerzos en pro de la causa femenina.** ***afirmar, ...afirme; hacer, ...haga***
14. Bonilla states that in the 60s and 70s great efforts were put forth to support the feminine cause.	15. ***a pesar de*** = *in spite of* ***surgir*** = *to arise* **A pesar de estos esfuerzos, surgieron en los años ochenta viejas divisiones y desigualdades sociales.** ***surgir, ...surja***
15. In spite of these efforts, old divisions and social inequalities arose in the 80s.	16. **El impacto potencialmente positivo causado por cambios demográficos *fue* neutralizado por la crisis económica.** ***ser, ...sea***

16. The potentially positive impact brought about by demographic changes was neutralized by the economic crisis.	17. ***aunque*** = *although* **Aunque la mujer *recibió* mejor educación y *tuvo* mayor acceso a la fuerza laboral en esta década, su progreso *sufrió* los efectos de la crisis económica.** ***recibir, ...reciba*** ***tener, ...tenga*** ***sufrir, ...sufra***
17. Although women received better education and had better access to the labor force in this decade, their progress suffered the effects of the economic crisis.	18. ***desempeñar*** = *to perform* ***el puesto*** = *the position, the job* **La mujer de los años ochenta, aunque dueña de una educación mejor y con menos hijos que cuidar que la generación anterior, *desempeñó* puestos inestables, mal pagados y de baja productividad.** ***desempeñar, ...desempeñe***
18. Women of the 80s, although possessing better education and having to care for fewer children than the previous generation, occupied non-permanent, badly paid, and marginally productive jobs.	19. ***lo fue*** = *was* **Esta crisis *afectó* a la población latinoamericana de manera desigual: los pobres *fueron* más afectados y, entre ellos, lo *fue* aún más la mujer pobre.** ***afectar, ...afecte*** ***ser, ...sea***
19. This crisis did not affect the population of Latin America equally: Those in poverty were the most affected, and among them, women even more so.	20. ***el hogar*** = *home* ***único*** = *only* **Muchas de estas mujeres de bajos ingresos *son* jefes del hogar y únicos proveedores económicos de la familia.** ***ser, ...sean***
20. Many of these low-income women are heads of households and the only economic providers of the family.	21. ***aún, todavía*** = *still* ***aportar*** = *to contribute* **La mayoría de las que son aún miembros de familia, *aporta* también, al menos, parte del ingreso familiar.** ***aportar, ...aporte***

21. The majority of those who are still members of the family also contribute at least a part of the family income.	22. *las tareas domésticas = household chores* *el anciano = the old* ***Desempeñan,* además, tareas domésticas y *cuidan* a los niños y a los ancianos.** ***desempeñar, ...desempeñen*** ***cuidar, ...cuiden***
22. Moreover, they do the household chores and take care of the children and the old folks.	23. *la realización = the achievement (false cognate)* **A pesar de jugar este papel fundamental en la formación y el cuidado de los recursos humanos de la región, *existen* todavía inmensas barreras culturales y políticas que *retardan* la realización del potencial humano de la mujer.** ***existir, ...existan*** ***retardar, ...retarden***
23. In spite of playing this fundamental role in the forming and the care for the human resources of the region, there still exist immense cultural and political barriers that hinder the fulfillment of the human potential of women.	

Change all the verb infinitives into present subjunctives:

1. **ellas**
   a) existir **b) hacer** **c) presentarse**

2. **nosotros**
   a) obtener **b) pensar** **c) dar**

3. **Ud.**
   a) saber **b) empezar** **c) vivir**

4. **yo**
   a) ser **b) estar** **c) tener**

5. **tú**
   perder **b) salir** **c) ver**

Key: 1(a); **existan** (b); **hagan** (c); **se presenten**
2(a); **obtengamos** (b); **pensemos** (c); **demos**
3(a); **sepa** (b); **empiece** (c); **viva**
4(a); **sea** (b); **esté** (c); **tenga**
5(a); **pierdas** (b); **salgas** (c); **veas**

Now circle the verb form that corresponds to the English verb:

1. They are performing **(desempeñar):**
   a) desempeñan **b) desempeñarían** **c) desempeñen**

2. He will get **(conseguir):**
   a) consiga **b) conseguirá** **c) consigue**

3. Let's perpetuate **(perpetuar):**
   a) perpetuamos **b) perpetuaba** **c) perpetuemos**

4. It was guaranteed **(garantizar):**
   a) estaba garantizado **b) es garantizado** **c) esté garantizado**

5. It does not have access **(tener acceso):**
   a) no tenga acceso **b) no tendrá acceso** **c) no tiene acceso**

6. It is necessary that you create **(crear):**
   a) crea **b) creó** **c) cree**

7. They were conducting **(conducir):**
   a) conducen **b) conduzcan** **c) conducían**

8. Let's allow **(dejar):**
   a) dejamos **b) dejemos** **c) dejaremos**

9. I am incrementing it **(aumentar):**
   a) lo aumentaré **b) lo aumente** **c) lo aumento**

10. It was going **(ir):**
    a) vaya **b) iba** **c) irá**

Key: 1(a); 2(b); 3(c); 4(a); 5(c); 6(c); 7(c); 8(b); 9(c); 10(b)

Ciudad de México. Universidad.

61. Indicative vs. Subjunctive: Adverbial Conjunctions Followed by the Indicative or the Subjunctive

Clauses that require the use of the subjunctive

1. Some conjunctions introduce adverbial clauses that may be followed by either the subjunctive or the indicative.

aunque = although
cuando = when
después (de) que = after
en cuanto = as soon as
hasta que = until
mientras (que) = while, as long as
tan pronto como = as soon as

The verb in the adverbial clause is in the indicative when it refers to something considered factual by the speaker:

Cuando *mejora* la educación de la mujer, *mejora* la situación social y económica de la familia.	When the education of women improves, the social and economic situation of the family improves.
Aunque algunas instituciones *luchan* por el bienestar de la mujer, sus esfuerzos son aislados y de corta duración.	Although some institutions are struggling for the well-being of women, their efforts are isolated and short-lived.

Después de que la mujer *ingresó* en la fuerza laboral, *continuó* con toda la responsabilidad del trabajo doméstico.	After women entered the labor force, they continued to have all of the responsibility of the housework.

The verb in the adverbial clause is in the subjunctive when there is uncertainty in the mind of the speaker regarding the facts in question, or when the verb refers to something that may occur in the future.

Cuando *mejore* la educación de la mujer, *mejorará* la situación social y económica de la familia.	When the education of the woman improves, the social and economic situation of the family will improve.
Aunque algunas instituciones *luchen* por el bienestar de la mujer, sus esfuerzos son aislados y de corta duración.	Although several institutions are struggling for the well-being of women, their efforts are isolated and short-lived.
Después de que *ingrese* en la fuerza laboral, no *continuará* con toda la responsabilidad del trabajo doméstico.	After entering the labor force, she will not continue with all of the responsibility for the housework.

2. Unlike the adverbial conjunctions that take either the indicative or the subjunctive according to whether they refer to known or unknown realities, the following adverbial clauses are always followed by the subjunctive when there is a change of subject.

a condición de que = provided that
a fin de que = so that
a menos que = unless
con tal de que = provided that
en caso de que = in case
para que = so that
sin que = without

3. Notice that these adverbial conjunctions indicate that the actions in the two clauses are interdependent in special ways: when an event takes place, so does the other; one event will not take place unless the other does too; one event happens so that another will happen.

La mujer no mejorará su situación laboral *a menos que* se *creen* políticas de apoyo.	Women will not improve their work situation unless supportive policies are created.
No aumentará la productividad del trabajo en general *sin que* se *incremente* la productividad del trabajo doméstico.	The productivity of labor in general will not increase unless the productivity of housework is increased.

***Para que* el trabajo doméstico *sea* más productivo, habrá que poner atención a la ausencia o deficiencia de servicios públicos.**	In order for housework to be more productive, it will be necessary to pay attention to the absence or deficiencies in public services.
Los miembros de familia tendrán que compartir el trabajo del hogar, *a fin de que* la mujer *tenga* más tiempo para su desarrollo personal y humano.	The members of the family will have to share in the housework so that the woman has more time for her personal and human development.
En el siglo veintiuno la mujer conseguirá mejores trabajos sólo *a condición de que* los diversos gobiernos le *presten* el apoyo necesario.	In the twenty-first century women will find better jobs only on condition that the various governing powers lend them the necessary support.
***En caso de que* la familia *aprenda* a compartir el cuidado del hogar, la mujer podrá entonces encauzar su energía en otras direcciones.**	In the event that the family learns to share the housework (care of the home), women will then be able to turn their energy in other directions.

62. The Present Perfect Subjunctive

The present perfect subjunctive is formed with the present subjunctive of the verb **haber** + past participle.

The present sujunctive of **haber** conjugates as follows:

yo....*haya*	**nosotros....*hayamos***
tú....*hayas*	**vosotros....*hayáis***
él, ella, Ud....*haya*	**ellos, ellas, Uds....*hayan***

¿Es posible que haya sido en vano el esfuerzo en pro de la causa femenina?	Is it possible that the effort in support of the feminine cause has been in vain?
Es lamentable que América Latina haya sufrido la crisis económica de los ochenta.	It is deplorable that Latin America suffered the economic crisis of the 80s.

Remember the irregular past participles.

abierto (abrir)	**cubierto (cubrir)**	**muerto (morir)**
vuelto (volver)	**puesto (poner)**	**escrito (escribir)**

visto (ver)	**roto (romper)**	**dicho (decir)**
hecho (hacer)	**resuelto (resolver)**	

Reading Preparation

This section continues to introduce new reading vocabulary and gives you practice in recognizing the present subjunctive and the present perfect subjunctive.

	1. *la carga* = *the burden* **En América Latina y el Caribe, la mujer desempeña puestos de bajo sueldo y baja productividad y lleva, además, la carga de las responsabilidades familiares y domésticas.**
1. In Latin America and the Caribbean, women fill low-paying and marginally productive jobs, and moreover manage the burden of family and domestic responsibilities.	2. **En mil novecientos noventa había en la región unos cuarenta millones de mujeres en la fuerza laboral.**
2. In 1990 there were some forty million women in the labor force of the region.	3. *la cifra* = *the number* **En el presente se espera que esta cifra *llegue* a cincuenta y tres millones en el año dos mil.**
3. It is presently expected that this number will reach 53 million by the year 2000.	4. *el índice* = *the rate* **Aunque haya crecido la participación de la mujer en la fuerza laboral, hay aún entre ellas altos índices de desempleo y más bajos niveles de ingreso.**
4. Although the participation of women in the national labor force has grown, there are still high rates of unemployment and lower levels of income among them.	5. *la política* = *policies, politics* **Es preciso identificar políticas de acción que no *perpetúen* la discriminación social.**
5. It is necessary to find policies of action that do not perpetuate social discrimination.	6. **Así mismo, es necesario identificar políticas que *incrementen* la eficiencia y productividad del trabajo que desempeña la mujer.**

6. At the same time, it is necessary to identify policies that might increase the efficiency and the productivity of the work done by women.	7. *adquirir* = *to acquire, to get* **Estas políticas servirán de base para que la mujer *adquiera* una mayor estima propia y *logre* ser evaluada por sus propios méritos.**
7. These policies will serve as the basis for the woman to acquire better self-esteem and to succeed in being evaluated on her own merits.	8. **A fin de que *crezca* la productividad del trabajo asalariado, será necesario garantizar políticas que sólo están ahora al alcance de un grupo reducido de mujeres.**
8. In order for the productivity of salaried work to increase, it will be necessary to guarantee policies that are now within the reach of only a small group of women.	9. **Es necesario que la fuerza laboral femenina *tenga* acceso a condiciones que *aseguren* el verdadero y máximo resultado de sus esfuerzos de trabajo.**
9. It is necessary for the female labor force to have access to conditions that will ensure the true and maximum result of efforts put forth in her work.	10. *bien sea* = *whether it be* *por sí solo* = *by itself* **Corresponde a los diversos gobiernos, bien *sea* por sí solos o en colaboración con la empresa privada, iniciar programas que *incrementen* la calidad de los servicios infantiles.**
10. It is up to the various governing bodies, whether it be on their own or in collaboration with private enterprise, to initiate programs that will increase the quality of child care.	11. *tales como* = *such as* *el alcantarillado* = *the sewage system* **Es preciso que el estado *garantice* la mejora de servicios de infraestructura tales como el alcantarillado, el agua, la electricidad y el transporte.**
11. It is necessary for the state to guarantee the improvement of infrastructure services such as sewage, water, electricity, and transportation.	12. *a la vez* = *at the same time* **A la vez, es indispensable que el trabajo del hogar *sea* compartido por otros miembros de familia.**
12. At the same time, it is indispensable that the housework be shared by other members of the family.	13. *dejar* = *to leave* *perseguir* = *to search, to look for* **La primera lección que dejó la crisis de los ochenta es que Latinoamérica no puede implementar modelos de desarrollo que *persigan* únicamente el progreso económico.**

13. The first lesson left by the economic crisis of the 80s is that Latin America cannot implement models of development that pursue only economic progress.	14. ***no basta con*** = *it is not enough* ***dichos*** = *said* **No basta con aplicar modelos de desarrollo económico, sino que es preciso que dichos modelos *vayan* acompañados por políticas sistemáticas de desarrollo social.**
14. It is not enough to apply models of economic progress, but rather it is necessary for said models to be accompanied by systematic policies of social development.	15. ***por delante*** = *in front* **Aunque los años noventa *hayan encontrado* a la mujer bien integrada en el sector productivo, queda por delante la tarea de aumentar la productividad del trabajo remunerado y del trabajo doméstico.**
15. Although the 90s found women well integrated in the productive sector, the task of increasing the productivity of both paid work and household work still lies ahead.	16. ***mientras*** = *as long as* **Mientras no se *incremente* la productividad del trabajo femenino no existirá la posibilidad de igualdad entre los sexos.**
16. As long as the productivity of women's work does not increase, the possibility of equality between the sexes will not exist.	

Match the Spanish word in column three with the appropriate English word in column two.

1 Spanish	2 English	3 Spanish Synonym
1. **lengua**	language	**a. tratarse de**
2. **entender**	to understand	**b. hacer**
3. **en primer término**	to start with	**c. idioma**
4. **crear**	to create	**d. solamente**
5. **alcanzar**	to achieve	**e. lograr**
6. **sólo**	only	**f. para empezar**
7. **demandar**	demand	**g. viejo**

8. **ser cuestion de**	to be a question of	**h. comprender**
9. **antiguo**	antique, old	**i. la ausencia de**
10. **la falta de**	the lack of	**j. exigir**

Key: 1(c); 2(h); 3(f); 4(b); 5(e); 6(d); 7(j); 8(a); 9(g); 10(i)

63. The Passive Voice

1. The passive voice in Spanish can be easily recognized by the presence of **ser** + past participle. But as you may have noticed, Spanish seldom uses this form. Instead, we have been encountering quite frequently a construction with **se** + conjugated verb, which calls for a passive construction in English.

Ha sido realizado un gran esfuerzo.	A big effort has been made.
Se ha realizado un gran esfuerzo.	A big effort has been made.
El contrato será firmado hoy.	The contract will be signed today.
Se firmará el contrato hoy.	The contract will be signed today.
Un artículo muy interesante ha sido publicado.	A very interesting article has been published.
Se ha publicado un artículo muy interesante.	A very interesting article has been published.

Reading Preparation

Some of the following sentences illustrate the use of the passive voice in Spanish. Circle unknown words and work out the meaning of each sentence.

	1. **La mujer hispanoamericana de los años noventa *se encuentra* atrapada en un círculo de actividades ineficientes y poco productivas.**
1. Latin American women of the 90s have found themselves caught in a round of inefficient and marginally productive activities.	2. *elevar = to increase* **Cuando *se educa* a la mujer y *se eleva* su ingreso, *se educa* y *se mejora* la situación de todos los miembros de familia.**
2. When the woman is educated and her income raised, the education and situation of all members of the family are improved.	3. **En tiempos de crisis económica *se le ha asignado* a ella la responsabilidad que teóricamente pertenece al seguro social.**

3. In times of economic crisis she has been assigned the responsibilities that, in theory, belong to the social security (system).	4. *ayudar* = *to help* **Los programas de gobierno que *se han creado* para ayudar a la mujer, han sido marginales e integrados en las políticas económicas de la nación como un todo.**
4. The governmental programs that were created to help women have been marginal and included in the economic policies of the nation as a whole.	5. **Las instituciones bajo las cuales *se han creado* dichos programas no han llegado a convertir los objetivos de ayuda a la mujer en parte de las metas fundamentales de la nación.**
5. The institutions under which such programs were created have not succeeded in joining the objective of aiding women with the fundamental goals of the nation.	6. **No obstante, es preciso aceptar que *se ha hecho* un sincero esfuerzo por parte de algunos gobiernos y, sobre todo, por parte de la empresa privada, por mejorar la condición de la mujer.**
6. Nonetheless, one must accept that a sincere effort to improve the lot of women has been made by some governments and, especially, by the private sector.	7. **Desafortunadamente, muchos de estos programas *se han basado* en el antiguo modelo de seguro social, en el cual no *se considera* a la mujer como productora económica.**
7. Unfortunately, many of these programs have been based on the old model of social security, in which women are not considered to be economic producers.	8. *escasa* = *scarce* **Además, debido al tamaño reducido y a la escasa duración de muchos de estos proyectos, no *se ha cubierto* a una porción significativa de la población femenina de la región.**
8. Moreover, due to the reduced scope and the short duration of many of these programs, a significant part of the feminine population has not been covered.	

Campesinos.

READING PASSAGE

Mujer y fuerza laboral en América Latina y el Caribe

En América Latina y el Caribe, la mujer despempeña puestos de baja productividad y bajo sueldo y lleva, además, la carga de las responsabilidades familiares y domésticas. Se calcula que en mil novecientos noventa había en la región cuarenta millones de mujeres en la fuerza laboral y se espera que este número llegue a cincuenta y tres millones en el año dos mil.

En un informe preparado para el Banco Internacional de Desarrollo en mil novecientos noventa, Mayra Buvinic y Molly Pollack afirman que la mujer latinoamericana asume tradicionalmente las responsabilidades y tareas domésticas, la crianza de los hijos y el cuidado de los ancianos. No obstante, a pesar de su papel fundamental en la formación y el cuidado de los recursos humanos de la región, existen todavía inmensas barreras culturales y políticas que le impiden realizar su potencial humano. Las autoras de este informe buscan, documentan, describen y analizan el desarrollo y el desempeño de la mujer en América Latina, con el fin de identificar políticas de acción que, (1) no perpetúen la discriminación social, (2) que incrementen la eficiencia y productividad del trabajo

que desempeña la mujer, y que (3) sirvan de base para el desarrollo de una población femenina que pueda adquirir mayor estima propia y logre ser evaluada por sus propios méritos.

Según el análisis de los datos de salud, índice de natalidad, educación, empleo e igualdad social compilados por Buvinic y Pollack, en ningún país del mundo ha alcanzado la mujer una situación que pueda llamarse muy buena. En América Latina y el Caribe la situación de la mujer de Barbados, Jamaica y Uruguay se describe como buena. A su vez, se califica de regular la situación de la mujer en Argentina, Colombia, Costa Rica, Ecuador, México, Panamá, Trinidad y Tobago, y Venezuela; mala en Brasil, Chile, la República Dominicana, el Salvador, Guyana, Honduras, Nicaragua, Paraguay y Perú, y muy mala en Bolivia, Guatemala y Haití.

Al comienzo de los años setenta, anota Elssy Bonilla, se hablaba de la integración femenina en la fuerza laboral. Con ello se implicaba sutilmente que la mujer no había participado hasta el momento en el proceso de desarrollo. Significaba, también, que la mujer empezaba a encauzar sus energías hacia la participación en la fuerza laboral, pero bajo condiciones y espacios enteramente distintos a los de la población masculina y, reteniendo al mismo tiempo, todas las responsabilidades domésticas y familiares. Este comportamiento ha hecho que las oportunidades de trabajo de la mujer, las formas en que se le permite participar, su movilidad ocupacional y su ingreso, hayan sido distintos a los de otros individuos; y que tanto su rol como su posición sean objeto de formas muy diversas de discriminación.

En la década de los ochenta surgieron viejas divisiones y desigualdades sociales. Aunque la población femenina de los ochenta había recibido una educación mejor y tenía menos hijos que la generación anterior, se vio relegada a puestos inestables, mal pagados y de baja productividad. La crisis económica afectó a la población de América Latina de manera desigual: los pobres fueron los más afectados y, entre ellos, la mujer pobre lo fue más aún. Muchas de estas mujeres de bajos ingresos son jefes de familia y único soporte económico del hogar. La mayoría de mujeres que son aún miembros de familia aporta, al menos, parte de su ingreso y desempeña el trabajo doméstico.

La primera lección que dejó la crisis de los ochenta es que Latinoamérica no puede implementar modelos de desarrollo que persigan el progreso económico, sin que tales modelos estén acompañados por políticas sistemáticas de desarrollo social. Por otra parte, esta *década perdida* ha llevado al reconocimiento del significado y la contribución del trabajo que desempeña la mujer. Ha permitido entender

su importancia dentro del esquema general de la producción económica nacional. Ha llevado, por último, a la aceptación de que es preciso crear sociedades más equitables tanto en términos económicos como en asuntos relacionados con el género de los individuos.

El comienzo de los años noventa encuentra a la mujer bien integrada en los sectores productivos de la región. No obstante, queda por delante aumentar la productividad del trabajo que ahora desempeña. Un porcentaje muy alto de mujeres que trabajan fuera y dentro del hogar se siente hoy atrapado en un círculo de actividades ineficientes y poco productivas. Esto afecta negativa y recíprocamente el desarrollo social de la mujer.

Para remediar esta situación, es necesario que suban los sueldos y se dé a la mujer acceso a los recursos de produccción: tierra, capital, crédito, tecnología y entrenamiento. No es suficiente el diseño de proyectos que cubran a un grupo pequeño de mujeres, aunque sean éstos muy eficientes. Un acercamiento fragmentado mejora sólo la vida de una minúscula parte del total de la población que requiere atención. Las políticas orientadas a la mujer en América Latina deben ser amplias y estar integradas tanto en la macroeconomía nacional como en las políticas de sector para que al crecer el trabajo remunerado de la región, participe la mujer en este crecimiento. Cuando se educa a la mujer y se eleva su ingreso, se educa y se mejora la situación económica y de salud de todos los miembros de familia.

Desafortunadamente, a pesar del sincero esfuerzo de algunos gobiernos y, sobre todo, de la empresa privada, muchos de los programas realizados se han basado en el antiguo modelo de seguro social, según el cual no se considera a la mujer como productora económica. La inserción de la mujer en una economía dinámica y productiva debe facilitarse por medio de un esfuerzo vigoroso dirigido a mejorar la situación personal y familiar de la mujer.

Claramente, Latinoamérica y el Caribe deben modernizarse. No hay que olvidar que para mejorar la situación laboral de la mujer, no basta con aumentar la productividad de su trabajo remunerado, sino que es necesario aumentar la productividad del trabajo doméstico y familiar. El gobierno debe iniciar programas que incrementen la capacidad y la calidad de los servicios infantiles. Debe garantizar el mejoramiento de servicios de infraestructura tales como el agua, la electricidad, el alcantarillado y el transporte. Es preciso mejorar también los productos de uso doméstico y dar mayor acceso a la tecnología del hogar. Sobre todo, es necesario concientizarse de que el trabajo doméstico y el cuidado de la familia no son responsabilidades exclusivas de la mujer.

CHAPTER 13

64. Imperative—Affirmative Familiar Commands **(tú vosotros)**

    Reading Passage: ***Proverbios y cantares (Antonio Machado)***

    Reading Passage: ***Consejos (Antonio Machado)***
65. Imperative—Affirmative and Negative Polite Commands **(nosotros, usted, ustedes)**

    Reading Passage: ***Cierto cansancio (Pablo Neruda)***

Barrio La Candelaria, Bogotá.

	1. **En este capítulo vamos a leer poesía.**
1. In this chapter we are going to read poetry.	2. **El autor de los dos primeros poemas es Antonio Machado.**
2. The author of the first two poems is Antonio Machado.	3. **Machado nació en Sevilla, España.**

3. Machado was born in Sevilla, Spain.	4. **Fue profesor de francés casi toda su vida.**
4. He was professor of French most of his life.	5. **Escribió un solo libro de poemas.**
5. He only wrote one book of poems.	6. ***único*** = *one, sole* **Ese único libro inmortalizó al poeta.**
6. That one book immortalized him.	7. **Antonio Machado, Juan Ramón Jiménez y Frederico García Lorca son probablemente los mejores poetas españoles del siglo veinte.**
7. Antonio Machado, Juan Ramón Jiménez and Frederico García Lorca are probably the best Spanish poets of the twentieth century.	8. ***el consejo*** = *advice* **Un poema que vamos a leer se titula: "Consejos".**
8. One poem that we are going to read is titled "Advice."	

64. Imperative—Affirmative Familiar Commands *(tú, vosotros)*

1. The affirmative familiar (**tú** and **vosotros**) commands are easy to form. In the singular (**tú**) commands these forms are the same as the **él, ella, Ud.** (3rd person singular) of the verb in the present tense.

Infinitive	Present (3rd Person Singular)	Command *(tú)*
llegar	**él *llega* a tiempo**	***llega* tú a tiempo**
empezar	**ella *empieza* la clase**	***empieza* tú la clase**
dormir	**Ud. *duerme* mucho**	***duerme* mucho**
pedir	**él *pide* más**	***pide* tú más**

2. Note that when the pronoun is used, it follows the command form.

Dame tú el libro.	Give me the book.
Dime tú lo que quieras.	Tell me whatever you want.

3. To form the plural (**vosotros**) form, **-d** is used to replace the **-r** of the infinitive as follows:

Infinitive	Command *(vosotros)*
llegar	***llegad* vosotros**
empezar	***empezad* vosotros**
dormir	***dormid* bien vosotros**
pedir	***pedid* vosotros más**

Reading Passage

Can you deduce the meaning of this **cantar**?

***el corazón** = heart*

Poned atención: un corazón solitario no es corazón.

Pay attention: a lonely heart is not a heart.

Antonio Machado,
Proverbios y cantares

4. There are eight common verbs that do not follow the regular pattern in the familiar command **tú** (but they are regular in the **vosotros** form).

Infinitive	Command *(tú)*	Command *(vosotros)*
decir	***dime* la verdad**	***decid* la verdad**
ir	***ve* a casa**	***id* a casa**
ser	***sé* bueno**	***sed* buenos**
hacer	***haz* tú el trabajo**	***haced* el trabajo**
poner	***pon* el auto aquí**	***poned* el auto aquí**
tener	***ten* paciencia**	***tened* paciencia**
venir	***ven* pronto**	***venid* pronto**
salir	***sal* inmediatamente**	***salid* inmediatamente**

5. As shown in the command **decir,** besides the personal pronoun, other pronouns (indirect object, direct object, and reflexive) follow all affirmative commands.

Dinos la verdad. ***Dínosla.***	Tell us the truth. *Tell it to us.*
Poned el libro sobre la mesa. ***Ponedlo sobre la mesa.***	Put the book on the table. *Put it on the table.*

READING PASSAGE

Can you tell the meaning of this poem? (***hemos de verte*** = *we will see you.*)

Proverbios y cantares

...tú, Señor por quien todos
vemos y que ves las almas,
dinos si todos un día hemos
de verte la cara.

You, Lord for whom we all
see and who sees the souls,
tell us if we all will see your
face some day.

Antonio Machado

6. The negative familiar commands (**tú, vosotros**) have the same form as the present subjunctive.

Command (*tú, vosotros* — neg.)	**Subjunctive**
No me *mires.* Do not look at me.	**Ella no quiere que tú la *mires.*** She does not want you to look at her.
No lo *digáis* a nadie. Do not tell it to anyone.	**Prefiero que no le *digáis* a nadie.** I (would) prefer that you do not tell anyone.

Reading Preparation

Give the meaning of the sentence. The imperative **tú** will be in italics.

	1. ***esperar*** = *to wait* ***Aprende* a esperar.**
1. Learn to wait.	2. ***aguardar*** = *to wait* ***la marea*** = *the tide* ***fluir*** = *to flow* ***Sabe aguardar* que la marea fluya.**
2. Wait for the tide to flow.	3. **El barco en la costa también espera.**
3. The boat along the coast also waits.	4. ***Espera*, como el barco en la costa.**
4. Wait, like the boat along the coast.	5. ***así*** = *as* ***Aguarda* que la marea fluya—así en la costa un barco.**
5. Wait for the tide to flow (like) a boat along the coast.	6. ***conservar*** = *to keep* ***Conserva* la calma si la marea parte.**
6. Remain calm if the tide ebbs.	7. ***sin que*** = *without* ***inquietarse*** = *to worry* ***Aguarda*, sin que te inquietes al bajar la marea.**
7. Wait, without worrying when the tide ebbs.	8. ***Sabe* esperar, *aguarda* que la marea fluya—así en la costa un barco—sin que el partir te inquiete.**
8. Learn to wait, wait for the tide to flow like a boat on the coast—without letting the ebb worry you.	9. ***todo el que*** = *everyone who* **Todo el que aguarda sabe que la victoria es suya.**
9. Everyone who waits knows that victory is his/hers.	10. **La vida es larga.**
10. Life is long.	11. ***el juguete*** = *toy* **Para vivir la vida tenemos un juguete, una distracción.**
11. To live life we have a toy, a distraction.	12. **Este juguete es el arte.**

12. This toy is art.	13. **La vida es larga y el arte es un juguete.**
13. Life is long and art a toy.	14. **Y si la vida es corta...**
14. And if life is short...	15. **Y nunca llega la marea a tu barco.**
15. And the tide never reaches your boat.	16. ***Aguarda* sin partir.**
16. Wait without leaving.	17. ***Espera* siempre.**
17. Always wait.	18. ***la mar* = *el mar* =** *the sea* **(*la mar*** *in poetry)* ***la galera*** = *ship* **Y si la vida es corta y no llega la mar a tu galera, *aguarda* sin partir y siempre *espera*.**
18. And if life is short and the sea does not reach your ship, wait without leaving and always wait.	19. **Porque el arte es largo.**
19. Because art is long.	20. ***además*** = *besides* **Y además, no importa.**
20. And besides, it does not matter.	21. ***que* = *porque*** *(in poetry)* ***Aguarda* sin partir y *espera* que el arte es largo y además no importa.**
21. Wait without leaving and always wait because art is long and besides, it does not matter.	

Lago Atitlán, Guatemala.

READING PASSAGE

Consejos

Sabe esperar, aguarda que la marea fluya
—así en la costa un barco—, sin que el partir
tc inquiete.
Todo el que aguarda sabe que la victoria es
suya,
porque la vida es larga y el arte es un juguete.
Y si la vida es corta
y no llega la mar a tu galera,
aguarda sin partir y siempre espera,
que el arte es largo y, además, no importa.

Antonio Machado

65. Imperative—Affirmative and Negative Polite Commands *(nosotros, usted, ustedes)*

1. The third person singular and the plural commands (**Ud., Uds.**) as well as the first person plural command (**nosotros**) have exactly the same form as their counterparts, the present subjunctive forms.

Infinitive	Present Subjunctive	Command
hablar	**ojalá que (Ud.)** ***hable***	***hable*** **(Ud.)**
comer	**ojalá que (Ud.)** ***coma***	***coma*** **(Ud.)**
saber	**ojalá que (Ud.)** ***sepa***	***sepa*** **(Ud.)**
pensar	**ojalá que (Ud.)** ***piense***	***piense*** **(Ud.)**
dormir	**ojalá que (Ud.)** ***duerma***	***duerma*** **(Ud.)**
hablar	**ojalá que (Uds.)** ***hablen***	***hablen*** **(Uds.)**
comer	**ojalá que (Uds.)** ***coman***	***coman*** **(Uds.)**
saber	**ojalá que (Uds.)** ***sepan***	***sepan*** **(Uds.)**
pensar	**ojalá que (Uds.)** ***piensen***	***piensen*** **(Uds.)**
dormir	**ojalá que (Uds.)** ***duerman***	***duerman*** **(Uds.)**
hablar	**ojalá que (nosotros)** ***hablemos***	***hablemos*** **(nosotros)**
comer	**ojalá que (nosotros)** ***comamos***	***comamos*** **(nosotros)**
saber	**ojalá que (nosotros)** ***sepamos***	***sepamos*** **(nosotros)**
dormir	**ojalá que (nosotros)** ***durmamos***	***durmamos*** **(nosotros)**

2. The meaning of *let's* (as in *let's go*) can be expressed in Spanish in two ways:

comer:	**vamos a comer** or **comamos**	let's eat
saltar:	**vamos a saltar** or **saltemos**	let's jump
leer:	**vamos a leer** or **leamos**	let's read

3. But there is only one way to express *let us not,* and it is by the use of the negative command **nosotros.**

No lleguemos tarde.	Let us not arrive late.
No digamos nada.	Let us not say anything.

Reading Preparation

Underline the verbs in the command from and the subjunctive, and provide the meaning of the sentence.

	1. **Vamos a leer un poema de Pablo Neruda.**
1. We are going to read a poem by Pablo Neruda.	2. ***cierto*** = *a certain* ***el cansancio*** = *fatigue* **El título del poema es: "Cierto Cansancio".**
2. The title of the poem is "A Certain Weariness."	3. ***nacer*** = *to be born* **Pablo Neruda nació en Chile.**
3. Pablo Neruda was born in Chile.	4. **En mil novecientos setenta y dos, Neruda ganó el premio Nobel de literatura.**
4. In 1972, Neruda won the Nobel Prize in literature.	5. **Murió en mil novecientos setenta y seis.**
5. He died in 1976.	6. ***lo que*** = *what, that which* **En este poema Neruda habla de lo que le produce cansancio.**
6. In this poem Neruda speaks about what makes him weary.	7. **Habla también de sus ilusiones.**
7. He also speaks about his illusions.	8. ***los demás*** = *the others* **Y de las ilusiones que tiene para los demás, para el mundo.**
8. And about the dreams he has for other people, for the world.	9. **Dice—no quiero estar cansado solo.**
9. He says, "I do not want to be tired alone."	10. **Quiero que te canses conmigo.**
10. I want you to become tired with me.	11. **Es imposible no sentirse cansado.**
11. It's impossible not to feel tired.	12. ***la ceniza*** = *the ash* **Cómo no sentirse cansado de la ceniza.**
12. How not to feel tired of the ash.	13. ***el otoño*** = *fall, autumn* **Cómo no sentirse cansado de la ceniza que cae en otoño.**
13. How not to feel tired of the ash that falls in autumn.	14. **Cómo no sentirse cansado de cierta ceniza que cae en las cuidades en otoño.**

14. How not to feel tired of certain ash that falls in the cities in autumn.	15. *los trajes* = *suits, clothing* **Cómo no sentirse cansado de algo que se acumula en los trajes.**
15. How not to feel tired of something that accumulates on one's clothing.	16. *va cayendo* = *starts falling, starts settling* **Y poco a poco va cayendo.**
16. And little by little it starts falling.	17. *desteñir* = *to fade* *el corazón* = *heart* **Y poco a poco va destiñendo los corazones.**
17. And little by little it fades the hearts.	18. *duro* = *harsh* **Estoy cansado del mar duro.**
18. I am tired of the harsh sea.	19. *la tierra* = *earth, land* **Estoy cansado de la tierra misteriosa.**
19. I am tired of the mysterious earth.	20. **Estoy cansado de las cosas de todos los días.**
20. I am tired of everyday things.	21. *las gallinas* = *hens, chickens* **De las gallinas, por ejemplo.**
21. Of chickens, for example.	22. **Estoy cansado de las gallinas.**
22. I am tired of the chickens.	23. **Nunca sabemos, y nunca supimos lo que piensan.**
23. We never know, and we never knew what they think.	24. **Y nos miran con ojos secos.**
24. And they watch us with dry eyes.	25. *conceder* = *to grant, to admit* **Nos miran sin darnos, sin concedernos ninguna importancia.**
25. They watch us without giving us, without granting us any importance at all.	26. *de una vez* = *once and for all* **Te invito a que de una vez nos cansemos.**
26. I invite you to grow tired with me once and for all.	27. **Te invito a que nos cansemos de tantas cosas.**
27. I invite you to grow tired with me of so many things.	28. **Te invito a que nos cansemos de los malos aperitivos.**

28. I invite you to get tired with me of bad aperitifs.	29. ***la buena educación*** = *good manners* **Y te invito a que nos cansemos de la buena educación.**
29. And I invite you to tire with me of good manners.	30. ***repasar*** = *to review* **Después de repasar hasta aquí sabremos de otras cosas que producen cansancio.**
30. After reviewing up to this point we will know about other things that produce tiredness.	

Circle the two words that are synonymous.

1. **a) cansado**	**b) llamado**	**c) fatigado**
2. **a) querer**	**b) aguardar**	**c) esperar**
3. **a) barco**	**b) juguete**	**c) galera**
4. **a) llegar**	**b) partir**	**c) irse**
5. **a) preocuparse**	**b) inquietarse**	**c) cansarse**
6. **a) seco**	**b) rudo**	**c) duro**
7. **a) querer**	**b) desear**	**c) arder**
8. **a) el traje**	**b) la gallina**	**c) el vestido**
9. **a) los ojos**	**b) los demás**	**c) los otros**
10. **a) dar**	**b) conceder**	**c) sentir**

Key: 1 (a,c); 2 (b, c); 3 (a, c); 4 (b, c); 5 (a, b); 6 (b, c); 7 (a, b); 8 (a, c); 9 (b, c); 10 (a, b)

Decide if the verb in italics is in the present indicative, present subjunctive, or command form.

1. **Nunca *sabemos* lo que piensan.**
2. **La ceniza ya no *quiere* arder.**
3. **Te invito a que *nos cansemos* de tantas cosas.**
4. **Quiero que *te canses* conmigo.**
5. **Las gallinas *nos miran* con ojos secos.**
6. **Todo el que aguarda *sabe* que la victoria es suya.**

7. ***Aguarda* que la marea fluya.**
8. **Espera, sin que el partir te *inquiete.***
9. **Cómo no sentirse cansado de la ceniza que *cae* en otoño.**
10. ***Haz* tu trabajo.**

Key: 1 (present); 2 (present); 3 (present subjunctive); 4 (present subjunctive); 5 (present); 6 (present); 7 (command **tú**); 8 (present subjunctive); 9 (present); 10 (command **tú**)

Reading Preparation

Give the meaning of the sentence. This section prepares you for the reading selection.

	1. **Cansémonos de no ir a Francia.**
1. Let's get tired of not going to France.	2. *la semana = week* **Cansémonos de uno o dos días en la semana.**
2. Let's get tired of one or two days of the week.	3. *el plato = the dish* *la mesa = the table* **Porque esos días son como los platos en la mesa.**
3. Because those days are like the dishes on the table.	4. **Siempre se llaman lo mismo.**
4. They are always called the same.	5. **Cansémonos de por lo menos uno o dos días en la semana.**
5. Let's get tired of at least one or two days of the week.	6. **Que siempre se llaman lo mismo, como los platos en la mesa.**
6. Which are always called the same, like the dishes on the table.	7. *levantarse = to get up* **Y, ¿para qué quiere la gente que nos levantemos?**
7. And, why do people want us to get up?	8. *acostarse = to go to bed* **Y, ¿para qué quiere la gente que nos acostemos después de un día sin gloria?**
8. And, why do people want us to go to bed after a day with no glory?	9. **¿Y que nos levantan a qué? Y que nos acuestan sin gloria.**

9. And who wake us up, for what? And who put us to bed with no glory.	10. ***al fin*** = *finally* ***estar de acuerdo*** = *to agree* **Digamos que nunca estuvimos de acuerdo con estos tiempos, con estos días.**
10. Let's say that we never agreed with these times, with these days.	11. **Digamos la verdad al fin.**
11. Let's finally say the truth.	12. **Porque estos días son irritantes o desolados.**
12. Because these days are irritating or desolate.	13. ***la mosca*** = *housefly* ***el camello*** = *the camel* **Estos días son comparables a las moscas y los camellos.**
13. These days can be compared to houseflies and camels.	14. **He visto algunos monumentos erigidos a los titanes.**
14. I have seen some monuments raised to the titans.	15. ***la energía*** = *industry, energy* **He visto algunos monumentos erigidos a los burros de la energía.**
15. I have seen some monuments erected to the donkeys of energy.	16. **Allí están, allí los tienen sin moverse.**
16. There they are, there you have them—immobile.	17. ***la espada*** = *sword* **Allí los tienen con sus espadas en la mano.**
17. There you have them with their swords in hand.	18. ***el caballo*** = *horse* **Allí están, sobre sus tristes caballos.**
18. There they are, on their wretched horses.	19. **Estoy cansado de las estatuas.**
19. I am tired of statues.	20. ***la piedra*** = *stone* **No puedo más con tanta piedra.**
20. I cannot deal with all this stone any more.	21. ***seguir llenado*** = *to go on filling up* **Si seguimos llenando el mundo con los inmóviles...**
21. If we go on filling up the world with paralyzed objects...	22. **¿Cómo van a moverse, cómo van a vivir los vivos?**

22. How are living things going to move, how are they going to live?	23. *el recuerdo* = *memory, remembering* **Estoy cansado del recuerdo.**
23. I am tired of remembering.	

The following exercise tests your knowledge of the command form in Spanish. Circle the form that is a command.

1. **estar:**	**a) No estás**	**b) no estarás**	**c) no estés**
2. **decir:**	**a) dijimos**	**b) digamos**	**c) decíamos**
3. **seguir:**	**a) sigue**	**b) siguió**	**c) seguía**
4. **erigir:**	**a) eriges**	**b) erige**	**c) erigías**
5. **llenar:**	**a) no llenáis**	**b) no llenéis**	**c) no llenasteis**
6. **ir:**	**a) vas**	**b) ve**	**c) irás**
7. **tener:**	**a) tienen**	**b) tenían**	**c) tengan**
8. **cansarse**	**a) no nos cansemos**	**b) no nos cansamos**	**c) no nos cansaríamos**
9. **llamarse**	**a) no te llamas**	**b) no te llamarás**	**c) no te llames**
10. **acostarse**	**a) no nos acostamos**	**b) no nos acostemos**	**c) no nos acostaremos**

Key: 1(c); 2(b); 3(a); 4(b); 5(b); 6(b); 7(c); 8(a); 9(c); 10(b)

Reading Preparation

To prepare for the reading passage look at the following verbs in the command form and the present subjunctive. Remember that these forms are the same with the exception of the affirmative familiar commands ***(tú, vosotros)***.

	1. **Ahora sabremos lo que Neruda** ***desea*** **para la humanidad.**
1. Now we will know what Neruda wishes for humanity.	2. *respirar* = *to breathe* *el hombre* = *person* **Quiero que cuando el hombre** ***nazca*** **respire las flores.**

2. When a person is born, I want her/him to breathe the flowers.	3. *desnudas* = *nude, naked* **Quiero que el hombre cuando *nazca* respire las flores desnudas.**
3. When a person is born, I want her/him to breathe the naked flowers.	4. **Quiero que el hombre cuando *nazca* respire el fuego puro.**
4. When a person is born, I want her/him to breathe the pure fire.	5. **Quiero que *respire* aire puro.**
5. I want her/him to breathe pure air.	6. **No quiero que *respire* lo que todos respiraron.**
6. I do not want her/him to breathe what everyone else breathed.	7. *tranquilo* = *in peace* *dejar* = *to leave, to allow* ***Dejen* tranquilos a los que nacen.**
7. Leave those being born in peace.	8. *el sitio* = *room, place* ***Dejen* sitio para que *vivan*.**
8. Leave them space to live.	9. **No les *tengan* todo preparado, planeado.**
9. Do not have everything prepared out for them.	10. *por* = *for* **No *piensen* por ellos.**
10. Do not think for them.	11. **No les *tengan* todo pensado.**
11. Do not have everything thought out for them.	12. **No les *lean* el mismo libro.**
12. Do not read the same book to them.	13. *la aurora* = *dawn* ***Déjenlos* describir la aurora.**
13. Let them describe the dawn.	14. *poner nombre* = *to name* ***Déjenlos* ponerle nombre a sus besos.**
14. Let them name their kisses.	15. **Quiero que te *canses* conmigo.**
15. I want you to grow tired with me.	16. **Quiero que te *canses* de todo lo que está bien hecho.**
16. I want you to tire of everything that is well done.	17. *envejecer* = *to age* **Quiero que te *canses* de todo lo que nos envejece.**

17. I want you to get tired of all that makes us old.	18. **Quiero que te *canses* de lo que el mundo prepara.**
18. I want you to get tired of what the world prepares.	19. **Quiero que te *canses* de lo que preparan para fatigar a los otros.**
19. I want you to get tired of what they prepare to make others tired.	20. ***Cansémonos* de lo que tienen preparado para fatigar a los otros.**
20. Together let's get tired of what they have prepared to make others tired.	21. ***matar*** *= to kill* ***Cansémonos* de las cosas que matan a la gente.**
21. Let's get tired of the things that kill people.	22. ***Cansémonos* de las cosas que nos matan.**
22. Let's get tired of the things that kill us.	23. **Y, finalmente, *cansémonos* de lo que no quiere morir.**
23. And finally, let's get tired of what does not want to die.	24. ***Cansémonos* de lo que mata y de lo que no quiere morir.**
24. Let's get tired of what kills and what does not want to die.	

Artesanía de Chile.

READING PASSAGE

Cierto Cansancio

**No quiero estar cansado solo,
quiero que te canses conmigo.**

**¿Cómo no sentirse cansado
de cierta ceniza que cae
en las ciudades en otoño?,
algo que ya no quiere arder,
y que en los trajes se acumula
y poco a poco va cayendo
destiñendo los corazones.**

**Estoy cansado del mar duro
y de la tierra misteriosa.
Estoy cansado de las gallinas:
nunca supimos lo que piensan,
y nos miran con ojos secos
sin concedernos importancia.**

**Te invito a que de una vez
nos cansemos de tantas cosas,
de los malos aperitivos
y de la buena educación.**

**Cansémonos de no ir a Francia,
cansémonos de por lo menos
uno o dos días en la semana
que siempre se llaman lo mismo
como los platos en la mesa,
y que nos levantan, ¿a qué?
y que nos acuestan sin gloria.**

**Digamos la verdad al fin,
que nunca estuvimos de acuerdo
con estos días comparables
a las moscas y a los camellos.**

He visto algunos monumentos
erigidos a los titanes,
a los burros de la energía.
Allí los tienen sin moverse
con sus espadas en la mano
sobre sus tristes caballos.
Estoy cansado de las estatuas.
No puedo más con tanta piedra.

Si seguimos así llenando
con los inmóviles el mundo,
¿cómo van a vivir los vivos?

Estoy cansado del recuerdo.

Quiero que el hombre cuando nazca
respire las flores desnudas,
la tierra fresca, el fuego puro,
no lo que todos respiraron.
¡Dejen tranquilos a los que nacen!

¡Dejen sitio para que vivan!
No les tengan todo pensado,
no les lean el mismo libro,
déjenlos descubrir la aurora
y ponerle nombre a sus besos.

Quiero que te canses conmigo
de todo lo que está bien hecho.
De todo lo que nos envejece.

De lo que tienen preparado
para fatigar a los otros.

Cansémonos de lo que mata
y de lo que no quiere morir.

Pablo Neruda

CHAPTER 14

Monumento a Bolívar. Puente de Boyacá, Colombia.

Reading Preparation

The following frames introduce you to a text on Latin America with an emphasis on its transition to the twenty-first century.

	1. **Los textos que vamos a leer proveen información sobre América Latina.**
1. The texts that we are going to read provide information about Latin America.	2. **Son tomados y adaptados de una obra muy clara y concisa, escrita por la académica venezolana Elsa Cardozo de Da Silva.**
2. They are taken and adapted from a very clear and concise work by the Venezuelan academician Elsa Cardozo de Da Silva.	3. **América Latina se encuentra, a finales del siglo veinte, en medio de un período de transición.**
3. At the end of the twentieth century Latin America finds iself in the midst of a period of transition.	4. **Esta es parte de un largo período de transición global de naturaleza muy compleja.**
4. This is part of an immense period of global transition of a very complex nature.	5. ***mezclarse*** = *to mix* **Hay en esta transición un componente global en que se mezclan fuerzas de integración y de fragmentación dentro y fuera de cada país.**
5. In this transition there is a global component in which are mixed forces of integration and of fragmentation, from within and from without each country.	6. ***con todo*** = *nevertheless* **Con todo, hay un común donominador, que es la tendencia generalizada a la apertura política y económica.**
6. Nevertheless, there is a common denominator, which is the general tendency toward political and economic openness.	7. **Esta apertura existe en un ambiente de serias demandas de participación en los beneficios del desarrollo.**
7. This opening exists in an atmosphere of serious demands of participation in the benefits of development.	8. ***el desafío*** = *the challenge* **Esto plantea grandes desafíos a la política de la región, ahora en un ambiente mundial mucho más exigente.**
8. This offers great challenges to the politics of the region, [which is] now in a much more demanding world setting.	9. **El mayor desafío para Latinoamérica es desarrollar la capacidad de alterar concepciones tradicionales.**

9. The greatest challenge for Latin America is to develop the capability to alter its traditional ideas.	10. **Estas concepciones ya no sirven para responder a problemas mucho más complejos, en un mundo profundamente cambiado.**
10. These ideas are no longer useful to respond to much more complex problems in a world (that is) profoundly changed.	11. **Se requiere lo que se llama un cambio de paradigma, lo cual significa que habrá que modificar la manera de ver la realidad doméstica, regional y global.**
11. What is required is what is called a paradigm shift, which signifies that people will have to change their way of seeing domestic, regional, and global reality.	12. ***el ámbito*** = *the setting* ***el medio ambiente*** = *the environment* **Las transformaciones requeridas serán en ámbitos tan diversos como la seguridad, el comercio y el medio ambiente.**
12. The transformations required will be in settings as diverse as security, commerce, and the environment.	13. **La agenda para el siglo veintiuno contiene temas cruciales como la democracia y la integración.**
13. The agenda for the twenty-first century contains crucial matters, such as democracy and integration.	14. **Habrá que tratar también otros temas que han venido recibiendo atención en los años noventa.**
14. It will also be necessary to give attention to other matters which have been receiving attention in the 90s.	15. **Tales son el narcotráfico, el ambiente y la energía, las migraciones, los derechos humanos, el desarrollo tecnológico y el comercio y las finanzas.**
15. Such are the drug trade, the environment, energy, migration, human rights, technological development, commerce, and finances.	

66. The Imperfect of the Subjunctive—Formation

1. Knowledge of the preterite (past tense) in Spanish makes the task of recognizing the imperfect subjunctive quite easy. All Spanish verbs (both regular and irregular) form the third person plural of the imperfect subjunctive by replacing the **-o** of the **-aron, -ieron** ending (past, 3rd. p.pl.) by an **-a.**

Past (Preterite) Third person plural	Imperfect Subjunctive Third person plural
Ellos lo *amaron*.	**Ella quería que lo *amaran*.**
They loved him.	*She wanted them to love him.*
Uds. *comieron*.	**Pidieron que *comieras*.**
You ate.	*They asked that you eat.*
Ellas lo *dijeron*.	**Era necesario que lo *dijeran*.**
They said it.	*It was necessary for them to say so.*

2. Other forms of the imperfect subjunctive should be noted.

As you have noticed, the third person plural is recognizable by the presence of an **-n**. The other forms either omit this **-n** or add other markers.

Yo, él, ella, Ud., end in ***-a*** (simply omitting the **-n** of the 3rd p.pl.).	***amara, comiera, dijera, pensara,***
Tú = -s	***amaras, comieras, dijeras, pensaras***
Nosotros = -mos	***amáramos, comiéramos, dijéramos***
Vosotros = -is	***amarais, comierais, dijerais, pensarais***

3. Here is is the complete conjugation for the imperfect subjunctive.

-ar Verbs	*-er, -ir* Verbs
yo *amara*	**yo *comiera***
tú *amaras*	**tú *comieras***
él, (ella, Ud.) *amara*	**él *comiera***
nosotros *amáramos*	**nosotros *comiéramos***
vosotros *amarais*	**vosotros *comierais***
ellos (ellas, Uds.) *amaran*	**ellos *comieran***

4. It is important to learn to recognize a second set of endings that also correspond to the imperfect subjunctive, although they are not often encountered. In these forms the **-r** of the ending **-ara** is replaced by an **-s.**

-ar Verbs	*-er, -ir* Verbs
yo ***amase***	**yo** ***comiese***
tú ***amases***	**tú** ***comieses***
él (ella, Ud.) ***amase***	**él** ***comiese***
nosotros ***amásemos***	**nosotros** ***comiésemos***
vosotros ***amaseis***	**vosotros** ***comieseis***
ellos (ellas, Uds.) ***amasen***	**ellos** ***comiesen***

5. For practical purposes the imperfect of the subjunctive has all of the meanings of the imperfect of the indicative and can often be translated the same way.

Las condiciones económicas, políticas y sociales de los ochenta condujeron a que se ***denominara*** **ésta "la década perdida".**	The economic, political, and social conditions of the eighties led to what would be called "the lost decade."
No sería conveniente que en el siglo veintiuno ***tuviera*** **América Latina una sola vinculación hacia el exterior.**	It would not be advantageous in the twenty-first century for Latin America to have a single posture toward the outside.
Sería mejor que convirtiera los débiles vínculos interregionales en alianzas que ***prometieran*** **mejores respuestas a los problemas de la región.**	It would be better to convert weak, inter-regional connections into alliances that would promise the best responses to the problems of the region.

Reading Preparation

Give the meaning of the following sentences. The verbs in the past tense are in italics. To help you with the formation of the imperfect subjunctive you will find a) the preterite third person plural and b) the imperfect subjunctive third person plural of the given verb.

	1. **La primera transición en América Latina *ocurrió* a partir del momento en que la región *se independizó* políticamente.** **a) ocurrieron** **b) *ocurrieran*** **a) se independizaron** **b) *se independizaran***
1. The first transition in Latin America started the moment in which the region got its political independence.	2. **En este momento la región *comenzó* a definir sus sistemas políticos y económicos nacionales y subregionales.** **a) comenzaron** **b) *comenzaran***
2. At that moment the region began to define its political and economic policies at the national and subregional level.	3. ***procurar*** = *to try* ***Procuró* también perfilar sus propios modelos de desarrollo económico, político y social.** **a) procuraron** **b) *procuraran***
3. It also tried to outline its own models of economic, political, and social development.	4. ***enfrentar*** = *to face* **La segunda gran transición ocurrió alrededor de mil novecientos treinta, cuando cada país *enfrentó* los desbalances de la economía mundial.** **a) enfrentaron** **b) *enfrentaran***
4. The second great transition occurred around the 30s, when each country faced the upheaval in the world economy.	5. ***el suceso*** = *the happening (false cognate)* **Estos desbalances *fueron*, como algunos otros sucesos, casi nunca concientemente buscados.** **a) fueron** **b) *fueran***
5. These upsets were, like several other happenings, almost never intentional (consciously sought after).	6. **sumarse** = *to add* **A esta presión internacional *se sumó* la presión social de nuevos sectores sociales.** **a) se sumaron** **b) *se sumaran***

6. To this international pressure was added the social pressure of new social settings.	7. ***inocultable*** = *clear, obvious* **La tercera transición *se manifestó* de manera inocultable alrededor de mil novecientos ochenta.** **a) se manifestaron** **b) *se manifestaran***
7. The third transition was manifest in an obvious way around 1980.	8. **Durante los ochenta hubo un proceso de cambios globales al cual no *escapó* Latinoamérica.** **a) escaparon** **b) *escaparan***
8. During the 80s there was a series of global changes from which Latin America did not escape.	9. ***el entorno*** = *circumstances* ***el jaque*** = *checkmate, to put in check* **Desde entonces, un nuevo entorno, nuevos actores y nuevos problemas han puesto en jaque aun a las más estables democracias de la región.**
9. Since then, a new set of circumstances, new actors, and new problems have put in check even the most stable democracies of the region.	

67. Imperfect Subjunctive—Conditional Meanings and Polite Requests

The imperfect of the subjunctive may express the meaning of *even if* or *if only*. It is also used in polite requests.

***Si pudiéramos* mejorar la vida de los pobres.**	If only we could better the life of the poor!
***Si superáramos* con éxito los desafíos del porvenir.**	If we could only succeed in meeting the challenges of the future!
¿*Quisiera Ud.* hacerme un favor?	Would you do me a favor?

68. Imperfect Subjunctive—Clauses with *si* and Usage After *como si*

1. The imperfect of the subjunctive always follows the expression **como si** (as if) and also appears in constructions with if **(si)** + the conditional (which can also be reversed to appear as conditional + **si).**

Reading Preparation

The following frames show clauses with ***si*** and usage after ***como si*** as they prepare you for the reading passage.

	1. **América Latina no *podría* realizar ningún cambio si no *creyera* que hoy se conoce mejor a sí misma.**
1. Latin America would not be able to bring about any change if it did not believe that today it knows itself better.	2. **Nada cambiaría si no *estuviera* consciente de su diversidad.**
2. Nothing would change if it were not conscious of its diversity.	3. **No *llegaría* a integrarse si no se *diera* cuenta de que en realidad es mucho lo que cada país tiene en común con los otros países de la región.**
3. It would not succeed in integrating itself if it did not realize that in reality there is much that each country has in common with the other countries of the region.	4. **Hoy Latinoamérica está lista para determinar cuáles son los factores que le *permitirían* integrarse y los que *debería* evitar si *lograra* la integración.**
4. Today Latin America is ready to determine which are the factors that would allow it to become integrated and which are those that it should to avoid if it were to achieve integration.	5. **Es *como si* el pasado le *enseñara* que no es ni suficiente ni sabio un volcamiento total hacia afuera.**
5. It is as if the past were teaching it that a relationship directed totally toward the outside were neither sufficient nor wise.	6. ***así mismo*** = *also* ***la búsqueda*** = *the search* **Es *como si* el pasado le *enseñara,* así mismo, que no debe seguir una búsqueda de respuestas desde afuera.**

6. It is as if the past were also teaching that one must not conduct a search for answers from the outside.

7. **Sería mejor *si* América Latina *convirtiera* los vínculos interregionales en alianzas fuertes que *prometieran* mejores respuestas a los problemas de la región.**

7. It would be better if Latin America were to convert the inter-regional connections into strong alliances that would promise better responses to the problems of the region.

Casas de apartamentos, Cuba.

READING PASSAGE

Latinoamérica en transición*

En economía como en política, los eventos en Latinoamérica a menudo han tomado por sorpresa a los observadores. En mil novecientos setenta y nueve, doce de diecinueve gobiernos latinoamericanos eran autoritarios. Para mil novecientos noventa, todos los países menos Cuba habían elegido a sus presidentes.

América Latina se encuentra, a finales del siglo XX, en medio de su tercera gran transición: La primera ocurrió a partir del momento en que la región se independizó políticamente y comenzó a definir sus sistemas políticos y económicos, procurando perfilar sus propios modelos de desarrollo económico, social y político. La segunda gran transición ocurrió alrededor de mil novecientos treinta, cuando cada país enfrentó los efectos—casi nunca conscientemente buscados—de los desbalances en la economía mundial y de la presión doméstica de nuevos sectores sociales. La tercera gran transición se manifestó de manera inocultable alrededor de mil novecientos ochenta, cuando hubo un proceso de cambios globales a cuya turbulencia no escapó Latinoamérica. Las consecuencias económicas, políticas y sociales de la década condujeron precisamente a que se denominara "década perdida". Desde entonces un nuevo entorno, nuevos actores y nuevos problemas han puesto en jaque aun a las más estables democracias de la región.

La década del noventa es parte de un largo período de transición global que marcó en la región el comienzo de una tercera transición de naturaleza mucho más compleja que las anteriores. Hay en ella un componente global en que se mezclan fuerzas de integración y de fragmentación dentro y fuera de cada país. Con todo, el común denominador es la tendencia generalizada a la apertura política y económica en un ambiente en que existen serias demandas de participación en los beneficios del desarrollo. Esto plantea grandes desafíos a la dirigencia política latinoamericana, ahora en un ambiente mundial mucho más exigente.

El mayor desafío para Latinoamérica es desarrollar la capacidad de alterar concepciones tradicionales que ya no sirven para responder a problemas mucho más complejos en un mundo profundamente cambiado. Esto suele llamarse cambio de paradigma. Significa que habrá que cambiar la manera de ver la realidad doméstica, regional y global en ámbitos tan diversos como la seguridad, el comercio o el medio ambiente.

América Latina deberá entender y enfrentar los desafíos de la transición presente. Pero no podría realizar ningún cambio si no creyera que hoy se conoce mejor a sí misma, si no estuviera consciente de su diversidad, si no se diera cuenta de que en realidad es mucho lo que cada país tiene en común con los otros países de la región. Hoy Latinoamérica está lista para determinar cuáles son los factores que le permitirían integrarse y los que debería evitar si lograra la integración. Es como si el pasado le enseñara que no es ni suficiente ni sabio un volcamiento total hacia afuera y una búsqueda de respuestas desde afuera. Quizás, en vez de una única y fuerte vinculación hacia el exterior, convendría convertir los débiles vínculos interregionales en alianzas que prometieran mejores respuestas a los problemas de la región.

Además de la democracia y la integración, temas brevemente esbozados hasta aquí, algunos otros temas de la agenda latinoamericana que han venido recibiendo atención en los años noventa y se perfilan como significativos de la agenda del siglo XXI son el narcotráfico, las migraciones, los derechos humanos, el ambiente y la energía, el desarrollo tecnológico y el comercio y las finanzas.

A propósito de esta agenda afirma Carlos Fuentes: "...muchos latinoamericanos seguirán preguntando no cómo fue descubierta América o encontrada o inventada, sino cómo fue y debe seguir siendo imaginada".

*** Adaptado de: Cardozo de Da Silva, Elsa. *Latinoamérica en transición: en busca del Aleph*. Caracas, Panapo, C.A. 1995.**

Reading Preparation

The following is an introduction to a reading on the drug trade. Give the meaning of the following sentences.

	1. *la moneda = the coin* **Ahora leeremos un trozo sobre el narcotráfico, titulado "Dos caras de la moneda".**
1. We will now read a passage about drug traffic, titled "Two Faces of the Coin."	2. *el hecho = the fact* **El título responde al hecho de que existen opiniones y perspectivas diversas al respecto.**

2. The title derives from the fact that there are diverse opinions and perspectives with respect to this problem.	3. **Las ideas expresadas en casi todo el texto son adaptadas de la obra ya mencionada de Elsa Cardozo de Da Silva.**
3. The ideas expressed in almost all of the text are adapted from the previously mentioned work of Elsa Cardoza de Da Silva.	4. **No obstante, la conclusión no es suya. En ella se expresa lo que algunos escritores y académicos han propuesto como alternativa al problema del narcotráfico.**
4. Nonetheless, the conclusion is not hers. In it [the work] is expressed what some writers and academicians have proposed as an alternative to the drug traffic problem.	5. **El narcotráfico incluye problemas derivados de la producción, el transporte, el consumo y la actividad financiera.**
5. Drug traffic includes problems deriving from the production, the transportation, the consumption (of drugs), and the financial activity (connected with it).	6. **Así mismo, incluye el terrorismo y la violencia vinculada a las drogas ilícitas, su tráfico y su consumo.**
6. It also includes the terrorism and the violence connected with illicit drugs, their traffic, and their consumption.	7. ***obstaculizar*** = *to complicate* **El narcotráfico obstaculiza la cooperación entre los países de América Latina y los Estados Unidos.**
7. The drug traffic complicates the cooperation between the countries of Latin America and the United States.	8. ***mundial*** = *universal* ***la lucha*** = *the fight, the struggle* **Desde los sesenta, cuando creció el consumo mundial de drogas ilícitas, sobre todo en Estados Unidos, este país promovió una lucha contra la producción y el tráfico de drogas.**
8. Starting in the 60s, when the consumption of drugs increased worldwide, especially in the United States, that country undertook a struggle against the production and the trafficking of drugs.	9. ***el supuesto*** = *the assumption* **Esta lucha adoptó como supuesto que al reducir la oferta aumentaría el precio y la demanda disminuiría.**

9. This struggle started with the assumption that reducing the supply would increase the price, and the demand would [thus] decrease.	10. *la amenaza = the threat* **En los ochenta, ante la realidad del aumento del consumo y la violencia que a él se asocia, empezó a considerarse el narcotráfico como amenaza para la seguridad de los Estados Unidos.**
10. In the 80s, in view of the reality of increased use and the violence associated with it, the drug traffic began to be considered as a menace to the security of the United States.	11. *prestarse = to give* **Se prestó, entonces, más atención a la demanda, pero manteniendo el énfasis en la lucha para reducir la oferta.**
11. More attention, then, was given to the demand while maintaning the emphasis on the struggle to reduce the supply.	12. **Se empleó más fuerza, esfuerzo y dinero en la erradicación de los cultivos.**
12. More force, effort, and money were devoted to (employed in) eradicating the crops.	13. *creciente = increasing* *convertirse = to become* **El tema se fue conviertiendo en asunto de creciente interés internacional.**
13. The matter became the topic of an increasing international interest.	14. *el lema = the motto, theme, subject* **La guerra contra las drogas se convirtió en el lema de lo que, en esencia, era la guerra contra los abastecedores.**
14. The war on drugs became the subject of what in essence was a war against the suppliers.	15. **Muy poco se habla en el extranjero de los efectos catastróficos que han tenido ésta y otras estrategias de guerra aplicadas a América Latina.**
15. Very little is spoken abroad of the catastrophic effects that this and other war strategies have had on applied to Latin America.	16. *en primer término = to start with* **En primer término, se han acentuado los niveles de violencia por efecto de las actividades del narcotráfico y, además, como resultado de los esfuerzos para combatirlo.**

16. To start with, the levels of violence resulting from the drug trade and from the efforts to combat it have been accentuated.	17. **Ha aumentado la exposición a la corrupción de las instituciones nacionales en contacto con narcotraficantes.**
17. The exposure of national institutions to corruption has increased through contact with drug dealers.	18. **Así mismo, se han concentrado mayores recursos y autonomía en las fuerzas armadas.**
18. In addition, greater resources and autonomy have been concentrated in the armed forces.	19. ***entrecruzarse*** *= to intersect* **Para Latinoamérica el tema del narcotráfico se entrecruza, además, con problemas políticos, sociales, económicos, de seguridad y de terrorismo.**
19. For Latin America, moreover, the subject of drug traffic intersects with political, social, and economic problems and with problems of security and terrorism.	20. **Esta es la otra cara de la moneda.**
20. This is the other face of the coin.	

69. Pluperfect Subjunctive

The past perfect subjunctive (or pluperfect subjunctive) is formed with the imperfect subjunctive of **haber** + past participle.

No *hubiera sido* posible hacerlo sin tu ayuda.	It wouldn't have been possible to do it without your help.
No sería utópico que *calculáramos* que el precio de las hojas de coca suficientes para producir un kilogramo en los años ochenta hubiera oscilado entre quinientos y setecientos cincuenta dólares.	It would not be extravagant if we were to calculate the price of enough coca leaves to produce a kilogram during the 80s to have run between 500 and 750 dollars.
Se calcula que procesada como pasta de cocaína su costo hubiera sido de quinientos a mil dólares.	It is calculated that processed as cocaine paste its cost would have been 500 to 1,000 dollars.

Reading Preparation

The following frames review all cases of the imperfect subjunctive that you have encountered. After translating them, underline them.

	1. **Enfrentar el problema del narcotráfico desde América Latina supondría impulsar una estrategia que considerara que la demanda es la fuerza más poderosa.**
1. To face the problem of the drug trade from Latin America would suppose implementing a strategy based on the consideration that demand is the strongest force.	2. ***contar con*** = *to possess* **No se sabe exactamente cuánto produce el fabuloso negocio del narcotráfico, pero sí se cuenta con posibles cifras al respecto.**
2. It is not known how much the fabulous traffic of drugs produces, but yes, we do have approximate data in this respect.	3. **No sería utópico el cálculo de Smith, según el cual el precio de las hojas de coca suficientes para producir un kilogramo en los años ochenta hubiera oscilado entre quinientos y setecientos cincuenta dólares.**
3. Smith's calculation would not be extravagant, according to which the price of enough coca leaves to produce a pound during the 80s would have run between 500 and 750 dollars.	4. **Después de procesada en laboratorios se cree que un kilo hubiera valido de tres mil a seis mil dólares.**
4. After the processing in laboratories, it is believed that a kilo would have been worth between 3,000 and 6,000 dollars.	5. **Y una vez exportada a los Estados Unidos, esa misma cantidad hubiera producido cada vez precios más astronómicos.**
5. And once exported to the United States the same quantity would have produced prices many times more astronomical.	6. ***al mayoreo*** = *wholesale* ***el menudeo*** = *retail* **Dichos precios fluctuarían entre catorce a veintiún mil dólares a nivel de venta al mayoreo y más de diez veces esos precios a nivel de menudeo.**
6. Said prices would fluctuate between 14,000 and 20,000 dollars at the wholesale level and more than ten times these prices at the retail level.	

Cuernavaca, México.

READING PASSAGE

El narcotráfico: las dos caras de la moneda

A pesar de lo específico de su denominación, el narcotráfico incluye problemas derivados de la producción, el procesamiento, el transporte, el consumo y la actividad financiera, así como el terrorismo y la violencia vinculada a las drogas ilícitas, su tráfico y su consumo.

El narcotráfico ha complicado las relaciones de algunos países de América Latina con los Estados Unidos y obstaculiza la cooperación entre aquéllos y el país del norte. Desde los sesenta, cuando creció el consumo mundial de drogas ilícitas, sobre todo en Estados Unidos, este país promovió una política de lucha contra la producción y el tráfico de drogas, bajo el supuesto de que al reducir la oferta aumentaría el precio y la demanda disminuiría. En los ochen-

ta, ante la realidad del aumento del consumo y la violencia que a él se asocia, empezó a considerarse el narcotráfico como amenaza para la seguridad de los Estados Unidos. Se prestó, entonces, más atención a la demanda, pero manteniendo el énfasis en la lucha para reducir la oferta. Se empleó más fuerza, esfuerzo y dinero en la erradicación de los cultivos y el tema se fue conviertiendo en asunto de creciente interés internacional. "La guerra contra las drogas" se convirtió en el lema de lo que, en esencia, era la guerra contra los abastecedores.

Pero poco se habla en el extranjero de los efectos catastróficos que ha tenido ésta y otras estrategias de guerra aplicadas a Latinoamérica. En primer término, se han acentuado los niveles de violencia por efecto de las actividades del narcotráfico y, además, como resultado de los esfuerzos para combatirlo. Ha aumentado la exposición a la corrupción de las instituciones nacionales en contacto con narcotraficantes y se han concentrado mayores recursos y autonomía en las fuerzas armadas. Para Latinoamérica el tema del narcotráfico se entrecruza además con problemas políticos, socioeconómicos, de seguridad y de terrorismo. Esta es la otra cara de la moneda.

Enfrentar este problema desde la región supondría impulsar una estrategia que considerara que la demanda es la fuerza más poderosa. El hecho de que algunos países andinos tengan la tradición cultural del cultivo de la coca y otros posean la situación geográfica ideal para la elaboración y el envío de la coca a los Estados Unidos, es menos significativo que el simple principio económico de que mientras exista la demanda habrá países o grupos que se encarguen de la oferta.

El narcotráfico es un negocio que hace fabulosamente ricas y poderosas a las personas involucradas en su tráfico. Smith anota que "...en 1987 el precio de las hojas de coca suficientes para producir un kilogramo de cocaína oscilaba entre quinientos y setecientos cincuenta dólares. Procesada como pasta de cocaína su costo sería de quinientos a mil dólares. Como base de cocaína produciría de mil a dos mil dólares. Después de procesada en laboratorios, el kilo valdría de tres mil a seis mil dólares. Una vez exportada a los Estados Unidos, esa misma cantidad produciría precios cada vez más astronómicos: de catorce a veintiún mil dólares al nivel de venta al mayoreo, y más de diez veces esos precios...al nivel de menudeo".

El negocio del narcotráfico no podría florecer si los que buscan el beneficio económico fueran sólo unos cuantos asesinos y peces gor-

dos de países pobres. Al imponer sanciones económicas a los países que hoy son víctimas de la violencia y de la muerte por causa del narcotráfico, se ha pasado por alto el hecho de que dichas sanciones están afectando profundamente a una ciudadanía que es en su gran mayoría inocente (se calcula que en un país de unos treinta millones de habitantes como Colombia, no habría siquiera cincuenta mil involucrados en el narcotráfico). Las sanciones no tocan a los culpables; éstos tienen mucho más dinero que los gobiernos respectivos; si se les permitiera pagarían la deuda externa de estos países al instante, en efectivo y sin que su caudal personal se redujera en gran medida. Ellos se han aliado con terroristas y disponen de más y mejores armas que el ejército. Mientras muchos pobres carecen de agua y alcantarillado, ellos—se dice—usan inodoros de oro y ofrecen recepciones en las que se obsequia a cada invitado un automóvil.

¿Por qué no unirse norte y sur y experimentar otros métodos? ¿Qué pasaría si se diera un golpe de muerte al más lucrativo de los negocios? ¿Qué sucedería si se legalizaran las drogas? ¿Qué, si en vez de gastar millones en combatirlas se usaran esos millones en programas de educación y de rehabilitación?

CHAPTER

Review Lesson
- Reading Passage: ***Con ella (Pablo Neruda)***
- Reading Passage: ***Miedo (Pablo Neruda)***
- Reading Passage: ***A callarse (Pablo Neruda)***

Ingapirca, Ecuador.

Reading Preparation

Give the meaning of the following sentences:

	1. ***el repaso*** = *the review* **Esta es una lección de repaso.**
1. This is a review lesson.	2. **Vamos a leer tres poemas de Pablo Neruda.**
2. We are going to read three poems of Pablo Neruda.	3. ***repasar*** = *to review* **Y vamos a repasar el sistema verbal del español.**

3. And we are going to review the verb system of Spanish.	4. **El sistema verbal del español es de suma importancia.**
4. The verb system of Spanish is of great importance.	5. **Sin saber este sistema, no se puede saber español.**
5. Whithout knowing this system one cannot know Spanish.	6. **Aunque el sistema verbal del español es muy complicado, nuestra forma de presentarlo lo simplificará.**
6. Although the verb system of Spanish is very complex, our way of presenting it will simplify it.	7. **Es necesario saber el infinitivo, el presente y el pretérito de los verbos.**
7. It is necessary to know the infinitive, the present, and the preterite of the verbs.	8. **Con esta base puede construirse todo el sistema.**
8. With this base all of the system can be constructed.	9. ***callarse*** = *to keep quiet, to be silent* **Los poemas de Neruda que vamos a leer se titulan: "Con ella", "Miedo", y "A callarse".**
9. The poems of Neruda that we are going to read are titled "With Her," "Fear," and "To Be Silent."	10. ***la fuerza*** = *strength* **"Con ella" expresa la fuerza del amor.**
10. "With Her" expresses the strength of love.	11. **"Miedo" nos muestra el mundo subjetivo de Neruda.**
11. "Fear" shows us the subjective world of Neruda.	12. **"A callarse" habla del horror de la guerra.**
12. "To be Silent" speaks of the horror of war.	

As you read the frames that introduce the reading passage, notice the use of the **tú** form of the imperative and of **vamos a.**

	1. ***esperar*** = *to wait for* **Espérame.**
1. Wait for me.	2. ***como*** = *since* **Como este tiempo es duro, espérame.**

2. Since this time is hard, wait for me.	3. ***con ganas*** = *willingly, with desire* **Vamos a vivir este tiempo con ganas.**
3. We are going to live this time willingly.	4. **Como es duro este tiempo, espérame: vamos a vivirlo con ganas.**
4. Since this time is hard, wait for me: We are going to live it willingly.	5. ***pequeñita mano*** = *small hand* **Dame tu pequeñita mano.**
5. Give me your small hand.	6. ***subir*** = *to rise, climb* **Vamos a subir y vamos a sufrir.**
6. We are going to rise and we are going to suffer.	7. ***saltar*** = *to rejoice (also to jump)* ***sentir*** = *to feel* **Vamos a saltar y vamos a sentir.**
7. We are going to rejoice and we are going to feel.	8. **Vamos a subir y sufrir, vamos a sentir y saltar.**
8. We are going to rise and suffer, and we are going to feel and rejoice.	9. ***largo*** = *long* **Como es duro y largo este tiempo, espérame.**
9. Since this time is hard and long, wait for me.	10. ***la cesta*** = *the basket* ***la pala*** = *the shovel* **Espérame con una cesta, tu pala.**
10. Wait for me with a basket, with your shovel.	11. ***los zapatos*** = *shoes* ***la ropa*** = *clothes* **Espérame con tus zapatos y tu ropa.**
11. Wait for me with your shoes and your clothes.	12. ***de nuevo*** = *once more, again* ***la pareja*** = *pair, couple* **Somos de nuevo una pareja.**
12. We are once more a couple.	13. ***hirsutos*** = *harsh, bristling* **Somos de nuevo la pareja que vivió en lugares hirsutos.**
13. We are once more the pair who lived in harsh places.	14. ***el nido*** = *the nest* **Somos de nuevo la pareja que vivió en nidos ásperos de roca.**
14. We are once more the pair who lived in harsh nests in the rock.	15. **Ahora nos necesitamos.**

15. Now we need each other.	16. **Nos necesitamos no solamente para los momentos felices.**
16. We need each other not only for the happy moments.	17. **Nos necesitamos no solamente para buscar la felicidad.**
17. We need each other not only to seek happiness.	18. **Nos necesitamos no sólo para los claveles.**
18. We need each other not only for the times of flowers (carnations).	19. ***la miel*** = *honey* **Nos necesitamos no sólo para la miel.**
19. We need each other not only for the times of sweetness (honey).	20. ***lavar*** = *to wash* **Necesitamos nuestras manos para lavar.**
20. We need our hands in order to wash.	21. ***el fuego*** = *fire* **Necesitamos nuestras manos para lavar y hacer el fuego.**
21. We need our hands in order to wash and make the fire.	22. ***atreverse*** = *to dare, to attempt* **El tiempo duro no se atreve a desafiar el poder de dos personas.**
22. Hard times do not dare to defy the power of two persons.	23. **El tiempo duro no se atreve a desafiar a cuatro manos.**
23. Hard times do not dare to defy (our) four hands.	24. ***el ojo*** = *the eye* **Ni se atreve a desafiar a cuatro ojos.**
24. Neither do they dare to defy (our) four eyes.	25. **Que se atreva el tiempo duro a desafiar el infinito de cuatro manos y cuatro ojos.**
25. (Just) let hard times try to defy the infinity of four hands and four eyes.	

Check the two sentences from a), b), or c) that are synonymous with the given sentence.

1. **Como este tiempo es duro, espérame.**

   a) Como este tiempo es complicado, espérame.

   b) Como este tiempo es fácil, espérame.

   c) Como este tiempo es difícil, espérame.

2. **Vamos a vivir este tiempo con ganas.**

   a) Vamos a vivirlo con avidez.

   b) Vamos a vivirlo con desaliento.

   c) Vamos a vivirlo con gusto.

3. **Vamos a subir y sufrir.**

   a) Vamos a ser felices y vamos a sufrir.

   b) Vamos a estar contentos y vamos a sufrir.

   c) Vamos a estar tristes y vamos a sufrir.

4. **Somos de nuevo la pareja que vivió en lugares hirsutos.**

   a) Somos otra vez la pareja que vivió en lugares hirsutos.

   b) Ya no somos la pareja que vivió en lugares hirsutos.

   c) Somos nuevamente la pareja que vivió en lugares hirsutos.

5. **Y que se atreva el tiempo duro a desafiar el infinito.**

   a) Y que tema el tiempo duro desafiar el infinito.

   b) Y que se arriesgue el tiempo duro a desafiar el infinito.

   c) Y que se aventure el tiempo duro a desafiar el infinito.

Key: 1(a,c); 2(a,c); 3(a,b); 4(a,c); 5(b,c)

Choose the word that does not relate to the one given.

1. **saltar:**	**a) correr**	**b) pensar**	**c) caminar**
2. **pala:**	**a) cesta**	**b) nieve**	**c) invierno**
3. **ropa:**	**a) zapatos**	**b) blusa**	**c) hirsuto**
4. **clavel:**	**a) fuego**	**b) rosa**	**c) geranio**
5. **miel:**	**a) dulce**	**b) ojo**	**c) agradable**

Key: 1(b); 2(a); 3(c); 4(a); 5(b)

READING PASSAGE

Con ella

Como es duro este tiempo, espérame:
vamos a vivirlo con ganas.
Dame tu pequeñita mano:
vamos a subir y sufrir,
vamos a sentir y saltar.

Somos de nuevo la pareja
que vivió en lugares hirsutos,
en nidos ásperos de roca.
Como es largo este tiempo, espérame
con una cesta, con tu pala,
con tus zapatos y tu ropa.

Ahora nos necesitamos
no sólo para los claveles,
no sólo para buscar miel:
necesitamos nuestras manos
para lavar y hacer el fuego,
y que se atreva el tiempo duro
a desafiar el infinito
de cuatro manos y cuatro ojos.

Pablo Neruda

Reading Preparation

These next frames will introduce you to another reading passage, which is anther poem by Neruda. The present tense is in italics again. Review the following: a) the present tense conjugation maintains in most cases the vowel **a** in verbs ending with **-ar** and the vowel **e** in verbs ending with **-er**, **-ir**; b) the third person singular form of the present tense is the same used for the command **tú**.

	1. ***Vamos a*** **leer "Miedo", de Pablo Neruda.**
1. We are going to read "Fear," by Pablo Neruda.	2. **En este poema, Neruda nos *cuenta* lo que la gente le pide.**

2. In this poem, Neruda tells us what people ask from him.	3. *consejar* = *to advise* **Nos *cuenta* también lo que le *aconseja* la gente.**
3. He also tells us what people advise him.	4. ***Habla* de lo que la gente *hace* con su poesía.**
4. He talks about what people do with his poetry.	5. ***Habla* de lo que la gente *ve* en él.**
5. He talks about what people see in him.	6. ***el sentimiento*** = *the feeling* **Nos *expresa* sus sentimientos.**
6. He expresses his feelings toward us.	7. **Al referirse a la gente, Neruda *usa* la palabra "todos".**
7. When referring to people, Neruda uses the word "all."	8. **Todos le *aconsejan* reposo.**
8. All advise rest for him.	9. **Todos le *aconsejan* ver a médicos diversos.**
9. All advise him to see various doctors.	10. **Todos lo *miran* de una manera extraña.**
10. All look at him in a strange, peculiar way.	11. ***las vísceras*** = *insides* **Todos *ven* las dificultades que *sufren* sus vísceras.**
11. All see the difficulties that his insides suffer.	12. ***por medio de*** = *by means of* ***Ven* esas dificultades por medio de rayos X.**
12. They see these difficulties by means of x-rays.	13. ***terrible*** = *awful* ***los retratos*** = *pictures, diagrams* **Neruda *llama* a los rayos X "radioterribles retratos."**
13. Neruda calls the x-rays "radioterrible pictures."	14. ***picar*** = *to pick at* ***el tenedor*** = *fork* ***invencible*** = *relentless, invincible* **Todos examinan, pican su poesía con invencibles tenedores.**
14. All examine and pick at his poetry with relentless forks.	15. ***mosca*** = *fly* **Sin duda, todos *buscan* en su poesía una mosca, algún defecto pequeño, insignificante.**

15. Doubtless, all are looking for a fly in his poetry, some small and insignificant defect.	16. ***estar de acuerdo*** = *to agree* ***tener miedo*** = *to be afraid* **A todo esto *contesta* Neruda:** **—¿Qué pasa?** **—No estoy de acuerdo.** **—Tengo miedo.**
16. To all of this Neruda responds, "What's happening?" "I don't agree." "I'm afraid."	17. **Tiene *miedo* de todo el mundo.**
17. He is afraid of everyone.	18. ***Tiene* miedo del agua fría y de la muerte.**
18. He is afraid of cold water and death.	19. **Neruda *es* como todos los mortales.**
19. Neruda is like all mortals.	20. ***aplazar*** = *postpone* **No *puede* posponer, aplazar el día y la hora de su muerte.**
20. He cannot postpone or delay the day and hour of his death.	21. **En otras palabras, *es* como todos los mortales, inaplazable.**
21. In other words, he is like all mortals: he is not "postponable" (his death cannot be postponed).	

Now distinguish between the present and affirmative command **tú** and the present subjunctive (in italics, in frames one through seven). The present subjunctive takes the opposite vowel of the group (**-ar** verbs take **-e**; **-er**, **-ir** verbs take **-a**).

	1. ***dar saltos*** = *to jump* **Todos me piden que *dé* saltos.**
1. All ask me to jump.	2. ***tonificar*** = *to get in shape* **Todos me piden que *tonifique*.**
2. All ask me to get in shape.	3. **Todos me piden que *futbole*, o *juegue* al fútbol.**
3. All ask me to play soccer.	4. ***correr*** = *to run* ***volar*** = *to fly* ***nadar*** = *to swim* **Todos me piden que *corra*, que *nade* y que *vuele*.**

4. All ask me to run, to swim, and to fly.	5. ***viajar*** = *to travel* **Todos me aconsejan que *viaje* y que no *viaje*.**
5. All advise me to travel and not to travel.	6. **Todos me aconsejan que *entre* y que *salga*.**
6. All advise me to come in and to go out.	7. **Todos me aconsejan que me *muera* y que no me *muera*.**
7. All advise me to die and not to die.	8. ***no importa*** = *it doesn't matter* **A estos consejos responde Neruda—No importa.**
8. To this advice, Neruda responds: "It doesn't matter."	9. **Tiene miedo.**
9. He is afraid.	10. **En estos cortos días, Neruda no va a ponerles atención, es decir, no va a tomarlos en cuenta.**
10. In these short days, Neruda is not going to pay attention to them, that is, he is not going to take them into account.	11. **Dice el poeta,—Voy a abrirme.**
11. The poet says, "I am going to open myself up."	12. ***encerrarse*** = *to imprison, to shut oneself in* **Y yo voy a encerrarme.**
12. And I am going to shut myself in.	13. ***entre*** = *among* **Entre muchos amigos tiene el poeta un enemigo.**
13. Among many friends the poet has one enemy.	14. **Y va a encerrarse con su más pérfido enemigo.**
14. And he is going to shut himself in with his most perfidious enemy.	15. **Voy a encerrarme con mi más pérfido enemigo: Pablo Neruda.**
15. I am going to shut myself in with my most perfidious enemy: Pablo Neruda	

Match the required tense with the correct choice.

1. Present Subjunctive

   morir: **a) muere** **b) murió** **c) muera** **d) moría**

2. Familiar command **"tú"** (affirmative)

   correr: **a) corras** **b) corre** **c) corrías** **d) correrás**

3. Present

   pedir: **a) pedimos** **b) pedíamos** **c) pidamos** **d) pediremos**

4. Familiar command **"vosotros"** (affirmative)

   nadar: **a) nadabais** **b) nadaríais** **c) nadad** **d) nadéis**

5. Present Subjunctive

   encerrarse: **a) se encierra** **b) se encierre** **c) se encerrará** **d) se encerró**

6. Present Indicative

   viajar: **a) viajamos** **b) viajaremos** **c) viajemos** **d) viajábamos**

7. Present Subjunctive

   futbolar: **a) futbolan** **b) futbolarán** **c) futbolarían** **d) futbolen**

8. Familiar command **"tú"** (affirmative)

   ver: **a) ves** **b) veías** **c) ve** **d) verás**

9. Present Subjunctive

   buscar: **a) buscó** **b) busca** **c) buscaba** **d) busque**

10. Present Indicative

    ser: **a) sois** **b) seríais** **c) fuisteis** **d) seáis**

Key: 1(c); 2(b); 3(a); 4(c); 5(b); 6(a); 7(d); 8(c); 9(d); 10(a)

Pick up the word that does not relate to the other two.

1. a) aconsejar	b) poseer	c) tener
2. a) entrar	b) saltar	c) salir
3. a) soy mortal	b) soy impaciente	c) soy inaplazable
4. a) correr	b) tenedores	c) nadar
5. a) saltar	b) examinar	c) investigar
6. a) miedo	b) pánico	c) mundo
7. a) tonificar	b) estar de acuerdo	c) dar saltos
8. a) abrirse	b) encerrarse	c) ¿Qué pasa?
9. a) perder	b) destinar	c) buscar

Key: 1(a); 2(b); 3(b); 4(b); 5(a); 6(c); 7(b); 8(c); 9(b)

Ruinas de Palenque, México.

READING PASSAGE

El miedo

**Todos me piden que dé saltos,
que tonifique y que futbole,
que corra, que nade y que vuele.
Muy bien.**

**Todos me aconsejan reposo,
todos me destinan doctores,
mirándome de cierta manera.
¿Qué pasa?**

**Todos me aconsejan que viaje,
que entre y que salga, que no viaje,
que me muera y que no me muera.
No importa.**

**Todos ven las dificultades
de mis vísceras sorprendidas
por radioterribles retratos.
No estoy de acuerdo.**

**Todos pican mi poesía
con invencibles tenedores
buscando, sin duda, una mosca.
Tengo miedo.**

**Tengo miedo de todo el mundo,
del agua fría, de la muerte.
Soy como todos los mortales,
inaplazable.**

Pablo Neruda

Choose the correct answer for each of these questions. Answers are listed from **a**) to **f**).

1. **¿Cree Pablo Neruda que otras personas lo comprenden?**

2. **¿Sabe el poeta por qué le aconsejan reposo?**

3. **¿Qué busca la gente en su poesía?**

4. **¿Y qué buscan los rayos X en su cuerpo?**

5. **¿De qué tiene miedo el poeta?**

6. **¿Por qué tiene miedo?**

Answers

a) **Buscan la enfermedad en su cuerpo.**

b) **No entiende por qué lo hacen.**

c) **Sabe que nadie puede posponer o aplazar la muerte.**

d) **Todos buscan defectos en su obra.**

c) **Tiene miedo de la muerte.**

f) **Nadie es capaz de comprenderlo.**

Answer Key: 1(f); 2(b); 3(d); 4(a); 5(e); 6(c)

Reading Preparation

The first five sentences review the future and the present tense used as future. The vocabulary is from a third poem by Neruda: **"A callarse".**

	1. **Ahora contaremos de uno a doce.**
1. Now we will count from one to twelve.	2. ***luego*** = *then* ***quedarse*** = *to remain, stay* **Luego nos quedamos todos quietos.**
2. Then we all remain quiet.	3. **Ahora contaré hasta doce.**
3. Now I will count to twelve.	4. **Tú te callas.**
4. You remain still.	5. **Y yo me voy.**
5. And I go away.	

Now we review the conditional. All Spanish verbs use the same root for the future and conditional.

	1. **Si nos quedáramos todos quietos por un momento, sería un minuto fragante.**
1. If we remained quiet one moment, it would be a fragrant (sweet) minute.	2. ***la prisa*** = *rush* **Sería un minuto sin prisa.**
2. It would be a minute without hurry.	3. **Sería un minuto sin locomotoras y sin máquinas.**
3. It would be a minute without locomotives and without machines.	4. ***juntos*** = *together* **Todos estaríamos juntos.**
4. We would all be together.	5. ***compartir*** = *share* ***la inquietud*** = *worry, restlessness, uneasiness* **Todos compartiríamos una inquietud instantánea.**
5. We would all share a sudden uneasiness.	6. ***el pescador*** = *fisherman* ***el daño*** = *the harm* ***la ballena*** = *the whale* **Los pescadores del mar frío no harían daño a las ballenas.**
6. The fisherman of the cold sea wouldn't harm the whales.	7. ***el trabajador*** = *the worker* ***la sal*** = *the salt* **El trabajador de la sal miraría sus manos rotas.**
7. The worker of the salt (mines) would look at his broken hands.	8. ***el fuego*** = *the fire* ***ponerse*** = *to put on* **Los que preparan guerras verdes, guerras de gas, guerras de fuego, se pondrían un traje puro.**
8. Those who are preparing green wars (nuclear wars), gas wars, wars of fire, would put on a pure garment.	9. **Los que preparan victorias sin sobrevivientes, se pondrían un traje puro.**

9. Those who are preparing victories with no survivors would put on a pure garment.	10. **Los que preparan guerras verdes, guerras de gas, guerras de fuego, victorias sin sobrevivientes, se pondrían un traje puro.**
10. Those who are preparing green wars, gas wars, wars of fire, victories with no survivors, would put on a pure garment.	11. ***andar*** = *to walk* **Los que preparan guerras verdes y victorias sin sobrevivientes andarían con sus hermanos.**
11. Those who are preparing green wars and victories with no survivors would walk about with their brothers.	12. ***la sombra*** = *the shade* **Andarían con sus hermanos por la sombra, sin hacer nada.**
12. They would walk about with their brothers, in the shade, doing nothing.	

Circle the correct meaning of the words in italics.

1. **Y nos *quedamos* todos quietos.**

   a) we all walk b) we all remain quiet

2. **Ahora contaré *hasta* doce.**
   a) from b) up to

3. **Sería un minuto *sin prisa*.**

   a) without engines b) without rush

4. **Los pescadores del mar frío *no harían nada*.**

   a) would do nothing b) would not harm

5. **No *harían daño* a las ballenas.**

   a) would not gather b) would not harm

6. **El trabajador de la sal miraría *sus manos rotas*.**

   a) his healthy hands b) his hurt hands

7. **Ellos andarían *por la sombra*.**

   a) in the shade b) on the road

Key: 1(b); 2(b); 3(b); 4(a); 5(b); 6(b); 7(a)

Choose the forms that correspond to the future and conditional tenses.

1.	**hablar:**	**a) hablaremos**	**b) hablemos**	**c) hablamos**
2.	**poder:**	**a) podrías**	**b) podías**	**c) puedas**
3.	**hacer:**	**a) hacen**	**b) harían**	**c) hacían**
4.	**estar:**	**a) estaba**	**b) estoy**	**c) estaría**
5.	**ponerse:**	**a) me pondría**	**b) me ponga**	**c) me pongo**
6.	**ser:**	**a) seamos**	**b) seríamos**	**c) somos**
7.	**quedarse:**	**a) se quedarán**	**b) se quedaban**	**c) se quedasen**

Key: 1(a); 2(a); 3(b); 4(c); 5(a); 6(b); 7(a)

Reading Preparation

The following frames introduce the parts of the reading passage where comands and subjunctive tenses are often used.

	1. ***por una vez*** = *for once* **Por una vez sobre la tierra no hablemos.**
1. For once on the earth let us not talk.	2. **Por una vez sobre la tierra no hablemos en ningún idioma.**
2. For once on the earth let us not talk in any language.	3. ***detenerse*** = *to stop* **Detengámonos por un segundo.**
3. For one second let us stop.	4. **No movamos tanto los brazos.**
4. Let us not move our arms so much.	5. ***confundir*** = *to confuse* **No se confunda lo que quiero.**
5. Let there be no confusion about what I want.	6. **No quiero la inacción definitiva, porque la vida es acción, es hacer.**
6. I don't want the definitive inaction, because life is action, (life) is to do.	7. **No se confunda lo que quiero con la inacción definitiva: la vida es sólo lo que se hace.**

7. Let there be no confusion between that which I want and the definitive inaction: life is only that which is done.	8. **Y yo no quiero nada similar a la muerte.**
8. And I want nothing similar to death.	9. **La vida es sólo lo que se hace, no quiero nada con la muerte.**
9. Life is only that which is done, I want nothing to do with death.	10. ***ser unánimes*** = *to be unanimous, to agree* **Es verdad que no pudimos ser unánimes moviendo nuestras vidas.**
10. It is true that we were not able to be in agreement when shaping (moving) our lives.	11. ***tal vez*** = *perhaps* **Tal vez no hacer nada una vez pueda ser útil.**
11. Perhaps it may be useful just for once not to do anything.	12. ***la tristeza*** = *the sadness* **Tal vez no hacer nada una vez, tal vez un gran silencio pueda interrumpir esta tristeza.**
12. Perhaps not doing anything just for once, perhaps a great silence might interrupt this sadness.	13. **Tal vez no hacer nada, tal vez un gran silencio pueda interrumpir este no entendernos jamás.**
13. Perhaps doing nothing, perhaps a great silence might interrupt this never understanding each other.	14. ***amenazar*** = *to threat* **Tal vez se pueda interrumpir este amenazarnos con la muerte.**
14. Perhaps this threatening each other with death might be interrupted.	15. ***enseñar*** = *to teach* **Tal vez la tierra nos enseñe cuando todo parece muerto.**
15. Perhaps the earth might teach us when everything appears dead.	16. ***vivo*** = *alive* **Cuando todo parece muerto, tal vez la tierra nos enseñe que todo estaba vivo.**
16. When everything appears dead, perhaps the earth might teach us that everything used to be alive.	17. **Tal vez la tierra nos enseñe cuando todo parece muerto y luego todo estaba vivo.**
17. Perhaps the earth can teach us when everything seems dead and later proves to be alive.	18. **Ahora contaré hasta doce y tú te callas y me voy.**
18. Now I'll count to twelve and you keep quiet and I will go away.	

READING PASSAGE

A callarse

Ahora contaremos hasta doce
y nos quedamos todos quietos.

Por una vez sobre la tierra
no hablemos en ningún idioma,
por un segundo detengámonos,
no movamos tanto los brazos.

Sería un minuto fragante,
sin prisa, sin locomotoras,
todos estaríamos juntos
en una inquietud instantánea.

Los pescadores del mar frío
no harían daño a las ballenas
y el trabajador de la sal
miraría sus manos rotas.

Los que preparan guerras verdes,
guerras de gas, guerras de fuego,
victorias sin sobrevivientes,
se pondrían un traje puro
y andarían con sus hermanos
por la sombra, sin hacer nada.

No se confunda lo que quiero
con la inacción definitiva:
la vida es sólo lo que se hace,
no quiero nada con la muerte.

Si no pudimos ser unánimes
moviendo tanto nuestras vidas,
tal vez no hacer nada una vez,
tal vez un gran silencio pueda
interrumpir esta tristeza,
este no entendernos jamás
y amenazarnos con la muerte,
tal vez la tierra nos enseñe
cuando todo parece muerto
y luego todo estaba vivo.

Ahora contaré hasta doce
y tú te callas y me voy.

Pablo Neruda

Choose the correct answer for each of these questions. Answers are listed from **a)** to **g)**.

1. **¿Por qué quiere el poeta que todos se queden quietos?**

2. **¿Qué espera el poeta que haga la gente mientras** (while) **cuenta hasta doce?**

3. **¿Por qué sería diferente esta quietud a la quietud de la muerte?**

4. **¿Qué significa: "Los que preparan guerras verdes, se pondrían un traje puro"?**

5. **¿Qué cosa podría interrumpir, terminar una gran tristeza, un no comprendernos jamás?**

6. **¿Quién nos enseñará que todo está vivo y que así debe conservarse?**

7. **¿Por qué cree que este poema sea famoso?**

Answers

a) **Quiere que todos se queden quietos.**

b) **La tierra nos enseñará que todo está vivo y que así debe conservarse.**

c) **Los que quieren empezar guerras cambiarían su manera de pensar.**

d) **Sería una quietud para pensar en la vida.**

e) **Quiere que todos, por un momento y sin movernos, pensemos en la paz.**

f) **Este poema invita al mundo a buscar la paz.**

g) **No hacer nada una vez; un gran silencio, podría interrumpir la tristeza de querer destruirnos.**

Key: 1(e); 2(a); 3(d); 4(c); 5(g); 6(b); 7(f)

A SIMPLIFIED
APPROACH TO SPANISH VERBS

Appendix A Regular and Irregular Verbs in Present Tenses and Commands

Keep in mind the 1st person present indicative and *-a, -e* of infinitive endings *-ar, -er* when working with the following tenses

	Present Indicative	Present Subjunctive	Aff. and Neg. Commands *Ud.* and *Uds.*	Negative Commands *Tú* and *Vosotros*	Aff. and Neg. Command *Nosotros*
Amar					
(to love)	am*o*	...am*e*			
	am*as*	...am*es*		no am*es*	
	am*a*	...am*e*	(no) am*e*		
	am*amos*	...am*emos*			(no) am*emos*
	am*áis*	...am*éis*		no am*éis*	
	am*an*	...am*en*	(no) am*en*		
Comer					
(to eat)	com*o*	...com*a*			
	com*es*	...com*as*		no com*as*	
	com*e*	...com*a*	(no) com*a*		
	com*emos*	...com*amos*			(no) com*amos*
	com*éis*	...com*áis*		no com*áis*	
	com*en*	...com*an*	(no) com*an*		
Vivir					
(to live)	viv*o*	...viv*a*			
	viv*es*	...viv*as*		no viv*as*	
	viv*e*	...viv*a*	(no) viv*a*		
	viv*imos*	...viv*amos*			(no) viv*amos*
	viv*ís*	...viv*áis*		no viv*áis*	
	viv*en*	...viv*an*	(no) viv*an*		

Root-changing IRREGULAR VERBS

When conjugating these verbs, the roots of all persons show irregularity, except the first and second person plural (see *)

	Present Indicative	**Present Subjunctive**	**Aff. and Neg. Commands** *Ud.* **and** *Uds.*	**Negative Commands** *Tú* **and** *Vosotros*	**Aff. and Neg. Command** *Nosotros*
E > IE roots					
Cerrar	cierr*o*, cierr*as*, cierr*a*	cierr*e*, cierr*es*, cierr*e*	(no) cierr*e*	no cierr*es*	(no) cerr*emos*
(to close)	cerr*amos*, cerr*áis*, cierr*an*	cerr*emos*, cerr*éis*, cierr*en*	(no) cierr*en*	no cerr*éis*	
Entender	entiend*o*, entiend*es*, entiend*e*	entiend*a*, entiend*as*, entiend*a*	(no) entiend*a*	no entiend*as*	(no) entend*amos*
(to understand)	entend*emos*, entend*éis*, entiend*en*	entend*amos*, entend*áis*, entiend*an*	(no) entiend*an*	no entend*áis*	
Sentir	sient*o*, sient*es*, sient*e*	sient*a*, sient*as*, sient*a*	(no)sient*a*	no sient*as*	(no) sint*amos**
(to feel)	sent*imos*, sent*ís*, sient*en*	sint*amos*,* sint*áis*,* sient*an*	(no) sient*an*	no sint*áis**	
Other E > IE root-changing verbs: sentarse, pensar, despertarse					
O > UE roots					
Volar	vuel*o*, vuel*as*, vuel*a*	vuel*e*, vuel*es*, vuel*e*	(no) vuel*e*	no vuel*es*	(no) vol*emos*
(to fly)	vol*amos*, vol*áis*, vuel*an*	vol*emos*, vol*éis*, vuel*en*	(no) vuel*en*	no vol*éis*	
Mover	muev*o*, muev*es*, muev*e*	muev*a*, muev*as*, muev*a*	(no) muev*a*	no muev*as*	(no) mov*amos*
(to move)	mov*emos*, mov*éis*, muev*en*	mov*amos*, mov*áis*, muev*an*	(no) muev*an*	no mov*áis*	
Dormir	duerm*o*, duerm*es*, duerm*e*	duerm*a*, duerm*as*, duerm*a*	(no) duerm*a*	no duerm*as*	(no) durm*amos**
(to sleep)	dorm*imos*, dorm*ís*, duerm*en*	durm*amos*,* durm*áis*,* duerm*an*	(no) duerm*an*	no durm*áis**	
Other O > UE root-changing verbs: volar, morir, jugar (U > UE), forzar, almorzar					
E > I roots					
Pedir	pid*o*, pid*es*, pid*e*	pid*a*, pid*as*, pid*a*	(no) pid*a*	no pid*as*	(no) pid*amos**
(to ask for)	ped*imos*, ped*ís*, pid*en*	pid*amos*,* pid*áis*,* pid*an*	(no) pid*an*	no pid*áis**	
Other E > I root-changing verbs: servir, vestirse, repetir					

*** For these persons and tenses, defined by E > IE, O > UE, and E > I root-changing verbs whose infinitive ends in -IR, there is irregularity, even if they are the first and second person plural. The irregularities are as follows: E > I, O > U, E > I.**

...Here are more IRREGULAR VERBS

	Present Indicative	Present Subjunctive	Aff. and Neg. Commands *Ud.* and *Uds.*	Negative Commands *Tú* and *Vosotros*	Aff. and Neg. Command *Nosotros*
Caber (to fit into)	**quep**o, cabes, cabe cabemos, cabéis, caben	**quep**a, **quep**as, **quep**a **quep**amos, **quep**áis, **quep**an	(no) **quep**a (no) **quep**an	no **quep**as no **quep**áis	(no) **quep**amos
Conocer (to know)	cono**zc**o, conoces, conoce conocemos, conocéis, conocen	cono**zc**a, cono**zc**as, cono**zc**a cono**zc**amos, cono**zc**áis, cono**zc**an	(no) cono**zc**a (no) cono**zc**an	no cono**zc**as no cono**zc**áis	(no) cono**zc**amos
Pertenecer (to belong)	pertene**zc**o, perteneces, pertenece pertenecemos, pertenecéis, pertenecen	pertene**zc**a, pertene**zc**as, pertene**zc**a pertene**zc**amos, pertene**zc**áis, pertene**zc**an	(no) pertene**zc**a (no) pertene**zc**an	no pertene**zc**as no pertene**zc**áis	(no) pertene**zc**amos
Traducir (to translate)	tradu**zc**o, traduces, traduce traducimos, traducís, traducen	tradu**zc**a, tradu**zc**as, tradu**zc**a tradu**zc**amos, tradu**zc**áis, tradu**zc**an	(no) tradu**zc**a (no) tradu**zc**an	no tradu**zc**as no tradu**zc**áis	(no) tradu**zc**amos
Dar (to give)	**d**oy, das, da damos, dais, dan	**dé, des, dé** **demos, deis, den**	(no) **dé** (no) **den**	no **des** no **deis**	(no) **demos**
Decir (to say)	**dig**o, **dic**es, **dic**e decimos, decís, **dic**en	**dig**a, **dig**as, **dig**a **dig**amos, **dig**áis, **dig**an	(no) **dig**a (no) **dig**an	no **dig**as no **dig**áis	(no) **dig**amos
Hacer (to do, make)	**hag**o, haces, hace hacemos, hacéis, hacen	**hag**a, **hag**as, **hag**a **hag**amos, **hag**áis, **hag**an	(no) **hag**a (no) **hag**an	no **hag**as no **hag**áis	(no) **hag**amos
Ir (to go)	**voy**, **vas**, **va** **vamos**, **vais**, **van**	**vay**a, **vay**as, **vay**a **vay**amos, **vay**áis, **vay**an	(no) **vay**a (no) **vay**an	no **vay**as no **vay**áis	(no) **vay**amos
Poner (to put)	pon**g**o, pones, pone ponemos, ponéis, ponen	pon**g**a, pon**g**as, pon**g**a pon**g**amos, pon**g**áis, pon**g**an	(no) pon**g**a (no) pon**g**an	no pon**g**as no pon**g**áis	(no) pon**g**amos
Tener (to have)	ten**g**o, tienes, tiene tenemos, tenéis, **tien**en	ten**g**a, ten**g**as, ten**g**a ten**g**amos, ten**g**áis, ten**g**an	(no) ten**g**a (no) ten**g**an	no ten**g**as no ten**g**áis	(no) ten**g**amos

...And here are some more IRREGULAR VERBS

	Present Indicative	Present Subjunctive	Aff. and Neg. Commands *Ud.* and *Uds.*	Negative Commands *Tú* and *Vosotros*	Aff. and Neg. Command *Nosotros*
Venir (to come)	vengo, vienes, viene venimos, venís, vienen	venga, vengas, venga vengamos, vengáis, vengan	(no) venga (no) vengan	no vengas no vengáis	(no) vengamos
Poder (to can, may)	puedo, puedes, puede podemos, podéis, pueden	pueda, puedas, pueda podamos, podáis, puedan	(no) pueda (no) puedan	no puedas no podáis	(no) podamos
Saber (to know)	sé, sabes, sabe sabemos, sabéis, saben	sepa, sepas, sepa sepamos, sepáis, sepan	(no) sepa (no) sepan	no sepas no sepáis	(no) sepamos
Salir (to go out)	salgo, sales, sale salimos, salís, salen	salga, salgas, salga salgamos, salgáis, salgan	(no) salga (no) salgan	no salgas no salgáis	(no) salgamos
Ser (to be)	soy, eres, es somos, sois, son	sea, seas, sea seamos, seáis, sean	(no) sea (no) sean	no seas no seáis	(no) seamos
Traer (to bring)	traigo, traes, trae traemos, traéis, traen	traiga, traigas, traiga traigamos, traigáis, traigan	(no) traiga (no) traigan	no traigas no traigáis	(no) traigamos

Appendix B Regular and Irregular Verbs

The 3rd person plural preterite of every Spanish verb can be used to form the imperfect subjunctive

	Preterite	Imperfect Subjunctive*
Amar	am*é*	...am*ar*a
(to love)	am*aste*	...am*ar*as
	am*ó*	...am*ar*a
	am*am*os	...am*ár*amos
	am*as*teis	...am*ar*ais
	am*ar*on	...am*ar*an
Comer	com*í*	...com*ier*a
(to eat)	com*is*te	...com*ier*as
	comi*ó*	...com*ier*a
	com*im*os	...com*iér*amos
	com*is*teis	...com*ier*ais
	com*ier*on	...com*ier*an
Vivir	viv*í*	...viv*ier*a
(to live)	viv*is*te	...viv*ier*as
	vivi*ó*	...viv*ier*a
	viv*im*os	...viv*iér*amos
	viv*is*teis	...viv*ier*ais
	viv*ier*on	...viv*ier*an

*** For the other, less common form of the Imperfect Subjunctive, see Chapter 9**

Root-changing IRREGULAR VERBS

E > I roots

Pedir	ped*í*, ped*is*te, pidi*ó*	pid*ier*a, pid*ier*as, pid*ier*a
(to ask for)	ped*im*os, ped*is*teis, pid*ier*on	pid*iér*amos, pid*ier*ais, pid*ier*an

...Here are more IRREGULAR VERBS

	Preterite	Imperfect Subjunctive
Caber (to fit into)	**cup***e*, **cup***i*ste, **cup***o* **cup***i*mos, **cup***i*steis, **cup***ie*ron	**cup***ie*ra, **cup***ie*ras, **cup***ie*ra **cup***ié*ramos, **cup***ié*rais, **cup***ie*ran
Dar (to give)	**d***i*, **d***i*ste, **di***o* **d***i*mos, **d***i*steis, **d***ie*ron	**d***ie*ra, **d***ie*ras, **d***ie*ra **d***ié*ramos, **d***ie*rais, **d***ie*ran
Decir (to say)	**dij***e*, **dij***i*ste, **dij***o* **dij***i*mos, **dij***i*steis, **dij***e*ron	**dij***e*ra, **dij***e*ras, **dij***e*ra **dij***é*ramos, **dij***e*rais, **dij***e*ran
Estar (to be)	estuv*e*, estuv*i*ste, estuv*o* estuv*i*mos, estuv*i*steis, estuv*ie*ron	estuv*ie*ra, estuv*ie*ras, estuv*ie*ra estuv*ié*ramos, estuv*ie*rais, estuv*ie*ran
Hacer (to do, make)	**hic***e*, **hic***i*ste, **hiz***o* **hic***i*mos, **hic***i*steis, **hic***ie*ron	**hic***ie*ra, **hic***ie*ras, **hic***ie*ra **hic***ié*ramos, **hic***ie*rais, **hic***ie*ran
Ir (to go)	**fu***i*, **fu***i*ste, **fu***e* **fu***i*mos, **fu***i*steis, **fu***e*ron	**fu***e*ra, **fu***e*ras, **fu***e*ra **fu***é*ramos, **fu***e*rais, **fu***e*ran
Poder (to can, may)	**pud***e*, **pud***i*ste, **pud***o* **pud***i*mos, **pud***i*steis, **pud***ie*ron	**pud***ie*ra, **pud***ie*ras, **pud***ie*ra **pud***ié*ramos, **pud***ie*rais, **pud***ie*ran
Poner (to put)	**pus***e*, **pus***i*ste, **pus***o* **pus***i*mos, **pus***i*steis, **pus***ie*ron	**pus***ie*ra, **pus***ie*ras, **pus***ie*ra **pus***ié*ramos, **pus***ie*rais, **pus***ie*ran
Querer (to wish, want, love)	**quis***e*, **quis***i*ste, **quis***o* **quis***i*mos, **quis***i*steis, **quis***ie*ron	**quis***ie*ra, **quis***ie*ras, **quis***ie*ra **quis***ié*ramos, **quis***ie*rais, **quis***ie*ran
Saber (to know)	**sup***e*, **sup***i*ste, **sup***o* **sup***i*mos, **sup***i*steis, **sup***ie*ron	**sup***ie*ra, **sup***ie*ras, **sup***ie*ra **sup***ié*ramos, **sup***ie*rais, **sup***ie*ran

...And here are some more IRREGULAR VERBS

	Preterite	Imperfect Subjunctive
Ser (to be)	fui, fuiste, fue fuimos, fuisteis, fueron	fuera, fueras, fuera fuéramos, fuerais, fueran
Tener (to have)	tuve, tuviste, tuvo tuvimos, tuvisteis, tuvieron	tuviera, tuvieras, tuviera tuviéramos, tuvierais, tuvieran
Traducir (to translate)	traduje, tradujiste, tradujo tradujimos, tradujisteis, tradujeron	tradujera, tradujeras, tradujera tradujéramos, tradujerais, tradujeran
Traer (to bring)	traje, trajiste, trajo trajimos, trajisteis, trajeron	trajera, trajeras, trajera trajéramos, trajerais, trajeran
Venir (to come)	vine, viniste, vino vinimos, vinisteis, vinieron	viniera, vinieras, viniera viniéramos, viniérais, vinieran
Ver (to see)	vi, viste, vio vimos, visteis, vieron	viera, vieras, viera viéramos, vierais, vieran

Appendix C Regular and Irregular Verbs

Keep in mind the infinitive when working with the following tenses

	Imperfect	Future	Conditional	Aff. Commands *Tú* and *Vosotros*
Amar	amaba	amar*é*	amaría	
(to love)	amabas	amar*ás*	amarías	ama
	amaba	amar*á*	amaría	
	amábamos	amar*emos*	amaríamos	
	amabais	amar*éis*	amaríais	amad
	amaban	amar*án*	amarían	
Comer	comía	comer*é*	comería	
(to eat)	comías	comer*ás*	comerías	come
	comía	comer*á*	comería	
	comíamos	comer*emos*	comeríamos	
	comíais	comer*éis*	comeríais	comed
	comían	comer*án*	comerían	
Vivir	vivía	vivir*é*	viviría	
(to live)	vivías	vivir*ás*	vivirías	vive
	vivía	vivir*á*	viviría	
	vivíamos	vivir*emos*	viviríamos	
	vivíais	vivir*éis*	viviríais	vivid
	vivían	vivir*án*	vivirían	

Here are some IRREGULAR VERBS

In the Imperfect tense, the only irregular verbs are *ir*, *ser*, and *ver*, and they are not irregular either in the Future or in the Conditional. Note that the Future and the Conditional share exactly the same irregularities

	Imperfect	Future	Conditional	Aff. Commands *Tú* and *Vosotros*
Caber (to fit into)		**cabr***é*, **cabr***ás*, **cabr***á* **cabr***emos*, **cabr***éis*, **cabr***án*	**cabría**, **cabrías**, **cabría** **cabr**íamos, **cabr**íais, **cabr**ían	cabe cabed
Decir (to say)		**dir***é*, **dir***ás*, **dir***á* **dir***emos*, **dir***éis*, **dir***án*	**diría**, **dirías**, **diría** **dir**íamos, **dir**íais, **dir**ían	**di** decid
Hacer (to do, make)		**har***é*, **har***ás*, **har***á* **har***emos*, **har***éis*, **har***án*	**haría**, **harías**, **haría** **har**íamos, **har**íais, **har**ían	**haz** haced
Ir (to go)	**iba, ibas, iba** **íbamos, ibais, iban**			**ve** id
Poder (to can, may)		**podr***é*, **podr***ás*, **podr***á* **podr***emos*, **podr***éis*, **podr***án*	**podría**, **podrías**, **podría** **podr**íamos, **podr**íais, **podr**ían	puede poded
Poner (to put)		**pondr***é*, **pondr***ás*, **pondr***á* **pondr***emos*, **pondr***éis*, **pondr***án*	**pondría**, **pondrías**, **pondría** **pondr**íamos, **pondr**íais, **pondr**ían	**pon** poned
Querer (to wish, want, love)		**querr***é*, **querr***ás*, **querr***á* **querr***emos*, **querr***éis*, **querr***án*	**querría**, **querrías**, **querría** **querr**íamos, **querr**íais, **querr**ían	**quiere** quered
Saber (to know)		**sabr***é*, **sabr***ás*, **sabr***á* **sabr***emos*, **sabr***éis*, **sabr***án*	**sabría**, **sabrías**, **sabría** **sabr**íamos, **sabr**íais, **sabr**ían	sabe sabed
Salir (to go out)		**saldr***é*, **saldr***ás*, **saldr***á* **saldr***emos*, **saldr***éis*, **saldr***án*	**saldría**, **saldrías**, **saldría** **saldr**íamos, **saldr**íais, **saldr**ían	**sal** salid

...And here are some more IRREGULAR VERBS

	Imperfect	Future	Conditional	Aff. Commands *Tú* and *Vosotros*
Ser (to be)	**era, eras, era** **éramos, erais, eran**			**sé** sed
Tener (to have)		**tendr*é*, tendr*ás*, tendr*á*** **tendr*e*mos, tendr*ás*, tendr*án***	**tendría, tendrías, tendría** **tendríamos, tendríais, tendrían**	**ten** tened
Venir (to come)		**vendr*é*, vendr*ás*, vendr*á*** **vendr*e*mos, vendr*ás*, vendr*án***	**vendría, vendrías, vendría** **vendríamos, vendríais, vendrían**	**ven** venid
Ver (to see)	**veía, veías, veía** **veíamos, veíais, veían**			ve ved

Appendix D

The verb *haber* and compound tenses (Compound Tense = *haber* + past participle)

Present Indicative	Present Subjunctive	Preterite*	Past Subjunctive	Imperfect	Future	Conditional
he	haya	hube	hubiera	había	habré	habría
has	hayas	hubiste	hubieras	habías	habrás	habrías
ha	haya	hubo	hubiera	había	habrá	habría
hemos	hayamos	hubimos	hubiéramos	habíamos	habremos	habríamos
habéis	hayáis	hubisteis	hubierais	habíais	habréis	habríais
han	hayan	hubieron	hubieran	habían	habrán	habrían
hablado (talked)	corrido (run)	llamado (called)	dormido (slept)	pensado (thought)	llegado (arrived)	vivido (lived)

* The verb *haber* in this tense is rarely used.

Irregular Past Participles

Abrir	>	**abierto**	(opened)
Creer	>	**creído**	(believed)
Decir	>	**dicho**	(said)
Escribir	>	**escrito**	(written)
Hacer	>	**hecho**	(done, made)
Leer	>	**leído**	(read)
Morir	>	**muerto**	(died)
Poner	>	**puesto**	(put)
Reír	>	**reído**	(laughed)
Traer	>	**traído**	(brought)
Ver	>	**visto**	(seen)
volver	>	**vuelto**	(returned)

Grammatical Index

M

N

O

P

Q

R

S

T

U

V

W